JN432205

창세전 언약으로 본 70이레

| 정낙원 지음 |

쿰란출판사

들어가는 말

오늘은 70이레에 관하여 상고해 봅니다.

다니엘이 바벨론 포로로 있을 때 하나님으로부터 70이레에 대한 계시를 받았습니다. 70이레는 세상 역사는 끝이 나고 하나님의 아들이 다스리는 하나님 나라가 세워지게 된다는 것을 말해주고 있습니다. 즉 인류의 종말을 말해 주고 있는 것입니다. 이 사실을 이스라엘이라는 민족을 통해서 계시해 주고 있는 것입니다. 그래서 이스라엘을 일컬어 기능적 이스라엘이라고 하는 것입니다. 기능적이라 함은 어떤 사건을 설명하기 위하여 사용하고 있는 것입니다.

70이레 속에는 이스라엘뿐만 아니라 인류 역사 전체의 비밀이 담겨 있는 것입니다. 이러면 70이레는 인류 역사의 종말을 알려주는 시계와 같아집니다. 이는 엄청난 사건입니다. 어마무시한 사건이 담겨 있기 때문에 사사로이 해석할 수가 없는 것입니다. 그래서 신학자들은 70이레는 늪이라고 하는 것입니다. 늪이란? 빠지면 못 나온다는 말입니다. 잘못 손을 댔다간 헤매게 되니까 섣불리 다루려고 하지 말라는 것입니다. 괜히 아는 척 하고 다루다가는 망신을 당할 수 있기 때문입니다.

신학자들은 성경을 학문으로 연구하는 사람들입니다. 학문은 역사성으로만 이해가 됩니다. 그러나 70이레는 역사적 시간관으로만 해석할 수가 없습니다. 왜냐하면 70이레는 예수 그리스도의 구속사이기 때문입니다. 즉 예수 그리스도의 구속사는 영에 관한 것이기 때문입니다.

70이레 속에는 이중 계시가 담겨 있습니다. 그러므로 70이레는 두 가지 해석을 해야 합니다. 첫째는 역사성을 가진 시간적 해석이고, 둘째는 묵시성을 가진 영적인 해석입니다. 시간적 해석도 해야 하고, 묵시적 해석도 해야 하는 것입니다. 그래서 어려운 것입니다.

역사적 해석은 시간적 해석을 말합니다. 시간적 해석은 연속적으로 해석을 해야 합니다. 그러나 70이레는 연속성과 불연속성으로 되어 있습니다. 연속성은 시간적이고 불연속성은 묵시적인 것입니다. 그러므로 70이레는 육적 이스라엘 중심의 육적 해석과 영적 교회를 중심으로 하는 영적 해석을 해야 하는 것입니다.

오늘은 어려운 주제를 다루어야 하니까 겸손한 자세로 하나님께 지혜를 구하면서 해석해 보도록 하겠습니다. 혹여 해석의 차이가 있더라도 맞다 틀렸다라는 판단보다는 '이렇게도 보는구나'라는 마음으로 따라와 주시길 간곡하게 부탁을 드립니다.

목차

70이레

단 9:24-27 "네 백성과 네 거룩한 성을 위하여 칠십 이레로 기한을 정하였나니 허물이 마치며 죄가 끝나며 죄악이 영속되며 영원한 의가 드러나며 이상과 예언이 응하며 또 지극히 거룩한 자가 기름 부음을 받으리라 25. 그러므로 너는 깨달아 알지니라 예루살렘을 중건하라는 영이 날 때부터 기름 부음을 받은 자 곧 왕이 일어나기까지 일곱 이레와 육십 이 이레가 지날 것이요 그 때 곤란한 동안에 성이 중건되어 거리와 해자가 이룰 것이며 26. 육십이 이레 후에 기름 부음을 받은 자가 끊어져 없어질 것이며 장차 한 왕의 백성이 와서 그 성읍과 성소를 훼파하려니와 그의 종말은 홍수에 엄몰됨 같을 것이며 또 끝까지 전쟁이 있으리니 황폐할 것이 작정되었느니라 27. 그가 장차 많은 사람으로 더불어 한 이레 동안의 언약을 굳게 정하겠고 그가 그 이레의 절반에 제사와 예물을 금지할 것이며 또 잔포하여 미운 물건이 날개를 의지하여 설 것이며 또 이미 정한 종말까지 진노가 황폐케 하는 자에게 쏟아지리라 하였느니라"

70이레는 다니엘이 바벨론 포로 생활 중에 하나님으로부터 받은 인류 종말의 예언입니다. 예언은 장차 일어날 일을 말합니다. 그러므로 70이레는 역사 속에서 실제로 사건화 되어서 일어나는 이야기인 것입니다. 성경은 하나님의 백성들에게 주신 말씀입니다. 하나님의 백성들은 사건을 통해서 하나님의 계시를 읽어내게 되는 것입니다. 성경 자체가 하나님의 계시가 사건화 되어서 나타난 것을 기록한 책입니다. 우리는 성경을 통해서 하나님께서 자기 백성들과 어떻게 동행하셨는지 사건을 통해서 깨닫게 되는 것입니다. 70이레가 바로 그 사건입니다.

70이레가 인류 종말의 비밀을 담고 있다고 하였으니, 이미 이루어진 것도 있고, 현재 이루어지고 있는 것도 있고, 장차 이루어질 것도 있습니다. 마치 우리의 구원처럼 이미 얻은 구원과 현재 이루어가고 있는 구원과 장차 이루어야 할 구원이 담겨 있는 것입니다. 그래서 70이레는 세 텀으로 주어진 것입니다.

70이레는 세 텀으로 이루어졌습니다.

7이레와,
62이레와,
1이레로 구분하고 있습니다.

왜 그럴까요? 이는 각각 영적 의미를 달리하고 있기 때문입니다. 구원이 과거·현재·미래라는 삼 시제로 이루어지듯이, 70이레 역시 과거·현재·미래라는 삼 시제로 이루어지는 것입니다.

이미 이루어진 텀이 있고,
현재 진행 중인 텀이 있고,
장차 이루어질 텀이 있는 것입니다.

과거에 이루어진 것은 무엇이며,
현재에 이루어지고 있는 것은 무엇이며,
장차 이루어질 것은 어떤 것인지를 살펴보아야 합니다.

오늘은 인류 역사 전체를 탐사해야 하는 것이므로 인내하면서 잘 따라오시기를 바랍니다.

서론

70이레를 해석하는 데에는 많은 이견(異見)들이 있습니다. 이견이 많다는 것은 그만큼 난해하다는 것입니다. 난해하니까 다양한 해석들이 있게 되는 것입니다. 해석의 차이가 나는 것은 각자 성경을 보는 관(눈)이 다르기 때문입니다. 이견이 많은 부분을 강해할 때는 항상 조심해야 합니다. 즉 자기주장만 옳다고 해서는 안 된다는 것입니다. 또한 자기와 다른 생각을 한다고 해서 무조건 틀렸다고 정죄해서도 안 되는 것입니다. 특히 장차 일어날 예언에 관한 판단은 더더욱 조심하여야 합니다.

알다시피 성경은 성령의 감동으로 기록한 책입니다. 성령의 감동으로 기록하였다는 말은 인간의 이성을 벗어나 있다는 뜻입니다. 인간의 이성을 벗어나 있다는 말은 인간의 지혜로는 온전한 해석을 할 수 없다는 말입니다. 그러므로 나만 옳다는 독불장군식 해석은 금물이며 겸손하게 타자(他者)의 이야기도 경청할 수 있는 지혜로움이 필요한 것입니다.

모든 성경은 예수 그리스도의 구속사 이야기입니다.

예수 그리스도의 구속사의 정점(頂點)에는 십자가가 있습니다. 사도 바울은 **'십자가의 도가 멸망하는 자들에게는 미련한 것이요 구원**

을 얻는 우리에게는 하나님의 능력이라'고 했습니다. 멸망하는 자들이란? 그리스도 밖의 죄인들인 이방인을 말합니다. 죄인들에게는 십자가 도는 어리석어 보인다는 것입니다. 왜 그런가요? 인간의 의식구조와 본성에 반하는 것이기 때문입니다.

인간들의 자의식은 자기의 잘못은 자기가 책임지는 것으로 되어 있습니다. 그런데 십자가의 도는 우리의 죄를 예수 그리스도가 대신 담당해 주셨다는 것이므로 이성적으로는 받아들일 수가 없는 것입니다. 아무리 이해하려고 하여도 죄인들의 의식구조로는 도무지 받아들일 수가 없기 때문입니다. 십자가 도는 하나님께서 믿어지게 해 주셔야지만 믿어질 수가 있는 것입니다. 그래서 믿음도 구원도 하나님의 선물이라고 하는 것입니다.

예수님의 십자가는 인간의 지혜로는 알 수가 없습니다. 이 말은 곧 역설적으로 예수 그리스도의 십자가 사건은 인간의 지혜가 틀렸음을 고발하는 사건이라는 것입니다. 세상 관원의 지혜로 예수님을 알아보았으면 영광의 주를 십자가에 못 박아 죽이지 않았을 것이라고 하였습니다. 모든 성경은 예수 그리스도의 구속사를 말해주고 있습니다. 예수 그리스도의 구속사는 십자가 이야기입니다. 십자가 도가 인간들에게는 미련한 것이므로 성경을 인간의 상식으로 해석하려고 해서는 안 되는 것입니다.

성경은 예언서입니다. 예언은 장차 될 일을 말합니다. 장차 일어날 일에 대한 해석은 조심하여야 합니다. 그릇된 해석이 그릇된 정보를 제공하여서 미혹에 빠질 수도 있기 때문입니다. 장차 일어날 일에 관한 해석은 성령의 지혜를 구하고 나와 다른 해석도 귀를 기울일 줄 알아야 합니다. 혹여라도 내가 잘못 보고 있지는 않은지 겸허하게 돌아볼 줄도 알아야 하는 것입니다.

내가 깨닫지 못하는 것을 다른 분은 깨달을 수가 있고, 반대로 다른 분이 깨닫지 못하는 것을 내가 깨달을 수가 있기 때문입니다. 그러니 나 아니면 안 된다는 생각은 버려야 합니다. 왜냐하면 서로가 보는 뷰(관점)가 다르고 깨닫는 것이 다를 수가 있기 때문입니다. 그러므로 겸허한 마음으로 서로의 이야기도 경청할 수가 있어야 하는 것입니다. 그것이 지혜로움입니다.

성도는 생명에 속한 자입니다. 즉 생명을 살리는 일을 하는 자라는 뜻입니다. 누구를 넘어뜨리고 해치는 자로 부르심을 입은 자들이 아닙니다. 그러므로 나와 다르다고 헐뜯고 이단이라고 정죄하여서는 안 되는 것입니다. 성경을 배우는 것도 누구를 비판하고 정죄하고 넘어뜨리고자 함이 아니기 때문입니다.

본질과 비본질

본질과 비본질을 구분해야 합니다. 본질은 생명과 같고 비본질은 삶과 같습니다. 생명은 이해하고 타협하는 상대적 가치가 아니고 반드시 지켜야 하는 절대적인 가치입니다. 그러나 삶은 어린아이와 어른처럼 각자의 역량에 따라서 나타나는 상대적인 것입니다. 부드러운 음식을 먹는 어린아이와 단단한 식물을 먹는 어른의 삶은 차이가 나므로 먹고 마시는 것과 같은 아래에 속한 것은 서로 다르더라도 이해하고 포용해야 하는 것입니다.

나와 다름을 이해는 하되 단 하나 본질과 비본질을 구분해야 합니다. 본질은 옳고 그름의 정답의 문제입니다. 이는 죽고 사는 생명과 같아서 타협하거나 양보할 수가 없는 것입니다. 그러나 비본질은 좋고 나쁨의 질적인 문제이므로 얼마든지 이해하고 양보할 수가 있는 것입니다. 예수 그리스도를 믿음으로 의롭게 된다는 것은 본질적인 정답의 문제이므로 양보하거나 타협할 수가 없는 것입니다. 예를 들어서 예수 이외에도 구원이 있다고 한다면 그건 이해하고 양보할 문제가 아니고 싸워야 하는 것입니다.

정답에 관한 교리적인 문제는 양보해서도 안 되고 양보할 수도 없는 일입니다. 예수 그리스도를 믿음으로 의롭게 된다는 것은 하나님이 정한 법이기 때문에 인간들이 왈가왈부할 문제가 아닌 것입니다.

하지만 믿음으로 의롭다 여기심을 입고 살아가는 데 있어서는 신앙의 경륜과 믿음의 경중에 따라서 이해하고 수용하는 것이 다를 수가 있으므로 기다려야 하는 것입니다. 즉 먹고 마시는 것이나 날과 달을 지키는 것과 같은 것들은 그림자에 속한 비본질적인 것이므로 이해와 양보가 있어야 하는 것입니다. 로마서 14장을 봅시다.

롬 14:1-23 "믿음이 연약한 자를 너희가 받되 그의 의심하는 바를 비판하지 말라 2. 어떤 사람은 모든 것을 먹을 만한 믿음이 있고 연약한 자는 채소를 먹느니라 3. 먹는 자는 먹지 않는 자를 업신여기지 말고 먹지 못하는 자는 먹는 자를 판단하지 말라 이는 하나님이 저를 받으셨음이니라 4. 남의 하인을 판단하는 너는 누구뇨 그 섰는 것이나 넘어지는 것이 제 주인에게 있으매 저가 세움을 받으리니 이는 저를 세우시는 권능이 주께 있음이니라 5. 혹은 이날을 저 날보다 낫게 여기고 혹은 모든 날을 같게 여기나니 각각 자기 마음에 확정할지니라 6. 날을 중히 여기는 자도 주를 위하여 중히 여기고 먹는 자도 주를 위하여 먹으니 이는 하나님께 감사함이요 먹지 않는 자도 주를 위하여 먹지 아니 하며 하나님께 감사하느니라 7. 우리 중에 누구든지 자기를 위하여 사는 자가 없고 자기를 위하여 죽는 자도 없도다 8. 우리가 살아도 주를 위하여 살고 죽어도 주를 위하여 죽나니 그러므로 사나 죽으나 우리가 주의 것이로라 9. 이를 위하여 그리스도께서 죽었다가 다시 살으셨으니 곧 죽은 자와 산 자의 주가 되려 하심이니라 10. 네가 어찌하여 네 형제를 판단하느뇨 어찌하여 네 형제를 업신여기느뇨 우리가 다 하나님의 심판대 앞에 서리라 11. 기록되었으되 주께서 가라사대 내가 살았노니 모든 무릎이 내게 꿇을 것이요 모든 혀가 하나님께 자백하리라 하였느니라 12. 이러므로 우리 각인이 자기

일을 하나님께 직고하리라 13. 그런즉 우리가 다시는 서로 판단하지 말고
도리어 부딪힐 것이나 거칠 것으로 형제 앞에 두지 아니할 것을 주의하라
14. 내가 주 예수 안에서 알고 확신하는 것은 무엇이든지 스스로 속된 것
이 없으되 다만 속되게 여기는 그 사람에게는 속되니라 15. 만일 식물을
인하여 네 형제가 근심하게 되면 이는 네가 사랑으로 행치 아니함이라
그리스도께서 대신하여 죽으신 형제를 네 식물로 망케 하지 말라 16. 그
러므로 너희의 선한 것이 비방을 받지 않게 하라 17. 하나님의 나라는 먹
는 것과 마시는 것이 아니요 오직 성령 안에서 의와 평강과 희락이라 18.
이로써 그리스도를 섬기는 자는 하나님께 기뻐하심을 받으며 사람에게
도 칭찬을 받느니라 19. 이러므로 우리가 화평의 일과 서로 덕을 세우는
일을 힘쓰나니 20. 식물을 인하여 하나님의 사업을 무너지게 말라 만물
이 다 정하되 거리낌으로 먹는 사람에게는 악하니라 21. 고기도 먹지 아
니하고 포도주도 마시지 아니하고 무엇이든지 네 형제로 거리끼게 하는
일을 아니함이 아름다우니라 22. 네게 있는 믿음을 하나님 앞에서 스스
로 가지고 있으라 자기의 옳다 하는 바로 자기를 책하지 아니하는 자는
복이 있도다 23. 의심하고 먹는 자는 정죄되었나니 이는 믿음으로 좇아
하지 아니한 연고라 믿음으로 좇아하지 아니하는 모든 것이 죄니라"

바울은 교회 안에 믿음이 강한 자와 연약한 자가 있다고 합니다. 이를 고기를 먹는 것과 채소를 먹는 것으로 말해주고 있습니다. 또한 날과 달을 지키지 않아도 된다는 것과 날과 달을 지켜야 한다는 것으로 말해주고 있습니다. 이러한 것들은 모두가 율법에 속한 것입니다. 율법은 아랫것입니다. 아랫것은 그림자입니다. 날과 달을 지키고 먹고 마시는 것은 그림자로서 비본질에 속한 것입니다.

바울은 여기에 명확하게 이렇게 하라 저렇게 하라는 식의 답을 주지 않았습니다. 그 이유는 각자의 믿음의 분량에 따라 어른과 어린아이처럼 받아들이는 것이 다를 수가 있기 때문입니다. 서로가 신앙생활을 잘하고자 하는 마음에서 비롯된 것이므로 다툴 일이 아니란 것입니다. 알다시피 율법의 행위로는 의로울 수가 없습니다. 율법으로는 다만 죄를 깨달을 뿐입니다. 그러므로 율법에 속한 행위를 가지고 옳다 그르다 판단하지 말라는 것입니다.

바울은 믿음이 강한 자는 율법에서 해방이 되었기 때문에 율법적 규례들인 먹고 마시는 것과 날과 달을 지키는 것에 얽매일 필요가 없다고 합니다. 하지만 믿음이 연약한 자들은 예수를 믿어도 율법적 요구로부터 자유롭지 못하기 때문에 율법의 규례를 지켜야 한다고 합니다. 그 안에 법이 살아있는 사람은 법을 어기면 마음이 불편하므로 법을 지켜야 하는 것입니다.

고린도 교회에 보낸 편지를 보면 우상의 제물에 관하여 교회가 논쟁에 빠져 있었습니다. 이에 사도 바울은 **'모든 것이 가하나 모든 것이 유익한 것이 아니라'**고 하면서 각 사람에 따라서 우상의 제물을 먹을 수도 있고 안 먹을 수도 있다고 합니다. 그러므로 먹고 마시는 것으로 다투지 말고 각자 믿음의 분량에 따라 행하라고 합니다.

하나님 나라는 먹고 마시는 가치로 세워지는 것이 아니고 성령 안에서 의와 평강과 희락으로 세워지는 것이기 때문에 먹고 마시는 것으로 논쟁하지 말라는 것입니다. 왜냐하면 먹고 마시는 것들은 모두가 그림자와 같은 건덕상의 문제이기 때문입니다. 그림자인 아랫 것들은 모두가 비본질인 것이므로 다투지 말라는 것입니다. 바울은 이를 하나님의 사업이라고 정의하였습니다.

예수님은 제자들에게 썩을 양식을 위하여 일하지 말고 영생하는 양식을 위하여 일을 하라고 말씀하였습니다. 그러자 제자들이 **'우리가 무슨 일을 해야 합니까'**라고 묻습니다. 이에 예수님은 **'아버지가 보내신 자를 믿는 것이 하나님의 일이라'**고 가르쳐 줍니다. 썩을 양식은 율법에 속한 일들이고, 영생하는 양식은 예수 그리스도를 믿음으로 살아가는 은혜에 속한 일입니다.

율법은 장차 오는 좋은 일의 그림자입니다. 장차 오는 좋은 일이란? 짐승으로 드려지던 제사의 실체로 창세전에 예비된 한 몸입니다. 그 한 몸이 바로 예수 그리스도이십니다. 그러므로 율법 아래서 드려지던 짐승의 제사는 그림자이고 예수 그리스도를 믿음으로 나아오는 것은 실상이 되는 것입니다. 그럼 짐승의 제사는 그림자로서 비본질이고 한 몸의 제사는 실상으로서 본질인 것 같습니다.

본질은 예수 그리스도의 의로 구원받는 것입니다. 인간의 그 어떤 행위로도 의로워질 수가 없고 오직 예수 그리스도의 피 흘리심으로 의롭다 하심을 입게 된다는 것은 본질의 문제이므로 이것은 양보하거나 타협할 수가 없는 것입니다. 그러나 그 외에 신앙생활을 어떻게 해야 하는지와 같은 방법론에 있어서는 각자 믿음의 분량에 따라 다르므로 자기와 다르다고 해서 '너는 틀렸어'라고 정죄하지 말아야 합니다. 설령 그것이 내 맘에 안 들더라도 내가 옳다 그르다 심판하지 말고 하나님께 맡기라는 것입니다.

먹고 마시는 것이나, 날과 달을 지키는 것들은 각자의 믿음의 분량의 차이이므로, 어떤 이는 지켜야 한다고 하고, 어떤 이는 지키지 않아도 된다고 주장할 수 있다는 것입니다. 이 모두가 주를 잘 섬기고자 하는 각자의 신앙이기 때문에 이러한 것으로 형제간에 반목하고 갈등하면서 다투지 말라는 것입니다. 왜 비본질적인 문제를 가지고 더 중요한 형제 사랑을 놓치느냐입니다. 속된 말로 빈대 잡다가 초가삼간을 태우지 말라는 것입니다.

넘어지게 하기는 쉬어도 세우기는 힘이 듭니다. 그러니 남을 판단하는 일에는 신중에 신중을 기하고 조심에 조심을 더해야 하는 것입니다. 우리는 모두가 장차 하나님의 심판대 앞에 서서 우리가 한 말로 심판을 받게 되어 있습니다. 그러니 함부로 정죄하고 심판하지 말아야 하는 것입니다.

만약에 성경적 가르침을 벗어난 이단적인 것은 판단하고 정죄하여야 합니다. 예를 들어서 예수 이외에도 구원의 길이 있다거나, 율법을 지켜야 의로워진다고 하거나, 특별한 날을 지켜야 하고 특별한 일을 해야 구원을 받는다거나, 어떤 특정한 인물의 말을 하나님 말씀처럼 교리로 삼아서 자신들의 교리를 따라야지만 구원을 받을 수 있다고 가르친다고 하면 이것은 근본적인 본질의 문제이므로 타협하거나 용납해서는 안 되는 것입니다.

신앙에 있어 독선주의는 금물입니다. 자기만 옳다고 하는 독선주의가 수많은 이단들을 생산하고 있는 것입니다. 모든 이단은 자기만 옳다고 하는 독선주의에 빠져 있습니다. 이단들은 자기들만 옳다고 하기 때문에 다른 말을 들으려고 하지 않습니다.

우리는 온전한 자들이 아닙니다. 온전한 자들이 아니기 때문에 우리가 깨닫는 것도 지극히 부분적인 것이고 미미한 것일 수밖에 없는 것입니다. 우리의 지혜로는 하나님의 일하심을 다 읽어낼 수가 없습니다. 그러므로 우리가 성경을 해석하는 데 있어서 그 누구라도 자신의 해석이 절대적이고 무오하다고 말을 할 수가 없는 것입니다. 특히 각자 생각이 다른, 의견(意見)이 다양한 주제일수록 열린 마음을 가져야 하는 것입니다. 다만 "나는 이렇게 생각을 합니다"라고 하여야 하는 것입니다.

서두에 왜 이러한 이야기를 반복하여서 강조하는가 하면 70이레에 관한 해석들이 그만큼 다양하기 때문입니다. 70이레를 영적으로 보는 분들도 계시고, 문자적으로 역사적으로 보는 분들도 계시기 때문입니다. 이 글은 어디까지나 제 견해입니다. 동의가 되면 수용하시고 동의되지 않으면 '이렇게 보는 사람도 있구나'라고 가볍게 여기시기 바랍니다. 과연 어느 것이 맞는지, 그건 이 글을 읽으면서 여러분들이 해석해야 할 몫인 것입니다.

예수님의 예루살렘 입성과 70이레

요 12:12-16 "그 이튿날에는 명절에 온 큰 무리가 예수께서 예루살렘으로 오신다 함을 듣고 13. 종려나무 가지를 가지고 맞으러 나가 외치되 호산나 찬송하리로다 주의 이름으로 오시는 이 곧 이스라엘의 왕이시여 하더라 14. 예수는 한 어린 나귀를 만나서 타시니 15. 이는 기록된바 시온 딸아 두려워 말라 보라 너의 왕이 나귀 새끼를 타고 오신다 함과 같더라 16. 제자들은 처음에 이 일을 깨닫지 못하였다가 예수께서 영광을 얻으신 후에야 이것이 예수께 대하여 기록된 것임과 사람들이 예수께 이같이 한 것인 줄 생각났더라"

예수님께서 나귀를 타고 예루살렘에 입성을 하십니다. 그러자 수많은 백성들이 종려나무 가지를 흔들면서 "호산나 찬송하리로다 주의 이름으로 오시는 이스라엘의 왕이시여"라고 환영을 하고 있는 것입니다. 이러한 모습은 스가랴의 예언을 성취하는 것입니다. 스가랴는 장차 유대인의 왕이 나귀를 타고 오신다고 예언하고 있기 때문입니다.

예언 속에는 두 가지 의미가 담겨 있습니다. 문자적 의미와 영적 의미가 포함되어 있습니다. 문자적 의미는 글자 그대로 나타나는 현상을 말하고, 영적 의미는 그 현상이 담고 있는 하나님의 뜻을 말합니다. 문자적 의미는 그림자와 같고 영적 의미는 실상과 같습니다.

예수님께서 나귀를 타고 예루살렘에 입성하는 것은 스가랴의 예언을 문자적으로 나타내고 보여주는 사건입니다. 그러나 그 속에 담긴 의미는 숨겨져 있습니다. 그 숨겨진 의미가 실상입니다. 그러므로 우리는 나타난 현상만 보아서는 안 됩니다. 그 현상 속에 담아 놓은 하나님의 뜻을 읽어내야 합니다. 즉 파도만 보아서는 안 되고 파도를 일으키는 바람을 보아야 하는 것입니다.

스가랴의 예언은 예수님이 이스라엘의 왕으로 입성을 한다고 하였습니다. 그러나 예수님은 이스라엘의 왕이 되지 않았습니다. 도리어 백성들에게 버림을 당하고 십자가에서 죽임을 당하였습니다. 이렇게 되면 문자적으로 예수님이 이스라엘의 왕이 된다는 것은 틀린 것이 됩니다. 그럼 스가랴가 예언한 이스라엘의 왕은 어떤 왕을 말하는 것일까요? 이를 요한복음에서는 제자들이 처음에는 몰랐는데 예수님이 십자가에 죽으시고 부활하신 후에야 이스라엘의 왕이 어떤 왕인지를 알게 되었다고 합니다. 성령이 임하고 나자 누가 이스라엘이고 예수님이 어떤 왕인지를 알게 된 것입니다.

알다시피 요한복음은 사도 요한이 쓴 것입니다. 사도 요한은 요한복음과 요한서신과 요한계시록을 썼습니다. 그런데 모두가 태초에 관한 이야기를 하고 있습니다. 태초라는 말은 묵시에 속한 이야기라는 뜻입니다. 묵시를 다른 말로 영적이라고 합니다. 그럼 스가랴가 예언한 예수님께서 예루살렘에 입성하는 것도 묵시에 속한 이야기라는 뜻입니다. 스가랴 9장을 봅시다.

슥 9:9-17 "시온의 딸아 크게 기뻐할지어다 예루살렘의 딸아 즐거이 부를지어다 보라 네 왕이 네게 임하나니 그는 공의로우며 구원을 베풀며 겸손하여서 나귀를 타나니 나귀의 작은 것 곧 나귀새끼니라 10. 내가 에브라임의 병거와 예루살렘의 말을 끊겠고 전쟁하는 활도 끊으리니 그가 이방 사람에게 화평을 전할 것이요 그의 정권은 바다에서 바다까지 이르고 유브라데 강에서 땅 끝까지 이르리라 11. 또 너로 말할진대 네 언약의 피를 인하여 내가 너의 갇힌 자들을 물 없는 구덩이에서 놓았나니 12. 소망을 품은 갇혔던 자들아 너희는 보장으로 돌아올지니라 내가 오늘날도 이르노라 내가 배나 네게 갚을 것이라 13. 내가 유다로 당긴 활을 삼고 에브라임으로 먹인 살을 삼았으니 시온아 내가 네 자식을 격동시켜 헬라 자식을 치게 하며 너로 용사의 칼과 같게 하리라 14. 여호와께서 그 위에 나타나서 그 살을 번개같이 쏘아내실 것이며 주 여호와께서 나팔을 불리시며 남방 회리바람을 타고 행하실 것이라 15. 만군의 여호와께서 그들을 호위하시리니 그들이 원수를 삼키며 물매 돌을 밟을 것이며 그들이 피를 마시고 즐거이 부르기를 술취한 것같이 할 것인즉 피가 가득한 동이와도 같고 피 묻은 제단 모퉁이와도 같을 것이라 16. 이 날에 그들의 하나님 여호와께서 그들을 자기 백성의 양떼같이 구원하시리니 그들이 면류관의 보석같이 여호와의 땅에 빛나리로다 17. 그의 형통함과 그의 아름다움이 어찌 그리 큰지 소년은 곡식으로 강건하며 처녀는 새 포도주로 그러하리로다"

스가랴는 예수님이 예루살렘에 입성하는 것을 이스라엘의 왕의 임하심이라고 합니다. 예수님이 이스라엘의 왕으로 예루살렘에 임하시는 것은 에브라임의 병거와 예루살렘의 말을 끊고 전쟁하는 활을 끊기 위함이라고 합니다. 또한 이방 사람에게 화평을 전할 것이며 그의 나라가 온 세상 땅끝까지 이르게 된다고 합니다.

이 말은 구원이 육적 이스라엘의 지경을 넘어선다는 뜻입니다. 복음이 온 세상에 전파되어서 이방인에게도 구원이 주어진다는 것입니다. 이것은 곧 예수 그리스도는 이스라엘의 구주만이 아니고 온 세상의 구주라는 뜻입니다. 이건 유대인들 입장에서는 도무지 받아들일 수 없는 말입니다. 이러한 것은 유대인들이 성경의 예언을 문자적으로만 보았기 때문입니다. 유대인들은 자신들만 하나님의 백성이라는 선민의식에 사로잡혀 있었습니다. 그런데 스가랴는 아니라고 하는 것입니다. 이방인 속에도 하나님의 백성이 있다고 합니다.

예수 그리스도는 온 세상의 구주이지 유대인의 구주만은 아니라는 것입니다. 예수님이 오신 것은 자기 백성들을 구원하고자 하심입니다. 자기 백성이라 함은 창세전에 어린 양의 생명책에 녹명이 된 자들을 말합니다. 이들을 일컬어 예수 안에서 영생 주시기로 작정이 되었다고 합니다. 그래서 '영생 주시기로 작정이 된 자들은 다 예수를 믿더라'라고 하는 것입니다.

요 3:16 "하나님이 세상을 이처럼 사랑하사 독생자를 주셨으니 이는 저를 믿는 자마다 멸망치 않고 영생을 얻게 하려 하심이니라"

행 13:46-48 "바울과 바나바가 담대히 말하여 가로되 하나님의 말씀을 마땅히 먼저 너희에게 전할 것이로되 너희가 버리고 영생 얻음에 합당치 않은 자로 자처하기로 우리가 이방인에게로 향하노라 47. 주께서 이같이 우리를 명하시되 내가 너를 이방의 빛을 삼아 너로 땅 끝까지 구원하게 하리라 하셨느니라 하니 48. 이방인들이 듣고 기뻐하여 하나님의 말씀을 찬송하며 영생을 주시기로 작정된 자는 다 믿더라"

하나님이 독생자를 이 세상에 보낸 것은 자기 백성들을 구원하고자 함입니다. 그런데 독생자를 통해서 영생을 얻게 되는 하나님의 백성들은 유대인에게만 있는 것이 아니고 온 세상에 흩어져 있는 것입니다.

바울과 바나바가 유대인들에게 예수가 주와 그리스도라고 증거하니까 받아들이지 않는 것입니다. 그래서 자신들은 이 사실을 이방인에게 알리러 가겠다고 한 것입니다. 이방인들이 바울의 말을 듣고 기뻐하면서 예수를 믿는 것입니다. 그러자 바울은 '아! 하나님께서 영생 주시기로 작정을 한 자들은 다 예수를 믿게 되어 있구나'를 알게 되었다고 하는 것입니다. 스가랴는 이 사실을 말해주고 있는 것입니다.

예수님께서 자기 백성들을 어떻게 구원하십니까? 이를 구약에서는 예표적으로 출애굽 사건으로 보여 주었습니다. 애굽은 죄의 나라를 상징하고 바로 왕은 사망의 권세를 잡은 마귀를 상징합니다. 언약의 후손이 죄와 사망의 권세에 사로잡혀 있는 것입니다. 이를 죄의 종이라고 합니다. 하나님이 죄 아래 있는 언약의 후손을 어떻게 구원하셨는가요? 이를 출애굽 할 때 어린 양의 피로 죽음의 재앙으로부터 구원해 주는 것으로 보여주었습니다. 어린 양의 피로 죽음의 재앙이 넘어갔다는 의미로 유월절이라고 합니다.

유월이라는 말은 넘어갔다는 뜻입니다. 무엇이 넘어갔나요? 죽음이 넘어갔습니다. 어떻게 넘어갔나요? 어린 양의 피 때문에 넘어간 것입니다. 죽음을 집행하는 천사들이 어린 양의 피가 발라진 집은 넘어간 것입니다. 그래서 유월이라고 합니다. 유월절을 페사흐(pesach)라고 하는데, 이는 '넘어가다, 뛰어넘다'라는 의미입니다. 죽음이 패스 오버(Passover) 하였다고 하여서 유월절이라고 하는 것입니다. 이를 기념하라고 하였습니다.

기념이란? 과거적 사건을 현재화 하는 것입니다. 예수님께서 최후의 만찬을 하시면서 떡과 포도주를 주시면서 이는 내 살과 피로 세우는 새 언약이니 주가 오시는 날까지 기념하라고 하셨습니다. 이는 예수님의 십자가 사건을 현재화 하라는 것입니다. 우리의 죄가 예수님의 피 흘리심으로 용서받고 있다는 것을 알고 살아가라는 뜻입니다.

유월절은 예수님의 죽음을 예표하는 것입니다. 예수님께서 예루살렘에 입성하는 것은 십자가에 죽기 위함입니다. 예수님께서 제자들에게 십자가의 의미를 최후의 만찬에서 떡과 포도주로 알려 주었습니다. 내가 십자가에서 죽는 것은 너희를 죄와 사망의 권세로부터 해방시키기 위한 것이라고 하였습니다. 그래서 제자들에게 자신이 예루살렘에 들어가는 것은 대제사장들과 장로들과 서기관들에

의하여 죽임을 당하기 위함이라고 알려 주신 것입니다. 그리고 사흘 만에 살아날 것도 말씀하셨습니다.

예수님께서 사흘 만에 살아나실 때 무덤 속에 있던 자들도 살아났습니다. 무덤에서 나온 것은 죄와 사망의 권세로부터 해방이 된 것입니다. 그래서 스가랴는 네 언약의 피를 인하여 내가 너의 갇힌 자들을 물 없는 구덩이에서 놓아주신다고 예언을 한 것입니다.

예수님께서 십자가에 죽기 전날 밤에 제자들과 유월절을 지키십니다. 이는 유월절 양의 실체가 되어서 죽으시는 것입니다. 그래서 어린 양 대신 자신의 살과 피를 상징하는 떡과 포도주로 유월절을 지키신 것입니다. 떡은 예수님의 살이라고 하고 포도주는 예수님의 피라고 합니다. 그런데 그 피를 너희를 위하여 흘리는 바 새 언약의 피라고 합니다.

옛 언약인 구약에서는 짐승의 피로 유월절을 지켰지만, 새 언약인 신약에서는 예수님의 피로 유월절을 지키신 것입니다. 구약에서는 하나님이 육적 이스라엘과 짐승의 피로 언약을 맺었지만, 신약에서는 하나님이 영적 이스라엘과 예수 그리스도의 피로 언약을 맺었습니다.

짐승의 피로 맺은 언약은 옛 언약이라고 하고, 예수 그리스도의 피로 맺은 언약을 새 언약이라고 합니다. 짐승의 피로 맺은 옛 언약은 죄를 없이하는 것이 아니고 죄를 깨닫게 하는 것이고, 예수 그리스도의 피로 맺은 새 언약은 죄사함을 주는 것입니다.

옛 언약은 육적 이스라엘과 맺은 언약이지만, 새 언약은 예수 그리스도와 맺은 언약인 것입니다. 옛 언약과 새 언약은 언약의 대상이 다릅니다. 옛 언약에서는 인간이었지만 새 언약에서는 예수 그리스도이십니다. 언약의 대상이 인간에서 하나님의 아들로 바뀐 것입니다. 인간과 맺은 옛 언약은 육적 이스라엘이 언약의 후손이었지만, 예수 그리스도와 맺은 새 언약은 영적 이스라엘이 언약의 후손이 되는 것입니다.

예수님의 십자가로 육과 영이 갈라지게 된 것입니다. 새로운 시대가 열린 것입니다. 예수님의 피로 맺은 새 언약으로 새로운 민족이 생겨난 것입니다. 구약은 아브라함 후손이 하나님의 백성이었지만 예수님이 십자가에 죽고 성령 강림 이후에는 예수 그리스도 안에서 난 자들이 언약의 후손들인 것입니다.

아브라함 언약 안에서 난 자들은 옛 언약의 후손이고, 예수 그리스도의 피로 난 자들은 새 언약의 후손인 것입니다. 옛 언약의 후손은 육으로 낳고 새 언약의 후손은 성령으로 낳습니다. 아브라함의 후손은 육으로서 표면적 유대인이고, 예수 그리스도에게서 난 자들은 영으로서 이면적 유대인인 것입니다.

예수님이 예루살렘에 입성해서 에브라임의 병거와 예루살렘의 말을 끊고 전쟁하는 활을 끊는다는 것은 하나님의 백성들이 의지하는 힘을 없애버린다는 것입니다. 인간의 의를 자랑하는 율법 신앙을 깨트린다는 말입니다. 율법의 의로 나오는 신앙을 폐하신다는 것입니다.

언약적으로 보면 옛 언약인 짐승의 피로 드려지던 구약의 율법적 제사가 폐하여진다는 것입니다. 한발 더 나아가서 혈통으로 나아오는 육적 이스라엘을 폐하신다는 뜻이기도 합니다. 예수님이 십자가에서 죽으신 것은 육의 시대를 마감한 것입니다. 성령 강림으로 영의 시대가 열리게 된 것입니다. 성령 강림으로 육의 질서는 끝이 나고 영의 시대가 열리게 된 것입니다.

예수님이 이 세상에 오신 것은 온 세상에 있는 자기 백성들을 구원하기 위함입니다. 이들이 성령으로 거듭난 성도들인 것입니다. 예수님이 오시기 전까지는 아브라함의 후손들인 육적 이스라엘이 하나님의 백성이었습니다. 그러나 성령 강림 이후에는 예수 그리스도 안에서 성령으로 거듭난 성도들이 영적 하나님의 백성인 것입니다. 육적 이스라엘의 조상은 아브라함입니다. 이스라엘은 아브라함 언약에서 나온 후손들입니다. 이는 창세전 언약에서 어린 양의 생명책에 녹명된 자들을 예표하고 있는 것입니다. 그래서 구약 이스라엘을 예표적인 사람이라고 하는 것입니다.

이를 기능적 이스라엘이라고 합니다. 기능적이라는 말은 어떤 일을 설명하기 위하여 존재하는 자들이라는 뜻입니다. 그래서 구약을 그림자라고 하고 신약은 실상이라고 하는 것입니다. 구약 이스라엘을 표면적 유대인이라고 하고, 신약의 교회(성도)를 이면적 유대인이라고 합니다. 표면적 유대인은 혈통적으로 난 육적 이스라엘을 말하고, 이면적 유대인은 성령으로 거듭난 영적 이스라엘을 말합니다.

여기서 잠깐 이스라엘이라는 영적 의미에 대하여 살펴봅시다.

성경은 하나님 백성을 이스라엘이라고 말합니다. 성도가 이스라엘인 것입니다. 이스라엘이라는 말은 야곱의 다른 이름입니다. 야곱은 아버지 이삭으로부터 받은 이름이고, 이스라엘은 얍복강에서 하나님으로부터 받은 새 이름입니다.

야곱이라는 말은 '탐욕'이라는 뜻입니다. 이는 탐욕자라는 뜻입니다. 야곱은 얍복강에서 하나님까지 이기려고 하였습니다. 이는 죄인을 상징하고 있습니다. 하나님은 하나님까지 이겨서 자기 욕심을 이루고자 하는 탐욕덩어리 야곱이라는 죄인을 죽이고 자기 안에 죄와 싸우는 새 사람을 만들어 주신 것입니다. 그것이 이스라엘입니다.

이스라엘이란? '신과 싸운다'는 뜻입니다. 여기서 신은 다른 신을 말합니다. 즉 우상을 말합니다. 죄인 속에 우상이 자리잡고 있는 것입니다. 그 우상을 다른 신이라고 합니다. 하나님은 애굽에서 이스라엘을 광야로 빼내서 이스라엘 속에 있던 다른 신과 싸우는 일을 하신 것입니다.

이스라엘이라는 이름은 하나님 백성들의 정체성을 말해주는 것입니다. 하나님 백성은 죄와 싸우는 자라는 뜻입니다. 죄는 우리 힘으로 싸우는 것이 아니라 예수 그리스도가 우리 안에서 싸워주시는 것입니다. 예수님이 여호와이십니다.

여호와는 하나님의 군대장관입니다. 예수님이 하나님의 군대장관이신

여호와이십니다. 우리 안에 가나안 7족속이 있습니다. 예수님이 우리 안에 옛 사람인 가나안 7족속과 싸우는 것입니다. 그러므로 이스라엘을 직역하면 하나님이 자기 백성들 속에서 싸우신다는 뜻입니다.

'얍복'이라는 말은 '비워짐'이라는 뜻입니다. 얍복강에서 탐욕으로 가득한 옛 사람 야곱이 비워지고 새 사람 이스라엘로 거듭난 것입니다. 그러므로 이스라엘이라는 의미는 예수 그리스도와 함께 십자가에서 탐욕의 옛 사람이 죽임당하고 비워진 자들을 의미하는 것입니다. 즉 성령으로 거듭난 새로운 피조물로서의 하나님의 아들들의 이름인 것입니다. 개인적으로는 성도 개개인을 말하기도 하고 민족적으로는 하나님의 백성 전체를 뜻하기도 합니다. 육적 이스라엘을 말하는 것이 아니고 영적 이스라엘 즉 하나님께 속한 자들을 말하는 것입니다. 신약적 의미로 예수 그리스도 안에서 난 성도들이 이스라엘이고 거듭난 성도들의 모임인 교회가 이스라엘인 것입니다.

구약 시대 아브라함의 후손들을 이스라엘이라고 합니다. 이스라엘은 아브라함 언약에 의하여 생겨났습니다. 그래서 이스라엘을 언약의 후손이라고 하는 것입니다. 조상에 의하여 하나님 백성이 된 것이므로 혈통적 이스라엘이 되는 것입니다. 이를 육이라고 합니다.

사도 바울은 육적 이스라엘을 표면적 유대인이라고 하였습니다. 표면적 유대인은 혈과 육으로 생겨난 자들입니다. 그런데 하나님은 표면적 유대인을 원하지 않고 이면적 유대인을 원한다고 하셨습니다. 이면적 유대인은 성령으로 거듭난 영적 이스라엘을 말합니다.

예수 그리스도 안에서 낳아진 자들입니다. 이를 위로부터 거듭난 자들이라고 합니다. 표면(表面)과 이면(裏面)이 있습니다. 표면은 드러나 있고, 이면은 감추어져 있습니다. 드러난 표면을 육이라 하고, 감추인 이면을 영이라고 합니다.

성경은 육과 영의 이야기입니다. 예수님은 살리는 것은 영이요 육은 무익한 것이라고 하였습니다. 예수님의 말씀이 영이고 생명이라고 하였습니다. 먹고 사는 것은 육의 문제이고, 예수 그리스도를 믿는 것은 영의 문제입니다. 예수님이 예루살렘에 들어가신 것은 육의 시대를 끝내고 영의 시대를 열기 위함입니다. 예수님의 예루살렘 입성은 육과 영 즉 구약과 신약이 바뀌는 사건을 담고 있는 것입니다. 그러면 예수님께서 어떻게 육의 역사를 끊고 영의 시대를 여시는지를 살펴보도록 합시다.

육과 영의 의미

히브리서 11장을 봅시다. 각 버전을 참고해서 살펴봅시다.

히 11:1-3 "믿음은 바라는 것들의 실상이요 보지 못하는 것들의 증거니 2. 선진들이 이로써 증거를 얻었느니라 3. 믿음으로 모든 세계가 하나님의 말씀으로 지어진 줄을 우리가 아나니, 보이는 것은 나타난 것으로 말미암아 된 것이 아니니라"<한글개역>

1-3 "믿음은 우리가 바라는 것들을 보증해 주고 볼 수 없는 것들을 확증해 줍니다. 2. 옛 사람들도 이 믿음으로 하느님의 인정을 받았던 것입니다. 3. 우리는 믿음이 있으므로 이 세상이 하느님의 말씀으로 창조되었다는 것, 곧 우리의 눈에 보이는 것이 보이지 않는 것에서 나왔다는 것을 압니다"<공동번역>

1-3 "믿음은 바라는 것들의 바탕이요, 보이지 않는 것들의 증거입니다. 2. 실상 옛 조상들은 믿음이 있었기에 좋은 증언을 받았습니다. 3. 믿음으로 우리는, 하나님께서 말씀으로 이 세상을 창조하셨다는 것, 곧 보이는 것은 나타나 있는 것에서 생기지 않았음을 깨닫습니다"<표준새번역>

흔히 히브리서 11장을 믿음 장이라고 합니다. 이는 믿음이 주어(主語)이기 때문입니다. 믿음이 우리가 바라는 실상을 보게 해 준다는 것입니다. 즉 믿어지게 해 준다는 것입니다. 구약에서 보면 신약은 바라는 것입니다. 구약의 선지자들은 믿음으로 그 바라는 것을 보고서 증거하였습니다.

믿음이 우리가 살고 있는 이 세상은 보이지 않는 세상으로부터 나왔다는 것을 알려주는 것입니다. 그래서 믿음을 받는 자들은 보이는 이 세상을 통해서 보이지 않는 그 세상을 바라보고 살아간 것입니다. 즉 구약에서는 신약을 바라보고 살았고, 신약에서는 천국을 바라보고 살아가게 되는 것입니다. 이 모두를 믿음이 하게 하시는 것입니다.

우리가 믿음을 받기 전에는 보이는 이 세상이 전부인 줄 알고 살았습니다. 그런데 믿음을 받고 보니까 보이는 이 세상이 전부가 아니고 보이지 않는 세상이 있다는 것을 알게 된 것입니다. 보이는 이 세상이 있기 전에 보이지 않는 저 세상이 있는 것입니다. 보이지 않는 저 세상은 하나님이 계신 하늘 나라입니다.

이걸 창세기 1장에는 천지창조로 말해주고 있습니다. 천(天)은 하늘이고 지(地)는 땅입니다. 천은 하늘에 있는 보이지 않는 하나님 나라이고, 지는 땅에 속한 보이는 이 세상 나라를 말하는 것입니다. 천지는 보이지 아니하는 세상과 보이는 세상을 말하고 있는 것입니다. 이 사실을 어떻게 알았느냐? 히브리서 기자는 믿음으로 알게 되었다고 합니다. 믿음이 보이는 세계와 보이지 않는 세계가 있다는 것을 알려준 것입니다. 보이는 세계를 육이라고 하고, 보이지 않는 세계를 영이라고 합니다.

육은 보이는 것이고, 영은 보이지 않는 것입니다. 그런데 보이는 것은 보이지 않는 것으로 말미암았다고 합니다. 즉 보이는 육의 세계는 보이지 않는 영의 세계로부터 나왔다는 뜻입니다. 이러면 영이 실상이고, 육은 허상이 되는 것입니다. 실상인 영은 알맹이인 생명이 되고, 허상인 육은 생명을 담고 있는 그릇과 같은 것입니다.

예수님께서 십자가에서 죽으실 때 영혼이 떠나자 머리를 숙이셨다고 합니다. 이를 죽음이라고 합니다. 이는 몸(육체)에서 영혼이 빠져나가면 죽은 것이라는 뜻입니다. 영혼이 생명인 것입니다. 이렇게 되면 몸이라는 육은 영혼이라는 생명인 영을 담는 그릇과 같아지는 것입니다. 즉 우리 육신이 영혼을 담고 있는 것입니다. 인간의 창조 모습을 보면 육신과 영혼의 문제를 알게 됩니다.

> **창 2:7** "여호와 하나님이 흙으로 사람을 지으시고 생기를 그 코에 불어 넣으시니 사람이 생령이 된지라"

> **시 104:29** "주께서 낯을 숨기신즉 저희가 떨고 주께서 저희 호흡을 취하신즉 저희가 죽어 본 흙으로 돌아가나이다"

하나님이 흙으로 사람을 지으시고 그 코에 생기를 불어넣으십니다. 그러자 흙이었던 사람이 생령이 된 것입니다. 생령이란? 산 존재라는 뜻입니다. 흙이라는 육체 속에 하나님의 호흡이 들어간 것입니다. 호흡을 취하면 흙으로 돌아가게 되는 것입니다. 하나님은 사람이 범죄하자 호흡을 취하셨습니다. 그러자 본래의 흙으로 돌아간 것입니다. 이를 죽음이라고 합니다.

죽음이란? 몸 속에 있던 생명의 기운이 떠난 상태를 말합니다. 이를 영혼이 떠났다고 합니다. 영혼이 떠나가면 몸뚱이는 흙으로 돌아가게 됩니다. 영혼(생명)은 보이지 않고 육신은 보입니다. 보이는 육신은 허상이고, 보이지 않는 영혼이 실상인 것입니다.

모든 세계가 하나님의 말씀으로 지어졌습니다. 모든 세계를 존재케 하는 것은 하나님 말씀입니다. 하나님 말씀이 생명이고 만물은 하나님 말씀을 담는 그릇과 같은 것입니다. 이렇게 되면 만물 속에 담긴 하나님 말씀이 아담 속에 넣어준 생기와 같은 것입니다. 만물인 아담은 하나님의 말씀을 품고 존재하고 있는 것입니다.

하나님이 말씀으로 만물을 창조하셨습니다. 하나님 말씀은 보이지 않습니다. 보이는 만물은 보이지 않는 하나님 말씀으로 나온 것입니다. 하나님 말씀이 먼저이고 보이는 만물이 나중인 것입니다. 이렇게 되면 보이는 만물은 보이지 않는 하나님의 말씀을 담고 있는 그릇이 되는 것입니다.

만물은 육이고 하나님의 말씀은 영이 되는 것입니다. 만물을 의인화하면 우리 몸이 되는 것입니다. 우리 몸은 육이고 하나님의 말씀은 영이십니다. 육인 우리 몸은 영인 하나님의 말씀을 담는 그릇인 것입니다. 보이는 육은 허상이고, 보이지 않는 영은 실상입니다. 허상은 사진이고, 실상은 실물입니다. 사진은 실물이 있다는 것을 말해 주고 있는 것입니다.

피조물은 창조주로부터 나왔습니다. 창조주는 실상이고, 피조물은 허상인 것입니다. 이러면 피조물은 창조주를 드러내는 사진이 되는 것입니다. 그래서 피조물 속에는 하나님을 알 만한 것들로 가득 채워져 있다고 하는 것입니다. 하나님은 허상을 가지고 실상을 설명하고 있는 것입니다. 로마서 1장을 봅시다.

> **롬 1:19-20** "이는 하나님을 알 만한 것이 저희 속에 보임이라 하나님께서 이를 저희에게 보이셨느니라 20. 창세로부터 그의 보이지 아니하는 것들 곧 그의 영원하신 능력과 신성이 그 만드신 만물에 분명히 보여 알게 되나니 그러므로 저희가 핑계치 못할지니라"

보이지 아니하는 하나님의 능력이 피조물 속에 담겨 있다고 합니다. 이는 만물이 하나님의 능력으로 존재하고 있다는 뜻입니다. 이건 마치 우리는 우리를 낳아주신 부모에 의하여 존재하는 것과 같은 것입니다. 자식은 부모가 준 생명으로 살고 있는 것입니다. 그래서 자식 속에는 부모의 영광이 담겨 있는 것입니다.

자식 속에는 부모의 영광이 담겨 있는 것처럼 만물 속에는 하나님의 영광이 담겨 있는 것입니다. 창조주 하나님이 피조물을 가지고 하나님을 드러내는 일을 하고 계신 것입니다. 그래서 사도 바울은 만물 속에 하나님을 알 만한 것들이 담겨 있다고 하면서 만물은 하나님의 능력과 신성을 드러낸다고 하는 것입니다.

우연이란 없습니다. 모두가 하나님의 섭리 안에서 존재하고 있는 것입니다. 만물이 다 하나님으로부터 나온 것이기 때문입니다. 하나님은 만물을 가지고 하나님의 뜻을 펼쳐 보이시는 것입니다.

하나님의 뜻이 무엇인가요? 뜻이란 하나님의 의지입니다. 이를 언약이라고 합니다. 만물은 하나님의 뜻에 의하여 창조가 되었습니다. 만물을 존재케 하는 근원이 언약인 것입니다. 언약은 만물을 창조하기 전에 있었습니다.

언약이란? 하나님이 하나님에게 하신 약속인 것입니다. 언제 언약하셨나요? 만물이 만들어지기 전인 창세전에 했습니다. 창세전에 하나님이 하나님에게 나는 이렇게 일을 할 것이라고 뜻을 정하시고 만물을 창조하신 것입니다. 뜻을 정하셨다는 것을 예정 혹은 작정이라고 합니다. 하나님의 예정(작정)을 언약이라고 합니다. 창세전에 하신 것이기 때문에 우리는 창세전 언약이라고 하는 것입니다.

하나님은 창세전에 예수 그리스도 안에서 우리를 예정하셨습니다. 우리란? 하나하나가 모인 집합을 말합니다. 이걸 '나라'라고 합니다. 나라는 우리의 몸과 같습니다. 몸은 여러 지체로 구성이 되었습니다. 개인 개인은 몸의 지체들입니다. 몸을 광의적으로 '나라'라고 합니다. 이걸 구약에서는 이스라엘이라는 한 민족을 통해서 보여주신 것입니다. 그래서 구약 이스라엘을 예표의 민족 또는 기능적 이스라엘이라고 하는 것입니다.

구약 이스라엘의 조상은 아브라함입니다. 아브라함 속에서 이스라엘이라는 한 민족이 나온 것입니다. 이것이 신약으로 오면 아브라함의 자리에 예수 그리스도가 위치하고 있는 것입니다. 예수 그리스도 안에서 구약 이스라엘과 같은 하나님 백성들이 나오는 것입니다. 이들을 성도라고 하는데 곧 하나님 아들들인 것입니다. 예수 그리스도 안에서 난 자들이 바로 영생 주시기로 작정하고서 창세전에 어린 양의 생명책에 녹명을 한 언약의 후손들인 것입니다.

아브라함 언약의 후손들은 창세전 언약의 후손들을 예표하고 있는 것입니다. 창세전 언약의 후손들은 아브라함의 혈통으로 난 자들이 아니고 어린 양의 생명책에 녹명이 된 자들로서 예수 그리스도 안에서 난 자들인 것입니다. 하나님은 창세전에 어린 양의 생명책에 자기 백성들을 녹명해 놓으셨습니다. 그리고는 아버지 하나님께서 태초에 말씀으로 계시던 하나님이신 아들 하나님을 예수라는 이름으로 이 세상에 보내신 것입니다.

아버지께서 그 아들을 "예수"라는 이름으로 보내신 것은 "예수"라는 이름이 담고 있는 일을 행하고자 하심입니다. "예수"라는 이름 속에는 하나님이 역사 속에서 펼쳐 가실 내용이 담겨 있습니다. "예수"라는 이름이 담고 있는 뜻이 무엇인가요? **"자기 백성을 저희 죄에서 구원하실 자"**라는 뜻입니다. '자기 백성'이라 함은 다른 백성도 있다는 말입니다. 자기 백성은 어린 양의 생명책에 녹명된 자들을 말합니다. 이들을 구속사적으로 언약의 후손이라고 합니다.

어린 양의 생명책에 녹명된 자들 이외에는 모두가 다른 백성인 것입니다. 이것을 구약에서는 아브라함 언약에서 나온 이스라엘 민족과 이방인으로 보여주셨습니다. 아브라함의 후손들은 예수님이 오시기 전까지는 어린 양의 생명책에 녹명된 언약의 후손 모습으로 존재하고 있는 것입니다. 그래서 구약의 하나님 백성을 육적 이스라엘이라고 하는 것입니다. 육적 이스라엘 속에도 육으로 난 자와 약속(말씀)으로 난 자들이 있었습니다. 이를 아브라함의 집안에서는 이스마엘과 이삭으로 보여주셨습니다. 갈라디아서 4장을 봅시다.

> **갈 4:28-30** "형제들아 너희는 이삭과 같이 약속의 자녀라 29. 그러나 그 때에 육체를 따라 난 자가 성령을 따라 난 자를 핍박한 것같이 이제도 그러하도다 30. 그러나 성경이 무엇을 말하느뇨 계집 종과 그 아들을 내어 쫓으라 계집 종의 아들이 자유하는 여자의 아들로 더불어 유업을 얻지 못하리라 하였느니라"

사도 바울은 이스마엘은 육으로 난 자이고, 이삭은 성령으로 난 자라 했습니다. 육체를 따라 난 자를 종이라고 하고, 성령을 따라 난 자를 아들이라고 합니다. 이를 신약적으로 말하면 육적 이스라엘은 종이고, 영적 이스라엘은 아들인 것입니다. 아들은 유업을 얻지만 종은 유업이 없습니다. 그래서 바울은 이스라엘이라고 해서 다 이스라엘이 아니라고 했던 것입니다. 표면적 유대인과 이면적 유대인이 있다고 한 것입니다.

바울은 다메섹에서 예수 그리스도를 만나고 나서야 이스라엘 속에 또 이스라엘이 있다는 것을 알게 된 것입니다. 그래서 이스라엘이라고 해서 다 구원을 받는 것이 아니고 그 속에 어린 양의 생명책에 녹명된 자들만 구원을 받는다고 증거하였던 것입니다. 이들이 바로 유대인 속에서 부르심을 입은 바울과 같은 자들인 것입니다. 바울과 같은 자들이 바로 이면적 유대인으로서 이스라엘 속에 이스라엘인 것입니다.

이들이 요한계시록 7장에서 각 지파 속에서 인을 맞은 자들입니다. 이들을 일컬어 영적 이스라엘이라고 합니다. 혈통으로 난 자들을 육적 이스라엘이라고 하고, 예수 그리스도 안에서 성령으로 거듭난 자들을 영적 이스라엘이라고 합니다. 성령으로 거듭난 것을 하늘로부터 낳아졌다고 하는 것입니다. 그래서 성령으로 거듭난 성도들을 일컬어 하늘나라 백성이라고 하는 것입니다.

이러한 것을 하나님께서 창세전에 이미 예정하셨습니다. 그 기쁘신 뜻대로 예정하시고 태초에 말씀으로 계시던 하나님이 육신을 입고 예수라는 이름으로 이 세상에 오신 것입니다. 보이지 않는 세계에 말씀으로 계시던 하나님이 보이는 세계로 예수라는 이름으로 오신 것입니다. 이는 창세전에 어린 양의 생명책에 녹명된 자기 백성들을 죄와 사망에서 구원하여 영생을 주고자 하심입니다.

어린 양의 생명책에 녹명된 하나님의 백성들은 구약의 이스라엘 속에만 있는 것이 아니고 온 세상에 흩어져 있는 것입니다. 스가랴는 그 이야기를 하고 있는 것입니다. 그래서 예수님께서 나귀를 타고 예루살렘에 입성하는 것을 스가랴서를 인용하여서 이 예수가 바로 구약에 예언이 되었던 그 왕이라고 말해주고 있는 것입니다.

예수님이 십자가를 지시고 난 후 오순절 성령 강림 이후 스가랴의 예언이 실제로 나타납니다. 오순절 성령이 임하고 난 후 구원의 경계가 이스라엘의 지경을 넘어서 온 세상으로 확대되어서 나타나게 된 것입니다. 성령 강림 이후 세상은 예수님의 십자가상에서 하신 일들이 확대되어서 나타난 것입니다.

예수님이 십자가에 달리실 때 좌우에 두 강도가 있었습니다. 두 강도는 예수님을 중심에 두고 갈라지게 됩니다. 하나는 예수님을 구주로 믿고 천국으로 갔고, 하나는 예수님을 거부하고 지옥으로 갔습니다. 이것이 성령 강림 이후에 온 세상으로 확대되어서 일어나게 된 것입니다. 그래서 세상에는 예수를 구주로 믿는 자들과 믿지 않는 자들로 나누어지는 것입니다.

이것이 육적 이스라엘과 영적 이스라엘로 갈라지게 되었던 것입니다. 이방인 중에서도 예수를 주와 그리스도로 믿는 자는 영적 이스라엘이 되고, 구약 이스라엘 중에서도 예수를 주와 그리스도로 믿지 않는 자는 이방인이 되는 것입니다.

예수 그리스도를 중심으로 새로운 이스라엘과 이방인이 탄생한 것입니다. 예수 그리스도 안에서 하늘에 속한 새로운 민족이 생겨난 것입니다. 성경은 이들을 이면적 유대인이라 하고 영적 이스라엘이라고 합니다. 영적 이스라엘은 예수 그리스도의 피흘리심으로 생겨난 자들입니다. 이것은 마치 구약의 아브라함 후손들이 출애굽을 할 때 유월절 어린 양의 피로 죽음에서 살아난 새로운 민족이 되어서 광야로 나온 것과 같습니다.

애굽에서는 하나님의 백성은 아브라함의 혈통적 이스라엘이었습니다. 그러나 유월절 어린 양의 피로 살아나서 출애굽을 한 자들은 아브라함의 혈통적 의미는 사라지고 어린 양의 피로 새롭게 생겨난 이스라엘인 것입니다. 그래서 출애굽 할 때 이방인 중에서도 유월절 어린 양의 피로 죽음의 재앙으로부터 살아나서 이스라엘과 함께 출애굽을 하게 된 자들이 있었던 것입니다.

광야에 나온 이스라엘은 어린 양의 피 안에서 살아난 새로운 민족이 된 것입니다. 이것은 장차 예수 그리스도의 피 안에서 죄와 사망의 권세로부터 해방이 되어서 새롭게 생겨날 영적 이스라엘을 예표하고 있는 것입니다. 이러한 일들이 예수님의 십자가 후 성령 강림으로 실상으로 이루어지게 된 것입니다. 지금도 하나님은 인간의 조건은 끊으시고 예수 그리스도 안에서 새로운 민족을 만들어 가십니다. 이들은 예수 그리스도의 피로 죄와 사망에서 해방을 맞이하게 된 것입니다.

그래서 스가랴는 **"네 언약의 피를 인하여 내가 너의 갇힌 자들을 물 없는 구덩이에서 놓아주신다"**고 예언을 하였던 것입니다. 예수님이 십자가에서 돌아가시자 바위가 터지고 무덤이 열리고 자던 자들이 일어나게 됩니다. 이는 곧 죄와 사망의 권세가 깨어진 것과 같은 것입니다. 예수님이 부활하신 후에 무덤 속에 있던 자들을 다 데리고 나온 것은 스가랴의 예언처럼 갇힌 자들을 빼내 온 것입니다.

예수님의 예루살렘 입성 광경을 한번 보십시오. 그 광경 속에 하나님의 계시가 담겨 있는 것입니다. 예수님이 나귀를 타고 예루살렘에 입성하십니다. 그러자 온 백성들이 종려나무 가지를 흔들며 **'호산나 다윗의 자손이여 주의 이름으로 오시는 이여'**라고 하면서 맞이합니다. 왜 그런가요? 이 예수가 바로 자신들을 구원하기 위하여 하나님이 보내신 메시아이기 때문입니다. 마태복음 21장을 봅시다.

> **마 21:1-9** "저희가 예루살렘에 가까이 와서 감람산 벳바게에 이르렀을 때에 예수께서 두 제자를 보내시며 2. 이르시되 너희 맞은편 마을로 가라 곧 매인 나귀와 나귀 새끼가 함께 있는 것을 보리니 풀어 내게로 끌고 오너라 3. 만일 누가 무슨 말을 하거든 주가 쓰시겠다 하라 그리하면 즉시 보내리라 하시니 4. 이는 선지자로 하신 말씀을 이루려 하심이라 일렀으되 5. 시온 딸에게 이르기를 네 왕이 네게 임하나니 그는 겸손하여 나귀, 곧 멍에 메는 짐승의 새끼를 탔도다 하라 하였느니라 6. 제자들이 가서 예수의 명하신 대로 하여 7. 나귀와 나귀 새끼를 끌고 와서 자기들의 겉옷을 그 위에 얹으매 예수께서 그 위에 타시니 8. 무리의 대부분은 그 겉옷을 길에 펴며 다른 이는 나무 가지를 베어 길에 펴고 9. 앞에

서 가고 뒤에서 따르는 무리가 소리질러 가로되 호산나 다윗의 자손이여 찬송하리로다 주의 이름으로 오시는 이여 가장 높은 곳에서 호산나 하더라”

예수님께서 공생애 마지막 때가 되시자 예루살렘으로 들어가십니다. 이는 대제사장과 장로들의 손에 죽임을 당하기 위함입니다. 세상 죄를 지고 가는 어린 양이 되어서 하나님께 제물로 드려지기 위함입니다. 이는 자기 백성들을 죄와 사망의 권세로부터 해방시키기 위함입니다. 스가랴서의 예언대로 하나님께서 그 언약의 피를 보시고 갇힌 자들을 물 없는 구덩이에서 놓아주시기 위함입니다.

하나님은 구약 시대 언약의 후손을 상징하는 이스라엘을 어린 양의 피로 애굽에서 구원해 내시고 광야에서 주의 이름을 주시려고 한 곳을 택하십니다. 그것이 광야에서는 성막으로 나타났고, 가나안에 들어가서는 성전으로 나타났습니다. 성전은 주의 이름을 두시려는 택한 곳입니다. 이름을 가졌다는 말은 인격이라는 말입니다.

예루살렘에 입성하는 예수님을 백성들이 뭐라고 하는가요. **‘주의 이름으로 오시는 이여’**라고 합니다. 이는 이분이 바로 성전의 주인이라는 뜻입니다. 예수님이 성전의 주인으로 들어가시는 것입니다. 그래서 예수님이 예루살렘에 입성하자 백성들이 일제히 주의 이름으로 오시는 이스라엘의 왕이라고 환호하였던 것입니다. 진짜 성전의 주인이 오셨기 때문입니다.

예수님이 예루살렘에 입성하실 때 성전에 누가 있었나요? 율법으로 자기 배를 불리는 전문 종교꾼들이 있었습니다. 대제사장과 장로들과 서기관과 율법사들이 강도들이 되어서 하나님의 이름으로 백성들의 고혈을 짜 먹고 있었습니다. 마가복음 11장을 봅시다.

> **막 11:15-18** "저희가 예루살렘에 들어가니라 예수께서 성전에 들어가사 성전 안에서 매매하는 자들을 내어 쫓으시며 돈 바꾸는 자들의 상과 비둘기 파는 자들의 의자를 둘러 엎으시며 16. 아무나 기구를 가지고 성전 안으로 지나다님을 허치 아니하시고 17. 이에 가르쳐 이르시되 기록된바 내 집은 만민의 기도하는 집이라 칭함을 받으리라고 하지 아니하였느냐 너희는 강도의 굴혈을 만들었도다 하시매 18. 대제사장들과 서기관들이 듣고 예수를 어떻게 멸할까 하고 꾀하니 이는 무리가 다 그의 교훈을 기이히 여기므로 그를 두려워함일러라"

예수님이 예루살렘 성전을 뭐라고 하는가요? 장사하는 집이 되었고 강도의 굴혈이 되었다고 합니다. 백성들이 강도들에게 가산을 빼앗기고 있었던 것입니다. 율법으로 장사하고 있는 전문 종교꾼 밑에서 종 노릇하고 있었던 것입니다.

그런데 예수님이 나귀 타고 예루살렘에 입성하는 것입니다. 그 모습을 보니 대뜸 스가랴가 예언한 말씀이 생각이 나는 것입니다. 아! 이분은 하나님이 보내신 이스라엘의 왕이구나! 그래서 백성들이 **'호산나 다윗의 자손이여 주의 이름으로 오시는 이여!'**라고 열렬히 환영하였던 것입니다.

다윗의 자손이란? 다윗 왕권을 회복하실 분이라는 것입니다. 예수님이 예루살렘에 들어가신 것은 옛 것은 폐하고 새 것을 세우고자 함입니다. 육의 시대는 끝을 내고 영의 시대를 여시기 위함이었습니다. 예수님께서 예루살렘에 올라가실 때 뭐라고 하셨나요? 마가복음 10장을 봅시다.

막 10:32-34 "예루살렘으로 올라가는 길에 예수께서 제자들 앞에 서서 가시는데 저희가 놀라고 좇는 자들은 두려워하더라 이에 다시 열두 제자를 데리시고 자기의 당할 일을 일러 가라사대 33. 보라 우리가 예루살렘에 올라가노니 인자가 대제사장들과 서기관들에게 넘기우매 저희가 죽이기로 결안하고 이방인들에게 넘겨주겠고 34. 그들은 능욕하며 침 뱉으며 채찍질하고 죽일 것이니 저는 삼 일 만에 살아나리라 하시니라"

대제사장들과 서기관들에게 죽임을 당하게 된다고 합니다. 이들이 왜 예수님을 죽입니까? 성전의 주인이 나타나서 더 이상 강도짓을 못하게 되었기 때문입니다. 그래서 대제사장과 서기관들이 백성들을 미혹하여서 예수님을 죽인 것입니다. 이것은 유대인들이 예수를 죽인 것이 되는 것입니다. 하지만 예수님께서 제자들에게 뭐라고 하는가요? 그들이 나를 죽여도 내가 사흘 만에 살아난다고 합니다. 죽음에서 부활하실 것을 알려주십니다.

예수님의 말씀대로 죽은 지 사흘 만에 부활하셨습니다. 육체로 오신 예수님은 죽으시고 성령의 능력으로 살아나신 것입니다. 유대인들의 손에 죽임을 당하고 부활하신 예수님은 더 이상 유대인의 하나님이 아닌 것입니다. 온 세계에 흩어져 있는 창세전에 어린 양의 생명책에 녹명이 된 자들의 하나님이신 것입니다.

예수님은 십자가에 죽으시고 부활하신 후에 온 세상의 영적 이스라엘의 왕으로 등극하신 것입니다. 이를 만유의 주라고 합니다. 하나님이 예수 그리스도를 죽음에서 살리셔서 만유의 주로 삼으신 것입니다. 이는 세상에서는 찾아볼 수가 없는 새로운 왕이 등극한 것입니다. 영적 왕으로서 등극하신 것입니다.

예수님은 사생애와 공생애가 있습니다.

마 3:16-17 "예수께서 세례를 받으시고 곧 물에서 올라오실새 하늘이 열리고 하나님의 성령이 비둘기같이 내려 자기 위에 임하심을 보시더니 17. 하늘로서 소리가 있어 말씀하시되 이는 내 사랑하는 아들이요 내 기뻐하는 자라 하시니라"

예수님은 사생애를 세례 요한으로부터 세례를 받음으로 마감하였습니다. 물에서 올라오실 때 성령이 임하시고 하늘이 열리고 하늘에서 하나님께서 이는 내 사랑하는 아들이라고 하십니다. 예수님의 공생애는 하나님의 아들로 사신 것입니다. 하나님의 아들로서 하나님 백성들을 낳는 일을 하신 것입니다. 이를 율법 교회 속에서 12제자들을 불러내는 것으로 보여주신 것입니다. 예수님의 공생애는 성령의 능력으로 사신 것이므로 12제자들을 부르신 것도 영적인 의미에서는 성령으로 낳은 것이 되는 것입니다.

이것이 오순절 성령 강림으로 실제화 되어서 나타났습니다. 영적 이스라엘은 성령 강림 후에 생겨나게 된 것입니다. 이들에게는 새로운 언약이 주어졌습니다. 이를 일컬어 예수 그리스도의 피로 맺은 새 언약이라고 합니다.

옛 언약은 구약의 혈통적 이스라엘에게 주어진 것이지만, 새 언약은 신약의 성령으로 거듭난 성도들인 새 이스라엘에게 주어진 것입니다. 이 사실을 알려주고자 예수님께서 유월절 어린 양의 실체가 되어서 십자가에 죽기 전 날 밤에 떡과 포도주를 가지고 새로운 유월절을 지키는 것으로 보여주셨던 것입니다. 마태복음 26장을 봅시다.

마 26:26-28 “저희가 먹을 때에 예수께서 떡을 가지사 축복하시고 떼어 제자들을 주시며 가라사대 받아 먹으라 이것이 내 몸이니라 하시고 27. 또 잔을 가지사 사례하시고 저희에게 주시며 가라사대 너희가 다 이것을 마시라 28. 이것은 죄 사함을 얻게 하려고 많은 사람을 위하여 흘리는바 나의 피 곧 언약의 피니라”

눅 22:19-20 “또 떡을 가져 사례하시고 떼어 저희에게 주시며 가라사대 이것은 너희를 위하여 주는 내 몸이라 너희가 이를 행하여 나를 기념하라 하시고 20. 저녁 먹은 후에 잔도 이와 같이 하여 가라사대 이 잔은 내 피로 세우는 새 언약이니 곧 너희를 위하여 붓는 것이라”

원래 유월절은 어린 양을 잡아서 지켰습니다. 그러나 예수님은 마지막 유월절을 어린 양 대신 자신의 살과 피를 상징하는 떡과 포도주로 지키셨습니다. 이것은 예수님의 십자가 사건 이후로는 짐승으로 지키던 시대는 끝이 나고 예수 그리스도로 지키는 시대가 열리게 되었음을 알려주신 것입니다. 이를 새 언약 시대라고 합니다.

새 언약이라 함은 옛 언약은 끝났다는 것입니다. 옛 언약에서 하나님의 백성은 육적 이스라엘이었습니다. 그런데 이들이 예수를 죽였습니다. 그래서 하나님은 예수를 죽인 아브라함의 혈통적 유대인들을 멸망시키고 예수 그리스도의 피로 새로운 민족을 만들어 내신 것입니다. 부활하신 예수님이 성령을 보내서 예수를 주와 그리스도로 믿는 자들을 창조해 내시는 것입니다.

예수님의 피로 새로운 민족이 생겨나게 된 것입니다. 이들을 일컬어 영적 이스라엘이라고 합니다. 영적 이스라엘은 새 언약의 후손인 것입니다. 구약은 아브라함 언약의 후손이 하나님의 백성이었지만, 신약은 예수 그리스도 안에서 난 자들이 하나님의 백성인 것입니다. 예수님이 십자가에 죽으시고 부활 후 성령이 오심으로서 새로운 시대가 열린 것입니다. 이름하여 영의 시대인 것입니다. 성령 강림 후 예수 그리스도 안에서 난 자들이 새로운 이스라엘인 언약의 후손들이 된 것입니다. 이들은 새 언약의 다스림을 받게 됩니다.

새 이스라엘인 영적 이스라엘은 새 언약으로 다스림을 받게 됩니다. 육적 이스라엘은 모세를 통해서 옛 언약인 율법을 주셨지만, 영적 이스라엘은 예수 그리스도를 통해서 새 언약인 은혜(믿음)를 주셨습니다. 아브라함 언약 안에서 난 자들은 옛 언약의 후손이고, 예수 그리스도의 피로 난 자들이 새 언약의 후손인 것입니다. 아브라함의 후손은 표면적 유대인이고, 예수 그리스도에게서 난 자들은 이면적 유대인인 것입니다.

예수님이 예루살렘에 왜 입성합니까? 죽임당하기 위함입니다. 예수님이 대제사장과 장로들에게 죽임을 당하신 것은 육적 이스라엘을 폐하시고 영적 이스라엘을 세우기 위함입니다. 육적 이스라엘은 예수 그리스도를 십자가에 죽임으로써 그들 스스로 우리는 예수 그리스도와 상관이 없는 자라는 것을 드러낸 것입니다.

이제는 아브라함 혈통으로 난 하나님의 백성들은 사라지게 된 것입니다. 예수를 죽임으로써 버려짐을 당하게 된 것입니다. 육의 시대가 끝나고 영의 시대가 열린 것입니다. 예수 그리스도 안에서 하늘에 속한 영적 민족이 생겨나게 된 것입니다. 이 일을 다니엘이 70이레를 통해서 예언하였습니다. 예수님이 유대인들로부터 버림당하기 위하여 예루살렘에 입성하는 것은 다니엘이 예언한 70이레를 이루기 위한 엄청난 영적 사건이 담겨 있는 것입니다.

다니엘은 하나님으로부터 기름 부음을 받은 자가 오면 세상 역사는 끝이 나고 예수 그리스도 안에서 새로운 세상이 열릴 것을 70이레를 통해서 예언하였습니다. 70이레가 되면 세상 역사는 끝이 나고 하나님의 아들이신 예수 그리스도가 다스리는 하나님 나라가 세워지게 된다고 합니다.

70이레 속에는 이스라엘의 역사뿐만 아니라 인류 역사 전체의 비밀이 담겨 있는 것입니다. 이 사실을 이스라엘이라는 민족의 역사를 가지고 설명해 주고 있는 것입니다.

그만큼 70이레 속에는 큰 비밀이 담겨 있는 것입니다. 큰 비밀이다 보니까 사단이 각양의 해석을 하게 하여서 혼미케 만들어 놓은 것입니다. 역사는 항상 가짜들이 먼저 나오고 진짜가 나중에 출현합니다.

70이레 역시 먼저 가짜 해석들이 난무한 후에 진짜 해석이 나오게 되어 있는 것입니다. 그럼 이제부터 70이레 속에 감추인 비밀들을 하나하나 풀어가 보도록 하십니다. 70이레를 창세전 언약적 관점에서부터 인류의 종말까지를 아우르는 대 서사시(敍事詩)로 풀어가도록 하겠습니다.

70이레의 성격

70이레를 알려면 먼저 70이레의 성격을 알아야 합니다. 이걸 모르면 아무리 그럴듯한 해석이라 할지라도 진의를 벗어나게 됩니다. 그럼 잘못된 아전인수식 해석이 되고 마는 것입니다. 70이레는 세대주의자들의 주장처럼 육적 유대인을 구원하는 이야기가 아니고, 온 세상에 흩어져 있는 자기 백성들을 죄와 사망으로부터 구원해 내는 이야기인 것입니다.

성경은 창세전에 영생 주시기로 작정하고 어린 양의 생명책에 녹명된 자들을 구원하는 이야기인 것입니다. 어떻게 구원하는가 하면 예수 그리스도의 피 흘리심으로 주어지는 것입니다. 이 구원의 정점에 예수님의 십자가 사건이 있는 것입니다. 이를 70이레 속에 계시해 놓은 것입니다. 다니엘 9장을 봅시다.

> **단 9:24** "네 백성과 네 거룩한 성을 위하여 칠십 이레로 기한을 정하였나니, 1) 허물이 마치며, 2) 죄가 끝나며, 3) 죄악이 영속되며, 4) 영원한 의가 드러나며, 5) 이상과 예언이 응하며, 6) 또 지극히 거룩한 자가 기름 부음을 받으리라"

하나님께서 이스라엘 백성과 예루살렘을 거룩하게 하는 일을 70이레로 정하였다고 합니다. 무슨 말인고 하니 자기 백성들을 구원하는 일을 어떤 기한을 정해 놓고 하시겠다는 것입니다. 이를 때와 기한이라고 합니다. 때와 기한은 하나님께서 자기 백성들을 죄와 사망에서 구원하는 타임라인인 것입니다. 이를 70이레 속에 계시를 해 놓으신 것입니다. 즉 70이레는 예수 그리스도의 구속사를 보여주는 타임라인인 것입니다.

이 세상의 역사는 하나님의 타임라인에 의하여 전개가 됩니다. 하나님의 타임라인은 영화의 시나리오와 같습니다. 시나리오는 영화가 만들어지기 전에 있는 것입니다. 시나리오가 먼저이고 영화가 나중입니다. 영화가 시나리오에 의하여 만들어지듯이 예수 그리스도께서 자기 백성들을 구원하는 일도 창세전 언약이라는 시나리오에 의하여 이루어지게 되는 것입니다. 그 구원의 시나리오가 바로 70이레인 것입니다.

70이레가 되면 6가지가 이루어지게 됩니다.

첫째, 허물이 마치고,
둘째, 죄가 끝나며,
셋째, 죄악이 영속되며,
넷째, 영원한 의가 드러나며,
다섯째, 이상과 예언이 응하며,
여섯째, 거룩한 자가 기름 부음을 받게 됩니다.

이것은 창세전 언약이 완성되는 것입니다. 창세전 언약은 예수 그리스도의 피 흘리심으로 자기 백성들이 구원받는 것입니다. 하나님은 이 일을 시작과 끝이 있는 이 세상 속에서 때와 기한을 정하시고 점진적으로 심층적으로 이루어가십니다. 그러므로 70이레는 창세전에 하신 언약이 이 땅에서 완전하게 이루어지는 것을 말해주고 있는 것입니다.

이 세상이 어떻게 이루어졌는지 살펴봅시다.

창 1:1 "태초에 하나님이 천지를 창조하시니라"

이 세상은 천지로 창조가 되었습니다.

천(天)은 하늘이고,
지(地)는 땅입니다.
하늘을 영(靈)이라 하고,
땅을 육(肉)이라고 합니다.

천지를 의인화하면 두 부류의 사람이 됩니다. 하늘에 속한 사람과 땅에 속한 사람이 있는 것입니다. 하늘에 속한 자를 하나님 백성이라고 하고, 땅에 속한 자를 이방인이라고 합니다. 이를 이스라엘 속에 세팅을 해 놓았습니다. 이스라엘 속에도 하늘에 속한 자가 있고 땅에 속한 자가 있습니다. 하늘에 속한 자를 영적 이스라엘이라 하고, 땅에 속한 자를 육적 이스라엘이라고 합니다.

이것을 언약의 가문 속에 그대로 세팅해 놓으신 것입니다. 아브라함의 집안에 육으로 난 이스마엘과 약속으로 난 이삭이 있습니다. 이삭의 집안에도 에서와 야곱이 있었습니다. 야곱의 가문에도 요셉과 그 형제들이 있었습니다. 이것이 국가적으로는 남쪽 유다와 북쪽 이스라엘로 나타났습니다. 이것이 예수 그리스도를 영접하는 자와 거부하는 자로 나타난 것입니다. 예수님이 십자가를 지신 후에는 성령으로 난 자와 육으로 난 자로 구분이 됩니다.

예수 그리스도 안에서 난 자를 성도 혹은 신자라 하고, 예수 그리스도 밖에 있는 자를 불신자 혹은 이방인이라고 합니다. 예수 그리스도 안에 거하는 자를 은혜 안에 있는 자라고 하고, 예수 그리스도 밖에 있는 자를 법 아래 있는 자라고 합니다. 예수 그리스도 밖에 있는 자를 표면적 유대인이라 하고, 예수 그리스도 안에 있는 자를 이면적 유대인이라고 합니다. 표면적 유대인은 혈통으로 난 자들이고, 이면적 유대인은 성령으로 난 자들입니다.

표면적 유대인이 먼저이고 이면적 유대인이 나중입니다. 바울은 표면적 유대인이면서 이면적 유대인입니다. 표면적 유대인으로 있을 때는 예수 그리스도를 몰라보고 율법으로 죽이는 일을 하였습니다. 그러나 성령으로 거듭난 후에는 육적 이스라엘이 이단이라고 죽인 그 예수님이 바로 하나님이 보내신 메시아라고 증거하다가 목숨을 버리는 삶을 살았습니다.

육으로 알아진 예수와 영으로 알아진 예수는 다릅니다. 육으로 알아진 예수는 그냥 4대 성인 중의 한 사람이지만, 영으로 알아진 예수는 하나님의 아들이시고 자기 백성들을 죄와 사망으로부터 구원해 내시는 메시아(구원주)인 것입니다.

예수님은 살리는 것은 영이요 육은 무익하니라고 하였습니다. 이 말은 예수를 메시아로 알아보는 자는 영으로서 산 자이고, 예수를 메시아로 알아보지 못하는 자는 육으로서 죽은 자라는 뜻입니다. 영에 속한 자와 육에 속한 자는 예수를 다르게 따릅니다. 육에 속한 자들은 세상적인 문제를 해결해 주는 메시아로 따릅니다. 이를 '정치적인 메시아'라고 합니다.

육적 유대인들은 정치적인 메시아를 기다린 것입니다. 메시아가 와서 로마로부터 해방해주어서 세계 제일의 강대국으로 만들어 다윗 왕 시절의 영화를 이루어 주실 것이라고 믿었던 것입니다. 그런데 예수님은 전혀 그럴 생각이 없었던 것입니다. 죄와 사망의 권세로부터 해방하는 일을 하신 것입니다. 그러자 유대인들이 예수는 자기들이 바라던 메시아가 아니라고 하면서 죽인 것입니다. 이를 하나님께서 예수님을 시온의 거치는 반석으로 보내셨다고 합니다. 이는 하나님께서 육으로는 예수를 알아보지 못하도록 하신 것입니다.

예수님이 죽고 부활하신 후에는 육의 시대가 끝나고 영의 시대가 열린 것입니다. 영적 이스라엘의 시대가 열린 것입니다. 영적 이스라엘은 예수님을 죄와 사망으로부터 구원해 주실 메시아로 믿게 되는 것입니다. 이를 '영적 메시아'라고 합니다. 세상에는 육에 속한 자와 영에 속한 자가 있습니다. 이를 교회 안에서는 육적 이스라엘과 영적 이스라엘이라고 합니다. 교회 밖에서는 불신자 또는 이방인이라고 합니다.

구속사적으로 보면 예수를 모르는 사람은 모두가 불신자이고 이방인인 것입니다. 이들을 육에 속하였다고 합니다. 예수를 정치적 메시아로 믿는 자들은 모두가 육인 것입니다. 그러므로 70이레도 두 가지 해석이 있는 것입니다. 육에 속한 자들은 70이레를 육적으로 이해하여 육적 이스라엘을 구원하는 역사적 사건으로 이해를 합니다. 그러나 영에 속한 자들은 70이레를 영적으로 해석을 합니다.

어느 것이 옳은 해석일까요? 두 가지 다 해석해야 합니다. 투 트랙으로 보아야 하는 것입니다. 영적인 해석과 육적인 해석을 해야 하는 것입니다. 중요한 것은 살리는 것은 영이고 육은 무익하다는 것을 알아야 합니다.

70이레는 역사적인 사실이면서도 그 속에는 하늘에 속한 영적인 의미가 담겨 있기 때문에 이중적인 계시가 되는 것입니다. 다시 말하지만 70이레는 육적인 해석과 영적인 해석 두 가지를 다 하여야 온전한 해석이 되는 것입니다. 70이레를 문자적으로만 해석하면 그 속에 담긴 영적 의미를 찾아낼 수가 없습니다.

알다시피 성경은 성령의 감동으로 기록하였습니다. 이 말은 문자 속에 영감을 불어넣었다는 뜻입니다. 이렇게 되면 성경을 문자적으로 보아서는 안 된다는 것입니다. 문자 속에 담긴 영적 의미를 읽어 내야 하는 것입니다. 그런데 영적 의미는 인간 쪽에서 알아낼 수가 없습니다. 이건 성령께서 계시해 주어야지만 알 수가 있는 것입니다.

예수님께서 제자들에게 내가 가면 다른 보혜사를 보내주실 터인데 그가 오면 내가 한 말과 내가 한 일의 영적 의미를 알게 해 주실 것이라고 하였습니다. 그러므로 아버지께서 약속하신 성령이 오실 때까지 예루살렘을 떠나지 말고 기다리라고 하신 것입니다. 성령이 오시지 않으면 예수님이 하신 말이나 하신 일의 영적 의미를 알 수가 없기 때문입니다.

70이레도 성경 속 이야기입니다. 그럼 70이레 속에도 영적 의미가 담겨 있는 것입니다. 그래서 70이레를 문자적 해석도 하여야 하지만 영적인 해석을 하여야 온전한 해석이 된다고 하는 것입니다. 그럼 70이레가 왜 주어졌는지 그 근원부터 추적해 봅시다.

묵시와 역사

히 11:3 "믿음으로 모든 세계가 하나님의 말씀으로 지어진 줄을 우리가 아나니, 보이는 것은 나타난 것으로 말미암아 된 것이 아니니라" <한글개역>

히 11:3 "우리는 믿음이 있으므로 이 세상이 하느님의 말씀으로 창조되었다는 것, 곧 우리의 눈에 보이는 것이 보이지 않는 것에서 나왔다는 것을 압니다"<공동번역>

히 11:3 "믿음으로 우리는 하나님께서 말씀으로 이 세상을 창조하셨다는 것, 곧 보이는 것은 나타나 있는 것에서 생기지 않았음을 깨닫습니다"<표준새번역>

모든 세계가 하나님의 말씀으로 지어졌습니다. 이 사실을 믿음으로 보면 모두 다 보인다고 합니다. 하나님이 주신 믿음으로 보면 보이는 이 세상은 보이지 않는 세상으로부터 나온 것을 알 수가 있습니다. 창세기 1장 1절을 봅시다.

창 1:1 "태초에 하나님이 천지를 창조하시니라"

하나님이 태초에 천지를 창조하셨습니다. 천은 보이지 않는 세계로서 하늘이라고 하고, 지는 보이는 세계로서 땅이라고 합니다. 이러면 두 세계가 있음이 됩니다. 보이지 않는 세계와 보이는 세계가 있는 것입니다. 이를 천지(天地)라고 합니다. 2절을 봅시다.

> **창 1:2** "땅이 혼돈하고 공허하며 흑암이 깊음 위에 있고 하나님의 신은 수면에 운행하시니라"

1절을 보면 하늘과 땅을 창조하셨는데, 2절에서는 하늘은 온데 간데 없고 땅만 나옵니다. 그리고 3절부터는 땅에서 일어나는 이야기만 나옵니다. 즉 보이지 않는 세계를 상징하는 하늘은 사라지고, 보이는 세계인 땅의 이야기로 성경의 이야기가 전개가 되는 것입니다.

보이지 않는 세계가 실상이고,
보이는 이 세상은 허상인 것입니다.
보이지 않는 세계가 원본이고,
보이는 이 세상은 복사본입니다.
보이는 세상을 역사라고 하고,
보이지 않는 세상을 묵시라고 합니다.
보이는 이 세상은 피조물들이 살아가는 곳이고,
보이지 않는 세상은 창조주가 살아가는 곳입니다.

하나님은 보이는 세상(역사)에다가 묵시에 속한 일들을 담아 놓았습니다. 이 세상이라는 역사는 묵시를 담고 있는 그릇과 같은 것입니다. 이건 마치 율법 속에 예수 그리스도의 비밀을 담아 놓은 것과도 같은 것입니다. 육적인 옛 언약 속에 영적인 새 언약을 담아 놓은 것과도 같습니다.

성경은 육과 영의 이야기입니다. 살리는 것은 영이고 육은 무익합니다. 이는 영은 생명으로서 실상이고 육은 허상이라는 것입니다. 언약적으로 말하면 육은 옛 언약인 율법이고, 영은 새 언약인 은혜입니다. 율법은 가짜이고 은혜가 진짜인 것입니다. 히브리서 10장을 봅시다.

> **히 10:1-7** "율법은 장차 오는 좋은 일의 그림자요 참 형상이 아니므로 해마다 늘 드리는 바 같은 제사로는 나아오는 자들을 언제든지 온전케 할 수 없느니라 2. 그렇지 아니하면 섬기는 자들이 단번에 정결케 되어 다시 죄를 깨닫는 일이 없으리니 어찌 드리는 일을 그치지 아니 하였으리요 3. 그러나 이 제사들은 해마다 죄를 생각하게 하는 것이 있나니 4. 이는 황소와 염소의 피가 능히 죄를 없이 하지 못함이라 5. 그러므로 세상에 임하실 때에 가라사대 하나님이 제사와 예물을 원치 아니하시고 오직 나를 위하여 한 몸을 예비하셨도다 6. 전체로 번제함과 속죄제는 기뻐하지 아니 하시나니 7. 이에 내가 말하기를 하나님이여 보시옵소서 두루마리 책에 나를 가리켜 기록한 것과 같이 하나님의 뜻을 행하러 왔나이다 하시니라"

율법으로 드려지는 짐승의 제사는 장차 오는 좋은 일의 그림자라고 합니다. 좋은 일은 한 몸으로 드려지는 것을 말합니다. 짐승으로 드려지는 제사는 구약의 제사이고, 한 몸으로 드려지는 제사는 신약인 것입니다. 짐승의 제사는 죄를 깨닫게 하는 것이고, 한 몸으로 드리는 제사는 죄사함을 주는 것입니다. 짐승으로 드려지는 제사는 모형으로서 가짜이고, 한 몸으로 드려지는 제사는 실상으로서 진짜인 것입니다. 그래서 구약은 그림자라고 하고 신약은 실상이라고 하는 것입니다.

이렇게 되면 구약은 가짜이고 신약은 진짜가 되는 것입니다. 하나님은 짐승으로 드려지는 제사를 원치 않고 한 몸으로 드려지는 제사를 원하십니다. 그 한 몸으로 드려지는 제사가 예수님의 십자가 사건인 것입니다. 왜 하나님은 짐승의 제사를 원치 않고 한 몸으로 드려지는 제사를 원할까요? 이는 하나님께서 창세전에 한 몸으로 드려지는 제사를 언약하셨기 때문입니다. 에베소서 1장을 봅시다.

엡 1:4-7 "곧 창세 전에 그리스도 안에서 우리를 택하사 우리로 사랑 안에서 그 앞에 거룩하고 흠이 없게 하시려고 5. 그 기쁘신 뜻대로 우리를 예정하사 예수 그리스도로 말미암아 자기의 아들들이 되게 하셨으니 6. 이는 그의 사랑하시는 자 안에서 우리에게 거저 주시는바 그의 은혜의 영광을 찬미하게 하려는 것이라 7. 우리가 그리스도 안에서 그의 은혜의 풍성함을 따라 그의 피로 말미암아 구속 곧 죄 사함을 받았으니"

하나님이 창세전에 그리스도 안에서 '우리'라는 한 나라를 만드시기로 작정하셨습니다. '우리'는 예수 그리스도의 피로 죄사함을 받고 구속받은 자들이 모인 것입니다. 이들을 하나님의 나라라고 합니다. 이를 역사 속에서는 교회라고 합니다. 예수 그리스도 안에서 구속받은 하나님의 아들들이 그 은혜의 영광을 찬미하게 되는 것입니다. 이러한 것을 창세전에 예정하신 것입니다. 그래서 창세전 언약이라고 하는 것입니다.

앞서서 율법은 장차 오는 좋은 일의 그림자라고 했습니다. 장차 오는 좋은 일은 예수 그리스도의 오심을 말합니다. 좋은 일은 예수 그리스도 안에서 온전케 된다는 뜻입니다. 즉 율법은 예수 그리스도의 오심으로 온전케 된다는 뜻입니다. 직역하면 율법 아래 있는 자들이 예수 그리스도 안에서 온전하게 된다는 뜻입니다.

율법 아래 있는 자는 허상이고,
예수 그리스도 안에 있는 자가 실상인 것입니다.
율법 아래 있는 자를 육이라고 하고,
예수 그리스도 안에 있는 자를 영이라고 합니다.
율법 아래 있는 자를 육적 이스라엘이라고 하고,
예수 그리스도 안에 있는 자를 영적 이스라엘이라고 합니다.
아브라함의 혈통으로 난 육적 이스라엘은 옛 언약에 속하였고,
예수 그리스도부터 난 영적 이스라엘은 새 언약에 속하였습니다.
아브라함의 혈통으로 난 육적 이스라엘은 그림자이고,
예수 그리스도로 난 영적 이스라엘이 실상인 것입니다.

예레미야 31장에서 이를 예언하였습니다.

렘 31:31-33 “나 여호와가 말하노라 보라 날이 이르리니 내가 이스라엘 집과 유다 집에 새 언약을 세우리라 32. 나 여호와가 말하노라 이 언약은 내가 그들의 열조의 손을 잡고 애굽 땅에서 인도하여 내던 날에 세운 것과 같지 아니할 것은 내가 그들의 남편이 되었어도 그들이 내 언약을 파하였음이니라 33. 나 여호와가 말하노라 그러나 그 날 후에 내가 이스라엘 집에 세울 언약은 이러하니 곧 내가 나의 법을 그들의 속에 두며 그 마음에 기록하여 나는 그들의 하나님이 되고 그들은 내 백성이 될 것이라”

때가 이르면 하나님이 이스라엘과 유다 집에 새 언약을 세우신다고 하였습니다. 새 언약이라는 말은 옛 언약을 전제로 하는 말입니다. 새 언약을 세운다는 것은 곧 옛 언약은 폐하신다는 뜻입니다. 이는 옛 언약에 속한 아브라함의 혈통에 속한 육적 이스라엘은 폐하고, 새 언약인 예수 그리스도 안에서 난 영적 이스라엘을 세운다는 뜻입니다. 이를 육적 이스라엘 속에서 영적 이스라엘을 끄집어낸다고 합니다. 이 일을 위하여 새 영을 보낸다고 하였습니다.

새 영이란? 성령을 말합니다. 성령이 오시면 새로운 이스라엘을 만들어 내신다는 것입니다. 장차 성령께서 육적 이스라엘 속에서 영적 이스라엘을 끄집어내는 것입니다. 오순절 성령 강림으로 그 일이 실제로 일어나기 시작하였습니다. 성령이 임하자 육적 이스라엘 속에서 예수 그리스도를 구주로 영접하는 참 이스라엘이 생겨나기 시작하였습니다. 율법으로 의로워지는 것이 아니라 예수 그리스도를 믿음으로 의로워진다는 것을 믿는 참 이스라엘이 출현하게 된 것입니다.

12제자들과 바울이 그 대표적인 사람입니다. 바울은 율법 아래 있다가 예수 그리스도에 의하여 은혜 아래로 옮겨짐을 당하였습니다. 예수님이 빼내신 것입니다. 다 빼내심을 입은 것이 아니고 바울 같이 택하심을 입은 자들만 빼내심을 입었습니다. 바울은 이 사실을 로마서 11장에서 참감람나무의 접붙임 비유로 말했습니다. 하나님께서 엄위(법)에 거한 이스라엘을 잘라내고 인자(은혜)로 이방인들을 구원하셨다고 합니다.

이는 자기 의(법)로 살아가는 자들은 잘라내고, 하나님의 은혜로 예수 그리스도를 믿음으로 살아가는 자들을 구원하셨다는 뜻입니다. 그런데 은혜로 구원받은 자들이 교만하여 자기 의로 살고 있는 것입니다. 이방인의 충만한 수가 차면 이방인들이 인자에 거하지 않고 엄위에 거하게 된다고 합니다. 한마디로 등 따습고 배가 부르니까 하나님을 떠나더란 말입니다. 그러자 하나님이 그들을 잘라내고 그 자리에 잘려 나간 자들을 다시 접붙인다고 하였습니다. 그렇게 될 때 온 이스라엘이 구원받게 된다고 하였습니다.

이렇게 되면 참감람나무에 접붙임을 당한 자들은 모두가 은혜로 남은 자들이 되는 것입니다. 그래서 참감람나무에 붙어 있는 자들을 남은 자라고 하는 것입니다. 하나님께서 은혜로 남겨둔 자라는 뜻입니다. 하나님께서 엘리야 시대에 바알에게 무릎을 꿇지 아니한 7,000명을 남겨두었듯이 육적 이스라엘 속에 영적 이스라엘을 남겨두신 것입니다.

육적 이스라엘은 그림자입니다. 육적 이스라엘이 왜 필요하느냐? 영적 이스라엘을 설명하기 위해서입니다. 하나님은 육적 이스라엘을 통해서 영적 이스라엘을 이야기해주고 있는 것입니다. 그러므로 이 세상 역사가 끝날 때까지 육적 이스라엘도 존속해야 하는 것입니다. 영적 이스라엘을 예표하는 민족으로서 존재해야 하기 때문입니다.

그래서 2천 년 동안 나라 없이 온 세상에 흩어져서 유리방황하던 이스라엘을 세상 마지막 때가 되어서 고토에 심어 놓으신 것입니다. 왜 그런가 하면 예표의 민족으로 예수님이 재림하실 때까지 사용해야 하기 때문입니다. 지금 저 중동의 팔레스타인 땅에 세워진 이스라엘은 종말의 시나리오에 따라서 세워진 영적 이스라엘을 보여주는 그림자로서 세워진 이스라엘인 것입니다.

성경은 육적 이스라엘을 통해서 영적 이스라엘을 이야기해주고 있는 것입니다.

육적 이스라엘은 땅에 속하였고 영적 이스라엘은 하늘에 속하였습니다. 보이는 것은 보이지 않는 것으로 말미암았다고 하였으니, 보이는 세계에 속한 육적 이스라엘을 가지고 보이지 않는 세계에 속한 영적 이스라엘을 설명하고 있는 것입니다. 둘이 짝이 되어서 하나님의 언약을 설명해 주고 있는 것입니다.

구약은 육적 이스라엘의 이야기이고, 신약은 영적 이스라엘의 이야기입니다. 이는 구약 속에 신약을 계시해 놓았다는 뜻입니다. 그래서 구약은 그림자이고 신약은 실상이라고 하는 것입니다. 즉 구약은 육이고 신약은 영이라고 하는 것입니다.

성경은 성령의 감동으로 기록되었습니다. 이 말은 문자 속에 영적 이야기가 담겨 있다는 뜻입니다. 성령께서 육적 이야기 속에 영적인 의미를 담아 놓은 것입니다. 성령이 임하면 육적 이야기를 통해서 영적 이야기로 읽어 내게 되는 것입니다. 즉 역사를 통하여서 묵시를 읽어 내게 되는 것입니다.

70이레도 마찬가지입니다. 육적 해석과 영적 해석을 해야 하는 것입니다. 70이레는 역사적인 사실이면서도 그 속에 묵시적 의미가 담겨 있는 것입니다. 우리는 육적 이스라엘의 구원 이야기를 통해서 영적 이스라엘의 구원 이야기로 읽어야 합니다. 육적 이스라엘이라는 그림을 통해서 영적 이스라엘을 보아야 하는 것입니다. 그러므로 육적 이스라엘을 통해서 바라보는 70이레를 통하여서 영적 이스라엘을 위한 70이레로 보아야 하는 것입니다.

성경은 역사 속에서 이루어지는 하늘나라 이야기입니다. 하나님은 창세전 언약을 이루고자 세상을 창조하셨습니다. 그러므로 이 세상 역사 이야기 속에는 하늘나라 이야기가 담겨 있는 것입니다. 이렇게 되면 역사는 하늘나라를 담는 그릇과 같은 것입니다. 역사를 육이라 하고, 하늘나라를 영이라고 합니다. 육인 역사는 드러나 있고, 영인 하늘나라는 감추어져 있는 것입니다.

70이레도 문자적인 해석과 영적인 해석이 있습니다. 문자적 해석은 드러난 해석이고, 영적 해석은 숨겨져 있는 것입니다. 문자적 해석은 육적 이스라엘의 구원으로 보는 해석이고, 영적 해석은 예수 그리스도 안에서 난 성도들의 구원으로 보는 해석입니다.

두 해석법 중에 어느 것이 옳으냐? 둘 다 옳다고 했습니다. 하나는 육적으로 옳은 것이고, 다른 하나는 영적으로 옳은 것이기 때문입니다. 70이레 속에는 육적 이스라엘의 이야기도 담겨 있고, 영적 이스라엘의 이야기도 담겨 있습니다. 그러므로 어느 한쪽만 해석하면 안 되고 둘 다 해석해야 합니다. 육적으로도 해석하여야 하고, 영적으로도 해석하여야 하는 것입니다.

중요한 것은 육은 죽이는 것이고 영은 살리는 것임을 기억해야 합니다. 해석이야 자유이지만 그 결과는 하늘과 땅만큼이나 달라지기 때문입니다. 육에 속한 사람은 육적 해석을 따라갈 것이고, 영에 속한 사람은 영적 해석을 따라갈 것입니다. 각자의 생명이 각각의 이야기로 해석하게 될 것입니다. 잊지 말아야 할 것은 살리는 것은 영이고 육은 무익하다는 사실입니다.

70이레 속에 담긴 인류의 조감도

하나님께서 흙으로 사람을 만드셨습니다. 그리고 그 사람을 하나님의 동산에서 살게 하였습니다. 하나님의 동산은 하나님 말씀에 순종하는 자만 살아갈 수가 있습니다. 그런데 인간이 하나님 말씀에 불순종합니다. 이를 죄라고 합니다.

아담은 범죄로 인하여 에덴동산에서 쫓겨나고 맙니다. 아담을 쫓아내면서 메시아를 보내주겠다고 약속하셨습니다. 그리고 하나님은 죄인인 아담이 살아가는 땅을 저주하셨습니다. 이는 죄인을 향한 하나님의 사랑입니다. 저주 받은 곳에서 하나님의 구원을 소망하게 하신 것입니다. 아담은 저주받은 땅에서 하나님께서 보내주신다고 약속하신 메시아를 기다리게 됩니다. 자신들을 저주에서 건져 주실 여자의 후손을 기다리면서 살아가게 되었습니다.

아담이 쫓겨나 살아가는 곳이 이 세상입니다. 이 세상은 하나님의 저주를 머금고 있는 곳입니다. 인간 세상에서 일어나는 모든 일들은 저주의 산물인 것입니다. 저주받은 세상에서 아담은 자식을 낳고 살아갑니다. 에덴동산에서 쫓겨난 후 아담은 가인과 아벨을 낳습니다. 그런데 하나님을 사이에 두고서 가인이 아벨을 죽이는 사건이 발생합니다.

성경은 인류의 시작과 함께 하나님 때문에 일어난 형제간의 싸움 이야기를 하고 있습니다. 왜 인류의 시작을 하나님을 중심에 두고서 형제간에 일어나는 전쟁으로 이야기할까요? 이는 영과 육의 싸움을 보여주고자 하는 것입니다. 그 싸움은 다름 아닌 하나님에 의해서 발생한 것입니다. 하나님이 가인의 제사는 거부하고 아벨의 제사만 받았기 때문입니다.

이는 세상 속에 있는 인간들을 하나님은 두 부류로 대하신다는 뜻입니다. 즉 하나님께 속한 자와 하나님께 속하지 아니한 자가 있다는 뜻입니다. 이것은 창세전 언약을 보면 알 수가 있습니다. 하나님은 창세전에 어린 양의 생명책에 녹명한 자와 녹명하지 않은 자로 구분하셨습니다.

이를 사도 바울은 토기장이가 두 가지 그릇을 만들었다고 합니다. 하나님께서 긍휼을 담는 그릇과 진노를 담는 그릇을 만들었다고 했습니다. 두 그릇이 예수 믿는 자와 믿지 않는 자로 나타납니다. 어린 양의 생명책에 녹명된 자는 예수를 구원자이신 그리스도로 믿고, 어린 양의 생명책에 녹명되지 않은 자는 예수를 구원자로 믿지 않습니다.

어린 양의 생명책에 녹명된 자는 예수 그리스도에게 속하였고, 어린 양의 생명책에 녹명되지 않은 자는 마귀에게 속한 자로 나타나게 됩니다. 이것이 가인과 아벨을 통해서 드러난 것입니다. 아벨은 예수 그리스도에게 속한 자이고, 가인은 마귀에게 속한 자인 것입니다.

하나님은 가인과 아벨을 통해 뱀의 후손과 여자의 후손간의 전쟁을 보여주었습니다.

가인과 아벨은 각자의 방식대로 하나님에게 제사를 지냅니다. 각자의 방식대로 하나님께 제사를 지냈다는 것은 각자의 방식대로 하나님을 섬겼다는 뜻입니다. 가인은 땅의 소산물로 제사를 지내고, 아벨은 어린 양으로 제사를 지냅니다. 그런데 하나님은 가인의 제사는 거부하고 아벨의 제사를 열납하십니다. 그 이유를 히브리서에서는 아벨은 가인보다 더 나은 제사를 드렸다고 합니다.

> **히 11:4** "믿음으로 아벨은 가인보다 더 나은 제사를 하나님께 드림으로 의로운 자라 하시는 증거를 얻었으니 하나님이 그 예물에 대하여 증거하심이라 저가 죽었으나 그 믿음으로써 오히려 말하느니라"

여기서 '더 나은'이라는 말은 '옳은 것'이란 뜻입니다. 즉 가인은 하나님이 원하지 않는 예물로 제사를 드렸고, 아벨은 하나님이 원하는 예물로 제사를 드렸다는 뜻입니다. 어째서 아벨은 하나님이 원하는 제사를 드렸는가요? 이를 히브리서에서는 믿음이라고 합니다. 믿음이 아벨로 하여금 하나님이 기뻐하시는 제물로 제사를 드리게 한 것입니다.

아벨이 드린 어린 양은 예수 그리스도를 상징합니다. 이는 곧 아벨은 예수 그리스도를 믿음으로 하나님께 나아갔다는 뜻입니다. 이렇게 되면 아벨은 창세전에 하나님이 어린 양의 생명책에 녹명한 자가 되고 가인은 녹명되지 않은 자로 나타나게 되는 것입니다. 가인은 자신의 제사는 거부당하고 아벨의 제사는 열납되는 것을 보고 분노에 휩싸이고 맙니다. 하나님에 대한 적개심이 아벨을 향하여 나타납니다. 가인이 하나님으로부터 사랑을 받은 아벨을 돌로 쳐 죽이고 맙니다.

구속사적으로 보면 가인은 예수님을 죽인 것입니다. 아벨의 죽음은 장차 하나님으로부터 사랑을 입은 언약의 후손들의 운명을 보여주고 있는 것입니다. 이것이 훗날 언약의 가문인 아브라함 집안과 그 후손인 이삭과 야곱의 가문 속에서도 나타나고 국가 이스라엘 속에서도 남쪽 유다와 북쪽 이스라엘에게 그대로 세팅이 되어서 나타납니다. 형제 싸움이 민족과 국가적으로 확대되어서 나타나는 것입니다.

이스마엘과 이삭,
에서와 야곱,
요셉과 그 형제들,
남쪽 유다와 북쪽 이스라엘로 나타납니다.
이것이 구약에서는 민족적으로 이스라엘과 이방인으로 나타나고,
신약으로 와서는 예수를 믿는 자와 믿지 않는 자로 나타나게 되는 것입니다.

이스라엘은 인류 전체를 대표하고 있는 민족입니다. 하나님은 이스라엘을 통해서 하나님의 일하심을 보여주고 있는 것입니다. 그래서 이스라엘의 조상인 아브라함의 집안에도 두 민족이 있었던 것입니다. 육으로 난 이스마엘과 영(약속)으로 난 이삭이 있는 것입니다. 육으로 낳아진 이스마엘은 비언약의 후손을 상징하고, 약속으로 낳아진 이삭은 언약의 후손을 상징하고 있습니다.

하나님께서 이스마엘과 이삭의 갈등 구조를 가지고 역사 속에서 일어나는 예수 그리스도의 구속사를 보여주고 있는 것입니다. 한 집안의 이야기가 확대되어서 민족의 이야기가 되고, 민족의 이야기가 확대되어서 온 인류의 이야기로 나타나게 되는 것입니다. 처음에는 형제의 다툼으로 나타났지만 점점 더 확대되면서 민족간의 전쟁으로 나타나고 종국에는 예수 그리스도와 적그리스도의 전쟁으로 나타나게 되는 것입니다.

하나님은 이스라엘을 가지고 온 세상 속에 있는 자기 백성들을 어떻게 구원해 내시는지를 보여주고 있는 것입니다. 이스라엘은 온 인류의 축소판인 것입니다. 그러므로 이스라엘의 역사는 인류 전체 역사의 조감도와도 같아지는 것입니다. 이스라엘의 역사를 탐사한다는 것은 곧 인류 역사 전체를 살펴보는 것과도 같은 것입니다.

이스라엘은 예수 그리스도의 역사를 담고 있으므로, 이스라엘에게 주어진 70이레 역시 예수 그리스도의 역사를 담고 있는 것입니다. 70이레 속에는 단순하게 이스라엘의 민족사 이야기만 담겨 있는 것이 아니고 인류 역사의 전체 조감도가 들어가 있는 것입니다.

인류 역사는 예수 그리스도의 역사입니다. 하나님은 인류의 역사를 가지고 예수 그리스도를 증거하고 있는 것입니다. 그러므로 인류 역사의 시작과 끝은 예수 그리스도로 시작하고 예수 그리스도로 막을 내리게 되어 있는 것입니다. 로마서 11장을 봅시다.

> **롬 11:36** "이는 만물이 주에게서 나오고 주로 말미암고 주에게로 돌아감이라 영광이 그에게 세세에 있으리로다 아멘"

만물이 주에게서 나오고,
주로 말미암아 존재하다가,
주에게로 돌아가게 된다고 합니다.

무슨 말인가 하면 예수님이 세상을 만드시고 세상 속에서 예수님의 이야기를 풀어가다가 그 용도가 다하고 나면 세상을 멸하신다는 뜻입니다. 이 세상은 예수님의 필요에 의하여 창조되었기 때문에 예수님의 구속사를 다 설명하고 나면 폐기처분이 되는 것입니다.

그러므로 이 세상 역사는 예수로 시작하고 예수로 진행되다가 예수로 끝이 나게 되는 것입니다. 그래서 역사를 히스토리(History)라고 부릅니다. 히스토리(History)란? 그의 이야기라는 뜻입니다. 그가 누구인가요? 바로 역사의 주인이신 예수 그리스도이십니다. 그래서 성도의 운명은 예수로 시작해서 예수로 존재하다가 예수에게로 돌아가게 되는 것이라고 하는 것입니다.

쉬운 말로 하나님께서 이 세상 속에서 예수 그리스도를 통해서 창세전에 언약하신 일을 다 하시고 나면 폐기한다는 것입니다. 그래서 성경의 시작인 창세기 1장 1절에서 **"태초에 하나님이 천지를 창조하시니라"**고 하면서 2절 이후부터는 하나님이 땅을 방문하심으로써 인류 역사의 문을 여는 것으로 나타난 것입니다. 그리고 성경의 맨 마지막인 요한계시록에서는 **"아멘 주 예수여 오시옵소서"**라고 예수 그리스도가 다시 오셔서 세상의 문을 닫는 것으로 말해주고 있는 것입니다.

성경은 예수 그리스도께서 자기 백성들을 구원하는 구속사 이야기입니다. 70이레도 성경의 이야기이므로 예수 그리스도의 구속사 이야기가 되는 것입니다. 하나님은 창세전에 이 일을 예정하셨습니다. 그러므로 예수님의 구속사는 창세전 언약으로 이루어지게 되는 것입니다.

창세전 언약 속에는 두 언약이 있습니다. 옛 언약과 새 언약이 들어 있는 것입니다. 옛 언약을 구약이라고 하고, 새 언약을 신약이라고 합니다. 이 두 언약은 창세전 언약 속에서 나왔습니다. 에베소서 1장을 봅시다.

엡 1:3-10 "찬송하리로다 하나님 곧 우리 주 예수 그리스도의 아버지께서 그리스도 안에서 하늘에 속한 모든 신령한 복으로 우리에게 복 주시되 4. 곧 창세전에 그리스도 안에서 우리를 택하사 우리로 사랑 안에서 그 앞에 거룩하고 흠이 없게 하시려고 5. 그 기쁘신 뜻대로 우리를

예정하사 예수 그리스도로 말미암아 자기의 아들들이 되게 하셨으니
6. 이는 그의 사랑하시는 자 안에서 우리에게 거저 주시는바 그의 은혜
의 영광을 찬미하게 하려는 것이라 7. 우리가 그리스도 안에서 그의 은
혜의 풍성함을 따라 그의 피로 말미암아 구속 곧 죄 사함을 받았으니
8. 이는 그가 모든 지혜와 총명으로 우리에게 넘치게 하사 9. 그 뜻의 비
밀을 우리에게 알리셨으니 곧 그 기쁘심을 따라 그리스도 안에서 때가
찬 경륜을 위하여 예정하신 것이니 10. 하늘에 있는 것이나 땅에 있는
것이 다 그리스도 안에서 통일되게 하려 하심이라"

잘 보시면 '하나님 곧 예수 그리스도의 아버지께서'라고 운을 뗍니다. 하나님을 예수 그리스도의 아버지라고 합니다. 이렇게 되면 창세전 언약은 아버지와 아들 두 분간의 언약이 되는 것입니다. 이 사실을 증거하는 분은 성령 하나님이십니다. 그러니까 창세전에 성부 성자 성령 세 분이 어떤 일을 하시고자 계획을 세우신 것입니다. 역사 속에 계시하신 하나님은 언약의 하나님이시므로 이름하여 창세전 언약이라고 하는 것입니다.

하나님 곧 예수 그리스도의 아버지께서 창세전에 그리스도 안에서 하늘에 신령한 복을 주시기로 작정하셨습니다. 하늘에 신령한 복이 어떤 것인고 하니 죄인을 구원하는 것입니다. 죄 아래 있는 어린 양의 생명책에 녹명된 자기 백성들을 예수 그리스도의 피 흘리심으로 구속 곧 죄사함을 받아 거룩함을 입게 하여서 하나님의 아들이 되게 하는 것입니다. 하나님의 아들이 된 자들은 그의 나라에서 그의 은혜의 영광을 세세토록 찬미하게 되는 것입니다. 이 모두를

창세전에 하나님의 그 기쁘신 뜻대로 예정하셨습니다.

아버지 하나님이 창세전에 예정하신 것을 예수님이 역사 속에서 풀어가는 것입니다. 창세전 언약이 시간이라는 역사 속에서 이루어져 가야 하기 때문에 때가 찬 경륜에 따라서 점진적으로 아울러 심층적으로 사건화 되면서 역사는 진행이 되어가는 것입니다. 때가 찬 경륜이라는 말은 정한 때를 따라서 이루어져 간다는 뜻입니다.

창세전 언약은 예수 그리스도가 자기 백성들을 죄에서 건져내는 언약인 것입니다. 그래서 구원의 여정이 죄 아래 가두어짐이 먼저이고, 죄에서 건져냄이 나중으로 나타나는 것입니다. 죄 아래 가두어지는 옛 언약이 먼저 주어지고, 죄에서 건져내는 새 언약이 나중에 주어지는 것으로 되어 있는 것입니다. 이 모습을 아브라함 언약 속에 그대로 담아 놓은 것입니다. 그래서 언약의 후손들이 먼저 애굽에 버려졌다가 다시 찾아내는 것으로 나타난 것입니다.

창세전 언약 속에는 쌍둥이처럼 두 언약이 있습니다.

두 언약은 옛 언약과 새 언약입니다. 옛 언약은 율법으로 죄 아래 가두는 언약이고, 새 언약은 은혜로 죄에서 건져내는 언약입니다. 율법은 죽이는 것이고, 은혜는 살리는 것입니다. 두 언약은 예수님이 홀로 이루십니다. 그래서 두 예수가 있는 것입니다. 예수가 두 명이라는 말이 아니고 예수님의 두 사역이 있다는 뜻입니다. 죄 아래 가두는 육체적 사역이 있고, 죄에서 건져내는 성령의 사역이 있는 것입니다.

육체로 오신 예수는 죄 아래 가두는 일을 하셨습니다. 그것이 율법으로 의로워지려고 하는 자들을 죄 아래 가두는 일을 하신 것입니다. 예수님은 율법으로 의로워지려는 자들 앞에서 반 율법적인 행동을 합니다. 그러자 율법 지킴을 의로 가지고 있던 자들이 율법을 근거로 예수를 죽이게 됩니다. 하나님께서 율법으로 의로워지려고 하는 자들로 하여금 율법으로 예수를 죽이게 함으로서 죄 아래 가두어 버린 것입니다. 그들은 율법을 지킨다고 하였는데 거꾸로 율법을 어긴 것이 되고 만 것입니다. 율법을 잘못 사용한 것입니다.

율법을 주신 배경

갈 3:19 "그런즉 율법은 무엇이냐 범법함을 인하여 더한 것이라 천사들로 말미암아 중보의 손을 빌어 베푸신 것인데 약속하신 자손이 오시기까지 있을 것이라"

롬 5:20 "율법이 가입한 것은 범죄를 더하게 하려 함이라 그러나 죄가 더한 곳에 은혜가 더욱 넘쳤나니"

롬 4:15 "율법은 진노를 이루게 하나니 율법이 없는 곳에는 범함도 없느니라"

갈 3:10 "무릇 율법 행위에 속한 자들은 저주 아래 있나니 기록된 바 누구든지 율법책에 기록된 대로 온갖 일을 항상 행하지 아니하는 자는 저주 아래 있는 자라 하였음이라"

롬 3:19-20 "우리가 알거니와 무릇 율법이 말하는 바는 율법 아래 있는 자들에게 말하는 것이니 이는 모든 입을 막고 온 세상으로 하나님의 심판 아래 있게 하려 함이니라 20. 그러므로 율법의 행위로 그의 앞에 의롭다 하심을 얻을 육체가 없나니 율법으로는 죄를 깨달음이니라"

간단하게 율법이 무엇인지를 살펴보고 갑시다. 율법이 무엇이냐? 범법함으로 더하여진 것이라고 합니다. 무슨 말인고 하니 죄로 인하여 율법이 주어졌다는 뜻입니다. 죄가 없으면 율법도 없다는 것입니다. 죄와 율법은 짝이 되어서 일을 하는 것입니다. 율법이 죄를 고발하면 죄인으로 고발당한 자는 하나님의 은혜를 구하게 되는 것입니다.

알다시피 율법은 어린 양의 피로 죽음에서 살아나 출애굽 한 자들에게 주어졌습니다. 먼저 구원해 놓고 율법(말씀)을 주신 것입니다. 구원해 놓고 율법으로 인간의 실상을 고발하고 너희는 죽어야 할 자라고 알려 주신 것입니다.

너희가 어떤 은혜를 입고 살고 있는지를 알게 하시려는 것입니다. 너희는 마땅히 애굽에서 죽어야 하는데 하나님이 너희 대신 어린 양을 죽이고 너희를 죄와 사망의 권세로부터 해방시켜 건져내주었다고 알려주신 것입니다. 너희가 죽어야 할 자리에 어린 양이 죽었다는 것입니다.

출애굽 한 자들은 유월절 어린 양의 죽음으로 죽음의 재앙에서 벗어난 자들입니다. 이 사실을 알게 하려고 죄를 고발하는 율법을 주시고 어린 양의 희생으로 살고 있음을 알게 하는 성막 제도를 주신 것입니다.

아침 저녁으로 흠없는 제물의 죽음으로 이스라엘의 죄를 속해 주는 제사를 지내게 하신 것입니다. 이스라엘은 제사를 지낼 때마다 우리가 죽어야 할 자리에 어린 양을 대신 죽게 하셨다는 것을 알아야 합니다. 자신들이 살고 있는 것은 어린 양의 희생 안에서 살고 있음을 알아야 합니다.

출애굽을 하고 시내산에 당도하자 율법이 주어졌습니다. 처음 주어진 돌판은 쌍무 언약으로서 누구든지 율법을 어기면 죽임을 당하게 되는 언약입니다. 모세가 율법의 의미를 알려주고 시내산에 올라가 40일 동안 율법이 새겨진 돌판을 받아 옵니다. 그러나 산 아래서는 아론의 주도하에 백성들은 금 송아지를 만들어 놓고 우상 숭배를 하고 맙니다.

이에 모세가 하나님께 받아온 두 돌판을 깨트려 버립니다. 그리고 깨어진 돌판의 가루를 물에 타서 백성들에게 마시게 합니다. 그 후에 하나님은 계약대로 이스라엘을 죽이기 시작합니다. 이때 모세가 이들을 죽이려면 자신을 죽이라고 하면서 중보합니다. 이에 하나님이 모세의 청을 듣고 죽임을 멈추고 새로운 계약을 맺습니다. 이는 모세의 생명을 담보하는 계약입니다.

하나님은 모세를 다시 시내산으로 올라오게 하여서 처음 내용과 동일한 내용의 새로운 돌판을 주십니다. 그리고 그 돌판을 성막에 보관케 하십니다. 성막에 보관된 율법은 은혜로 주어진 것입니다. 하나님은 은혜로 주어진 두 번째 돌판을 법궤에 담아서 성막에 보관케 하십니다. 이스라엘은 법궤를 앞세우고 약속의 땅으로 들어갑니다. 이는 예수 그리스도를 통해서 하나님 나라로 가게 된다는 뜻입니다.

백성들은 율법을 지키기 이전에 이 율법이 어떻게 주어졌는지 그 의미를 알아야 했습니다. 율법을 통해서 자신들이 용서받고 있다는 것을 알아야 했습니다. 그런데 예수님이 오셨을 때 율법을 가르치는 자들은 율법으로 자기 의를 챙기고 그 의를 앞세우고 죄인들을 죽이는 일을 하고 있었던 것입니다. 급기야 은혜의 율법으로 하나님의 아들까지 죽이고 만 것입니다. 율법으로 스스로를 죄 아래 가두고 만 것입니다.

오순절 성령이 임하자 베드로가 너희가 죽인 이 예수를 하나님이 살리셔서 주와 그리스도가 되게 하셨다고 합니다. **'너희가 예수를 죽였잖아!'** 너희는 하나님의 아들을 죽인 죄인이라고 알려준 것입니다. 그러자 **'어찌할꼬'**라고 탄식을 합니다. 율법으로 의롭게 되려고 하다가 졸지에 죄인으로 드러나고 만 것입니다.

하나님은 그 아들 예수를 통해서 자기 백성들을 죄 아래 가두어 버린 것입니다. 예수님을 육신으로 보내신 것은 자기 백성들 손에 죽임당하는 제물로 보내신 것입니다. 하나님은 자기 백성들을 죄 아래 가두기 위하여 죽임당한 예수님을 부활케 하심으로 예수님이 옳았다는 것을 만천하에 드러내셨습니다. 부활하신 예수님이 이제부터 죄 아래 가두어진 자기 백성들을 살려내는 일을 하십니다.

오순절 성령 강림으로 예수님의 십자가 사건은 이스라엘의 지경을 넘어서서 온 세상으로 확대되어서 나타나게 됩니다. 누구든지 주 예수를 믿는 자는 구원을 얻게 됩니다. 그런데 예수는 아무나 믿을 수 있는 것이 아닙니다. 하나님으로부터 믿음을 선물로 받은 자라야 예수가 주와 그리스도이심이 믿어지게 되는 것입니다. 이를 로마서 1장에서는 **'믿음으로 믿음에 이르게 하나니'**라고 하였습니다.

롬 1:17 "복음에는 하나님의 의가 나타나서 믿음으로 믿음에 이르게 하나니 기록된 바 오직 의인은 믿음으로 말미암아 살리라 함과 같으니라"

두 믿음이 있습니다. 믿음에 이르게 하는 믿음이 있고, 믿음에 이르게 하는 믿음으로 믿는 믿음이 있습니다. 믿음에 이르게 하는 믿음은 하나님이 선물로 주신 믿음입니다. 그 믿음이 하나님이 믿으라고 하신 예수를 주와 그리스도로 믿게 하신 것입니다.

무슨 말인고 하니 하나님이 선물로 주신 믿음이 '예수를 그리스도로 믿습니다'라고 고백하게 한다는 뜻입니다. 이러면 우리가 예수를 믿는 것이 아니고 하나님이 선물로 주신 믿음이 예수를 믿게 한 것입니다. 그래서 구원을 은혜라고 하는 것입니다. 그러니까 우리가 예수를 그리스도로 믿는 것은 우리 실력이 아니고 하나님의 선물인 것입니다. 선물이니 자랑할 수가 없는 것입니다.

엡 2:8-9 "너희가 그 은혜를 인하여 믿음으로 말미암아 구원을 얻었나니 이것이 너희에게서 난 것이 아니요 하나님의 선물이라 9. 행위에서 난 것이 아니니 이는 누구든지 자랑치 못하게 함이니라"

하나님은 창세전에 어린 양의 생명책에 녹명한 자들에게 예수가 그리스도이심이 믿어지는 믿음을 선물로 주신 것입니다. 그래서 성령이 아니고서는 예수를 주라 시인할 수가 없고 또한 성령으로 예수를 주라 시인한 자들은 예수를 부인할 수도 없다고 하는 것입니다.

고전 12:3 "그러므로 내가 너희에게 알게 하노니 하나님의 영으로 말하는 자는 누구든지 예수를 저주할 자라 하지 않고 또 성령으로 아니하고는 누구든지 예수를 주시라 할 수 없느니라"

예수님은 죽이기도 하시고 살리기도 하십니다. 육체로 오신 예수님은 우리를 죄 아래 가두어서 십자가에서 죽이는 일을 하시고, 부활 후 성령으로 우리 가운데 오신 예수님은 회개케 하여서 죄에서 사함을 받고 예수를 그리스도로 믿어지게 하여서 하나님의 아들로 살려내는 일을 하십니다.

이것이 예수님의 물세례와 성령 세례 두 세례로 나타났습니다. 물세례는 죄인을 죽이는 세례이고, 성령 세례는 하나님의 아들로 살리는 세례입니다. 두 세례가 예수님의 육체적 사역과 성령의 사역으로 나타났습니다.

구원이 뭐냐? 예수님과 자기 백성들이 연합하는 것입니다. 예수와 함께 죽고 예수와 함께 살아나는 것입니다. 육체로 오신 예수 안에서 육에 속한 자가 죽고, 성령으로 오신 예수 안에서 하늘에 속한 자로 살아나는 것입니다. 흙에서 난 자가 예수 그리스도 안에서 하늘로 난 자가 되는 것입니다.

성도에게는 두 몸이 있습니다. 피조 세계에서 살아갈 흙에서 난 몸과 하늘나라에서 살아갈 몸이 있습니다. 흙에서 난 몸은 정한 기간 동안 살다가 흙으로 돌아가게 되어 있습니다. 그러나 예수님이 재림하시면 하늘로서 난 몸으로 변화를 입고 부활을 하게 됩니다. 이를 욕된 것으로 심고 신령한 것으로 다시 산다고 하는 것입니다.

두 태초

창 1:1 "태초에 하나님이 천지를 창조하시니라"

요 1:1 "태초에 말씀이 계시니라 이 말씀이 하나님과 함께 계셨으니 이 말씀은 곧 하나님이시니라"

하나님이 천지를 창조하셨습니다. 천(天)은 하늘로서 영원한 무한의 세계이고, 지(地)는 땅으로 시작과 끝이 있는 유한한 세계입니다. 하나님이 천지를 창조하셨다는 말은 천지가 하나님 속에서 나왔다는 뜻입니다.

이건 마치 어머니 뱃속의 아이가 때가 차서 세상에 나온 것과 같습니다. 어머니 뱃속 세상은 묵시와 같고, 어머니 배 바깥 세상은 역사와 같습니다. 아이는 묵시에서 역사로 나온 것입니다. 어머니는 생명을 주는 창조주 위치에 있고, 아이는 창조주로 낳아짐을 당한 피조물의 위치에 있는 것입니다. 하나님께서 창세전 언약 속에 품고 있던 것을 때가 차서 세상에다 토해낸 것입니다.

창조라는 말은 어떤 원인에 의한 결과로 나타난 것을 말합니다. 창조가 있기 전에 원인이 먼저 있었습니다. 그 원인을 창세전 언약이라고 합니다. 창세전 언약 속에서 천지가 나온 것입니다. 창세전 언약을 위하여 하나님이 천지를 낳으신 것입니다. 이를 창조라고 합니다.

창세전 언약이라 함은 피조 세상 바깥에서 이루어진 언약이라는 뜻입니다. 창세전이라는 말은 피조 세계 바깥을 말합니다. 이렇게 되면 이 세상 바깥에 하나님이 살아가는 하나님 나라가 있음이 됩니다. 그 나라가 바로 태초라는 하나님 나라인 것입니다.

창세기 1장 1절의 태초 이전에 하나님 나라가 있었습니다. 우리는 그 나라를 '창세전 하나님 나라'라고 합니다. 하늘나라는 하나님이 살아가는 나라입니다. 다른 말로 하늘나라 또는 천국이라 합니다. 천국은 보이지 않는 나라입니다. 요한복음 1장을 봅시다.

> **요 1:1-3** "태초에 말씀이 계시니라 이 말씀이 하나님과 함께 계셨으니 이 말씀은 곧 하나님이시니라 2. 그가 태초에 하나님과 함께 계셨고 3. 만물이 그로 말미암아 지은바 되었으니 지은 것이 하나도 그가 없이는 된 것이 없느니라"

태초에 말씀이 계셨습니다. 그 말씀이 하나님과 함께 계셨습니다. 그런데 그 말씀도 하나님이십니다. 잘 보시면 하나님이신 하나님과 말씀이신 하나님이 함께 계신 것입니다. 말씀이신 하나님이 이 세상에 오셨는데 그분을 하나님의 아들이라고 합니다. 이 사실을 증거하는 분이 성령 하나님입니다.

태초에 하나님 나라에 성부 하나님과 성자 하나님과 성령 하나님이 계셨습니다. 이를 삼위일체 하나님이라고 합니다. 삼위 하나님이 천지를 창조하셨습니다. 그래서 창세기 1장에서 복수(複數)의 하나님이 우리가 우리의 형상을 따라서 사람을 만드는 것으로 나타난 것입니다.

태초에 있는 하나님 나라를 편의상 창세전 하나님 나라라고 합니다. 이 세상 바깥에 있다고 하여서 하늘나라라라고 합니다. 보이는 이 세상 나라를 역사라고 하고, 보이지 않는 하나님 나라를 묵시라고 합니다. 묵시라는 말은 존재하지만 역사 속에서는 감지할 수 없는 것을 말합니다. 즉 육으로는 볼 수가 없는 나라를 말합니다. 묵시를 다른 말로 영이라고도 합니다.

영적 존재들이 살아가는 보이지 않는 하나님 나라

겔 28:12-19 "인자야 두로 왕을 위하여 애가를 지어 그에게 이르기를 주 여호와의 말씀에 너는 완전한 인이었고 지혜가 충족하며 온전히 아름다웠도다 13. 네가 옛적에 하나님의 동산 에덴에 있어서 각종 보석 곧 홍보석과 황보석과 금강석과 황옥과 홍마노와 창옥과 청보석과 남보석과 홍옥과 황금으로 단장하였었음이여 네가 지음을 받던 날에 너를 위하여 소고와 비파가 예비되었었도다 14. 너는 기름 부음을 받은 덮는 그룹임이여 내가 너를 세우매 네가 하나님의 성산에 있어서 화광석 사이에 왕래하였었도다 15. 네가 지음을 받던 날로부터 네 모든 길에 완전하더니 마침내 불의가 드러났도다 16. 네 무역이 풍성하므로 네 가운데 강포가 가득하여 네가 범죄하였도다 너 덮는 그룹아, 그러므로 내가 너를

더럽게 여겨 하나님의 산에서 쫓아 내었고 화광석 사이에서 멸하였도
다 17. 네가 아름다우므로 마음이 교만하였으며 네가 영화로우므로 네
지혜를 더럽혔음이여 내가 너를 땅에 던져 열왕 앞에 두어 그들의 구경
거리가 되게 하였도다 18. 네가 죄악이 많고 무역이 불의하므로 네 모든
성소를 더럽혔음이여 내가 네 가운데서 불을 내어 너를 사르게 하고 너
를 목도하는 모든 자 앞에서 너로 땅 위에 재가 되게 하였도다 19. 만민
중에 너를 아는 자가 너로 인하여 다 놀랄 것임이여 네가 경계거리가 되
고 네가 영원히 다시 있지 못하리로다 하셨다 하라"

사 14:12-15 "너 아침의 아들 계명성이여 어찌 그리 하늘에서 떨어졌
으며 너 열국을 엎은 자여 어찌 그리 땅에 찍혔는고 13. 네가 네 마음에
이르기를 내가 하늘에 올라 하나님의 뭇별 위에 나의 보좌를 높이리라
내가 북극 집회의 산 위에 좌정하리라 14. 가장 높은 구름에 올라 지극
히 높은 자와 비기리라 하도다 15. 그러나 이제 네가 음부 곧 구덩이의
맨 밑에 빠치우리로다"

에스겔 28장은 하늘나라 모습입니다. 신적 존재들이 살아가는 하늘나라에서 일어난 사건을 말해주고 있습니다. 무슨 사건인고 하니, 이 세상 바깥에 있는 하나님의 나라인 하나님의 동산 에덴에서 하나님을 찬송하라고 만든 피조물인 천사들이 하나님께 반역한 사건인 것입니다.

겔 28:1-2 "여호와의 말씀이 또 내게 임하여 가라사대 2. 인자야 너는
두로 왕에게 이르기를 주 여호와의 말씀에 네 마음이 교만하여 말하기

를 나는 신이라 내가 하나님의 자리 곧 바다 중심에 앉았다 하도다 네 마음이 하나님의 마음 같은 체할지라도 너는 사람이요 신이 아니어늘"

겔 28:1-2 "주께서 나에게 말씀하셨다. 2. 사람아 두로의 통치자에게 전하여라. 나 주 하나님이 이렇게 말한다. 너의 마음이 교만해져서 말하기를 너는 네가 신이라고 하고 네가 바다 한가운데 신의 자리에 앉아 있다고 한다마는 그래서 네가 마음 속으로 신이라도 된듯이 우쭐댄다마는 너는 사람이요 신이 아니다"<표준새번역>

표준새번역으로 봅시다. 하나님께 반역한 두목을 두로 왕으로 빗대어서 말하고 있는 것입니다. 두로 왕을 반역한 천사의 두목으로 말하고 있습니다. 천사들 중에 으뜸이 되고 보니 자신이 신이라고 착각을 한 것입니다. 신 노릇을 하고 있는 것입니다. 하나님께 돌아갈 영광을 자기가 받고자 한 것입니다. 이는 반역입니다. 그래서 하나님이 천사의 실존을 알려 줍니다.

야 이놈아!
너는 신이 아니고 피조물이야!
피조물 주제에 신 행세를 하고 있어!
너는 하나님을 찬양하는 자로 지음을 받았어!
그런데 찬양을 받고자 하느냐!
이놈이 아주 못된 놈이네!
그리고는 신적 존재들이 사는 하늘나라에서 육적 존재들이 살아가는 땅으로 쫓아낸 것입니다.

천국은 영적 존재들이 살아가는 곳입니다. 영적 존재를 다른 말로 신적 존재라고 합니다. 신이 있고, 신적 존재가 있습니다. 신은 창조주 하나님이고, 신적 존재는 피조물입니다. 신이 신적 존재를 창조한 것입니다. 하나님에게 수종을 드는 신적 존재가 있는데 이들이 바로 천사들인 것입니다. 천사는 신이 아니고 신적 존재로 창조가 된 피조물입니다. 하나님은 천사들을 찬양 맡은 자로 창조를 한 것입니다.

두 천사의 그룹이 있습니다. 천사장과 천사입니다. 이건 마치 목사와 교인과 같습니다. 목사는 천사장과 같고 천사는 교인들과 같습니다. 그런데 천사장 중 하나와 그를 따르는 일부가 반역한 것입니다. 천사장이 타락하니 그를 따르는 천사들도 동조하여서 타락을 하였습니다. 이는 이 시대 목사가 타락하면 교인들도 그를 따르는 것과도 같은 것입니다. 수많은 이단들이 이를 잘 보여주고 있는 그림입니다. 교주는 천사장과 같고 그를 따르는 교인들은 천사와 같은 것입니다.

죄란? 창조의 목적에서 이탈한 것입니다. 창조의 목적은 하나님께 찬양하고자 함입니다. 하나님이 받아야 하는 찬양을 마귀에게 빼앗긴 것입니다. 이를 회복하기 위하여 예수 그리스도를 통한 구속사가 이루어지게 된 것입니다. 구원이 뭐냐? 잃어버린 찬송과 영광을 되찾는 것입니다. 이사야 43장을 봅시다.

사 43:7 "무릇 내 이름으로 일컫는 자 곧 내가 내 영광을 위하여 창조한 자를 오게 하라 그들을 내가 지었고 만들었느니라"

사 43:21 "이 백성은 내가 나를 위하여 지었나니 나의 찬송을 부르게 하려 함이니라"

인간을 창조한 목적은 하나님께 찬송을 하고 영광을 드리기 위함입니다. 그래서 창세전 언약이 죄 아래 있는 자들이 예수 그리스도의 피흘리심으로 구속 곧 죄사함을 받아서 그 은혜의 영광을 세세토록 돌려드리는 것으로 되어 있는 것입니다.

죄란 하나님께 돌아갈 영광과 찬송을 가로채는 것입니다. 교주들이 하나님께 돌아갈 영광을 가로채고 있는 것입니다. 천사장이 하나님께 돌아갈 찬송을 자신이 받고자 한 것입니다. 하늘에서는 천사장이 가로채었고 땅에서는 교주들이 가로채고 있는 것입니다. 이를 죄라고 하고 타락이라고 합니다. 그 타락의 주동자를 사단이라고도 하고 마귀라고도 합니다. 이를 역사 속에서는 옛 뱀, 마귀 곧 사단이라고 합니다.

하나님은 마귀를 하나님의 동산인 에덴에서 땅으로 쫓아냈습니다. 마귀가 쫓겨난 땅이 바로 이 세상인 것입니다. 창세기 1장 1절을 보면 하나님이 천지(天地)를 창조하셨습니다. 천(天)은 하늘이고 지(地)는 땅입니다. 하나님은 보이지 않는 나라인 천(하늘)과 보이는 나라인 지(땅)를 창조했습니다.

그런데 2절을 보면 천(하늘)은 사라지고 지(땅)만 나타납니다. 땅이 혼돈하고 공허하고 흑암이 깊음 위에 있는 것입니다. 이는 죄 아래 있는 세상의 모습입니다. 이건 마치 아담과 하와가 범죄하고 쫓겨난 에덴동산 밖 세상과 같은 곳입니다.

에스겔 28장은 하나님 나라의 모습입니다. 그곳에 하나님의 동산인 에덴이 있었습니다. 그곳에 천사들이 살고 있었습니다. 이는 마치 세상 속의 에덴동산에 아담과 하와가 살고 있는 것과 같은 것입니다. 그런데 천사 중 일부가 타락하자 하나님이 그들을 하나님의 동산 에덴 밖 땅으로 쫓아냈습니다. 타락한 천사들이 쫓겨난 땅이 바로 창세기 1장 2절의 흑암과 혼돈과 공허한 죽음의 땅인 것입니다. 이름하여 음부인 것입니다. 하나님의 저주가 서려 있는 죄인들이 살아가는 죽음의 땅인 것입니다.

이 모습을 그대로 벤치마킹이 되어서 나타난 곳이 창세기 2-3장의 에덴동산과 범죄한 아담과 하와가 쫓겨나서 살아가는 하나님으로부터 저주받은 이 세상으로 나타난 것입니다. 에스겔 28장은 원본이고 창세기 2-3장은 복사본인 것입니다. 원본의 나라에서는 신적 존재인 천사들이 살았고, 복사본인 나라에서는 육적 존재인 인간들이 살고 있는 것입니다.

창세전 언약을 보면 죄아래서 난 자들이 예수 그리스도의 피 흘리심으로 구속 곧 죄사함을 받아 하나님의 아들들이 되어서 그의 나라에서 그 은혜의 영광을 세세토록 찬미한다고 하였습니다. 즉 육적 죄인들이 예수 그리스도를 통해서 신적 존재로 구원받아서 하나님의 나라에서 영원토록 하나님을 찬송하게 되는 것입니다. 그래서 예수님은 하나님의 말씀으로 낳아진 자들을 신의 아들이라고 하신 것입니다.

신의 아들들

요 10:27-36 "내 양은 내 음성을 들으며 나는 저희를 알며 저희는 나를 따르느니라 28. 내가 저희에게 영생을 주노니 영원히 멸망치 아니할 터이요 또 저희를 내 손에서 빼앗을 자가 없느니라 29. 저희를 주신 내 아버지는 만유보다 크시매 아무도 아버지 손에서 빼앗을 수 없느니라 30. 나와 아버지는 하나이니라 하신대 31. 유대인들이 다시 돌을 들어 치려 하거늘 32. 예수께서 대답하시되 내가 아버지께로 말미암아 여러가지 선한 일을 너희에게 보였거늘 그 중에 어떤 일로 나를 돌로 치려 하느냐 33. 유대인들이 대답하되 선한 일을 인하여 우리가 너를 돌로 치려는 것이 아니라 참람함을 인함이니 네가 사람이 되어 자칭 하나님이라 함이로라 34. **예수께서 가라사대 너희 율법에 기록한바 내가 너희를 신이라 하였노라** 하지 아니하였느냐 35. 성경은 폐하지 못하나니 **하나님의 말씀을 받은 사람들을 신이라 하셨거든** 36. 하물며 아버지께서 거룩하게 하사 세상에 보내신 자가 나는 하나님 아들이라 하는 것으로 너희가 어찌 참람하다 하느냐"

예수님이 유대인들에게 내가 하나님의 아들이라고 하자 유대인들이 분개하고 참람하다고 하면서 돌로 치려고 합니다. 이에 예수님은 시편을 인용하면서 하나님의 말씀을 받은 자들은 신이라고 합니다. 알다시피 예수님이 태초에 말씀이신 하나님입니다. 말씀이신 하나님인 예수님으로부터 낳아진 자들도 신의 아들인 것입니다.

구원이 뭐냐? 흙에 속한 자가 하늘에 속한 자로 거듭나는 것입니다. 이를 성령으로 거듭난다고 합니다. 성령으로 거듭나는 것을 영으로 낳았다고 합니다. 천국은 영으로 난 자들이 살아가는 곳입니다. 천국에서 무슨 일을 하느냐? 하나님께 찬송하는 일을 합니다. 왜 구원했느냐? 그 은혜의 영광을 찬미하도록 한 것입니다.

> **사 43:7** "무릇 내 이름으로 일컫는 자 곧 내가 내 영광을 위하여 창조한 자를 오게 하라 그들을 내가 지었고 만들었느니라"

> **사 43:21** "이 백성은 내가 나를 위하여 지었나니 나의 찬송을 부르게 하려 함이니라"

천사들의 타락으로 잃어버린 찬송을 예수님께서 되찾아주는 일을 하신 것입니다. 그래서 창세전에 영생 주시기로 작정하고 어린 양의 생명책에 녹명된 자들을 구원하여서 하나님의 아들로 삼아서 천국에서 영원토록 그 은혜의 영광을 세세토록 찬미하도록 하신 것입니다. 그래서 피조된 만물 속에는 보이는 것과 보이지 않는 것이 있다고 하는 것입니다.

그것이 천지창조로 나타난 것입니다. 천(하늘)은 보이지 않는 세계이고, 지(땅)는 보이는 세계입니다. 하늘도 땅도 피조 세계입니다. 하늘은 영적 존재들이 살아가는 세계이고, 땅은 육적 존재들이 살아가는 세계입니다. 영적 존재들은 보이지 않는 세계에 사는 자들이고, 육적 존재들은 보이는 세계에 사는 자들인 것입니다.

두 태초가 있습니다.

창세기 1장 1절의 태초가 있고,
요한복음 1장 1절의 태초가 있습니다.

창세기 1장 1절의 태초는 역사의 기원의 시작을 알리는 태초이고, 요한복음 1장 1절의 태초는 역사 바깥 하나님 나라의 태초를 말합니다.

요한복음 1장 1절의 태초가 먼저이고,
창세기 1장 1절의 태초가 나중인 것입니다.

창세기 1장의 태초는 역사의 시작을 말합니다. 창세기 1장 1절의 태초는 요한복음 1장 1절의 태초에서 나온 것입니다. 요한복음 1장 1절의 태초는 하나님 나라로서의 태초이므로 편의상 공간적 태초라고 하고, 창세기 1장 1절의 태초는 공간적 태초에서 나와서 역사(기원)의 시작이 되는 태초이므로 시간적 태초라고 하는 것입니다.

이 세상은 원래 없었습니다. 천지가 만들어지기 전에 누가 있었습니까? 천지를 만드신 분이 계셨습니다. 그분이 누구인가 하면 창조주 하나님입니다. 천지 바깥에 계신 하나님이 천지를 창조했습니다. 왜 창조했을까요? 이는 하나님의 필요에 의해서입니다. 즉 어떤 목적에 의해서 창조하신 것입니다. 그 목적은 창세전에 하신 언약을 이루는 것입니다.

이 세상은 목적이 다하면 철거가 됩니다. 즉 태초에 하나님이 철거할 것을 창조하신 것입니다. 이 세상은 창조의 목적을 다 이루고 나면 사라지게 되는 것입니다. 왜냐하면, 어떤 목적을 위하여 창조하였기 때문입니다. 그래서 이 세상을 유한(有限)하다고 하는 것입니다. 반대로 하나님 나라를 영원(무한無限)하다고 하는 것입니다. 히브리서 1장을 봅니다.

> **히 1:10-12** "또 주여 태초에 주께서 땅의 기초를 두셨으며 하늘도 주의 손으로 지으신 바라 11. 그것들은 멸망할 것이나 오직 주는 영존할 것이요 그것들은 다 옷과 같이 낡아지리니 12. 의복처럼 갈아입을 것이요 그것들이 옷과 같이 변할 것이나 주는 여전하여 연대가 다함이 없으리라 하였으나"

주께서 태초에 땅의 기초를 두고 하늘도 만드셨습니다. 그런데 이것들은 모두가 멸망할 것이라고 합니다. 옷과 같이 낡아지고 의복처럼 갈아입을 것이라고 합니다. 이는 잠시 있다가 사라질 것이라는 뜻입니다. 마치 아파트 모델하우스처럼 용도가 다하면 철거가 될 것입니다. 그래서 역사는 시작과 끝이 있는 시간의 흐름으로 존재하고 있는 것입니다.

시작이 있으면 끝도 있습니다. 시간 속에 있는 만물은 갈수록 후패해져가고 끝내는 용도가 다하여서 폐기가 됩니다. 하나님께서 천지를 가지고 창세전에 계획하신 일을 다 하고 나면 철거를 하게 되는 것입니다. 그럼 하나님께서 잠시 있다가 사라질 천지를 어떤 목적으로 창조하셨는지를 살펴봅시다.

만물의 창조 목적

골 1:15-17 "그는 보이지 아니하시는 하나님의 형상이요 모든 창조물보다 먼저 나신 자니 16. 만물이 그에게 창조되되, 하늘과 땅에서 보이는 것들과 보이지 않는 것들과 혹은 보좌들이나 주관들이나 정사들이나 권세들이나 만물이 다 그로 '말미암고', 그를 '위하여' 창조되었고 17. 또한 그가 만물보다 먼저 계시고 만물이 그 안에 함께 섰느니라"

만물이 "그"로 말미암고,
"그"를 위하여 창조가 되었고,
"그"가 창조하였다고 합니다.

"그"가 창조의 원인이면서,
"그"가 창조의 목적인 것입니다.

그가 누구인가요? 보이지 아니하시는 하나님의 형상이라고 합니다. 보이지 않는 하나님이 보이는 형상으로 오신 분은 예수님입니다. 그럼 그는 예수님이라는 것을 알 수가 있습니다. "그"가 만물보다 먼저 계셨다고 합니다. 만물보다 먼저 계셨다는 말은 그가 만물을 만드신 분이라는 뜻입니다. 그래서 그를 보이지 아니하시는 하나님의 형상이라고 하는 것입니다. 만물 바깥에 계신 하나님이 만물인 이 세상에 오신 것입니다.

만물을 왜 만들었다고 합니까? "그(예수님)"를 위해서라고 합니다. 하나님은 만물을 가지고 예수 그리스도를 이야기하고 싶은 것입니다. 창조된 만물 속에 두 세계가 있습니다. 보이는 것도 있고, 보이지 않는 것도 있습니다. 보이지 않는 것은 하늘이고, 보이는 것은 땅입니다. 이것이 천지(天地) 창조로 나타났습니다.

천(하늘)은 보이지 않는 세계로 하나님 나라이고, 지(땅)는 보이는 세계로 이 세상 나라입니다. 보이지 않는 하늘 위의 것이나, 보이는 땅에 있는 것이나, 모든 것들이 예수님을 위해서 존재하는 것이라고 말해주고 있습니다. 그래서 만물이 예수님 안에서 섰다고 합니다. 만물이 예수님 안에 섰다는 말은 예수님을 위해서 존재한다는 뜻입니다. 하나님은 만물을 가지고 예수님이 만유의 주라는 사실을 알려주는 일을 하십니다.

만물 속에는 보이는 육과 보이지 않는 영이 있습니다.

보이지 않는 하늘의 것은 영이라고 하고, 보이는 땅의 것은 육이라고 합니다. 하늘 위의 피조물은 영물이고, 땅 위의 피조물은 육입니다. 하늘의 영적 피조물은 천사들이고, 땅의 육적 피조물은 사람입니다. 우리 눈에는 하늘의 것은 감추어져 있고 땅의 것만 보입니다. 육적인 것만 보이고 영적인 것은 보이지 않습니다. 영적인 것을 보려면 영적인 눈을 받아야 합니다. 영적인 것을 들으려면 영적인 귀가 있어야 합니다.

하나님은 자기 백성들에게 영적 눈을 주셨고 영적 귀를 주셨습니다. 그래서 예수님은 너희 눈은 봄으로 복이 있고 너희 귀는 들음으로 복이 있다고 하였습니다. 이는 복(구원)을 받은 자는 영적인 귀를 받았고 영적인 눈을 받았다는 뜻입니다. 그래서 요한계시록에서는 **"성령이 교회들에게 하시는 말씀을 귀 있는 자는 들을지어다"**라고 하신 것입니다.

요한계시록은 천상의 야야기를 세상 이야기로 말해주고 있습니다. 겉으로 드러난 것은 세상 이야기처럼 보이지만 실상은 하늘 이야기입니다. 성령으로 거듭난 성도는 보이는 것을 통해서 보이지 않는 것을 이해하게 되는 것입니다. 역사 속에서 일어나는 이야기를 통해서 하늘의 이야기로 듣게 되는 것입니다. 히브리서 11장을 봅시다.

> **히 11:1-3** "믿음은 바라는 것들의 실상이요 보지 못하는 것들의 증거니 2. 선진들이 이로써 증거를 얻었느니라 3. 믿음으로 모든 세계가 하나님의 말씀으로 지어진 줄을 우리가 아나니 보이는 것은 나타난 것으로 말미암아 된 것이 아니니라"

믿음은 바라는 것들의 실상이요 보지 못하는 것들의 증거라고 합니다. 무슨 말인고 하니 믿음이 보이지 않는 것을 보게 한다는 뜻입니다. 보이지 않는 것이 무엇인가요? 하나님 나라입니다. 믿음을 받으면 보이지 않는 하나님 나라를 보게 되는 것입니다. 사건을 통해서 보이지 않는 하나님의 일하심을 보게 된다는 뜻입니다.

"믿음으로"가 주어(主語)입니다. 믿음이 바라는 실상을 보게 하고 증거케 하는 것입니다. 믿음이 보이지 않는 그 나라가 실상이라고 알려주는 것입니다. 믿음이 보이는 이 세상은 보이지 않는 하나님 나라에서 나온 것이라는 것을 깨닫게 해주는 것입니다.

그래서 믿음을 받은 성도는 보이는 이 세상에서 보이지 않는 하늘나라를 실제 있는 것으로 믿음으로 알고 그 나라를 소망하면서 살아가게 되는 것입니다. 하나님께서 창세전에 어린 양의 생명책에 녹명된 자들에게 믿음을 주어서 보이지 않는 하나님 나라를 보게 하여서 그 나라와 그의 의를 위하여 살아가게 하신 것입니다.

예수님께서 니고데모와 하나님 나라에 관하여 대화를 합니다. 사람이 거듭나지 않으면 하나님 나라를 볼 수 없다고 하십니다. 또한 물과 성령으로 거듭나지 않으면 하나님 나라를 들어갈 수가 없다고 하였습니다. 성령으로 거듭나는 것을 위로부터 난다고 합니다. 위로부터 난 자들에게는 하나님 나라가 오픈이 된 것입니다.

히브리서 11장에서 말하는 믿음이란 영적 의미에서 성령과 같다고 보아도 무방합니다. 성령으로 거듭났다는 말은 믿음을 선물로 받았다는 말과 동일합니다. 성령이 와야 믿음이 생기기 때문입니다.

보이는 것은 역사라고 하고, 보이지 않는 것은 묵시라고 했습니다. 믿음을 받으면 나타난 역사적 사건을 통해서 감지되지 않는 묵시적 사건을 읽어내게 되는 것입니다. 이러한 상태를 믿음은 보이지 않는 것들을 증거한다고 하는 것입니다.

이를 70이레로 말한다면, 믿음을 받으면 역사적인 70이레를 통해서 인간의 이성으로는 감지되지 않는 묵시적인 70이레를 보게 되는 것입니다. 육적인 70이레를 통해서 영적인 70이레를 깨닫게 되는 것입니다. 육적인 70이레는 허상이고, 영적인 70이레가 실상입니다.

70이레를 육적 이스라엘의 회복으로 해석하는 것은 육적인 해석이고, 영적 이스라엘의 회복으로 해석하는 것은 영적 해석인 것입니다. 육에 속한 사람은 70이레를 육적인 해석을 하고, 영에 속한 성도는 70이레를 영적으로 해석하게 됩니다. 각자 자기 안에 있는 지혜로 해석하게 되는 것입니다.

만물의 존재 의미

우리는 스스로에게 물어야 합니다.

나는 누구인가?
나는 어디서 왔으며,
무엇을 하다가,
어디로 가는가?

창조라는 말은 어떤 원인으로부터 비롯되었다는 뜻입니다. 원인이 먼저이고 창조가 나중인 것입니다. 만물을 창조케 한 원인이 무엇인가요? 이는 만물을 통해서 하시고자 하는 하나님의 계획입니다. 우리는 그 계획을 창세전 언약이라고 합니다.

창세전 언약이 먼저이고 창조가 나중인 것입니다. 창세전 언약을 위하여 만물을 창조하신 것입니다. 우리를 존재케 한 것도 창세전 언약입니다. 창세전 언약을 위하여 우리를 창조하신 것입니다. 창세전 언약이 없었으면 이 세상도 없고 우리도 없는 것입니다. 우리도 만물 속에 포함되었기 때문에 창세전 언약의 도구로 존재하고 있는 것입니다.

언약이 먼저이고 우리가 나중인 것입니다. 우리는 언약을 담고 세상에 온 것입니다. 마치 구약의 이스라엘이 아브라함 언약을 품고 애굽에서 태어난 것과 같습니다. 정한 때가 되어서 출애굽을 하고 약속의 땅으로 들어가게 됩니다. 구약 이스라엘은 신약의 성도를 예표하고 있는 것입니다.

언약을 모르면 신앙을 자기를 위하여 하게 됩니다. 하나님을 자기 존재를 지키는 것으로 이용하게 됩니다. 이를 우상숭배라고 합니다. 하나님 입장에서 내 존재를 보지 않고, 내 존재로부터 하나님의 일하심을 이해하게 되면 내가 주인이 되고 하나님은 종이 되는 것입니다.

내 존재로부터 성경을 보면 나를 위한 하나님이 되고 맙니다. **'하나님이 왜 날 만드셨지'**라고 나아와야 하는데, 주객이 바뀌게 되면 반대로 **'하나님이 왜 날 안 도와주는 거야'**라고 하게 되는 겁니다. 이러면 창조의 목적이 바뀌게 됩니다. 이를 죄라고 합니다.

하나님의 필요에 의하여 우리를 창조하였는데, 죄가 주객을 전도시켜서 나를 위한 하나님이 되게 만든 것입니다. 이러면 하나님은 나를 존재케 하는 도우미가 되고 마는 것입니다. 이것은 이방인들의 신관입니다. 이방인들의 신관은 나를 위하여 신이 존재하는 것입니다. 그래서 이방인들은 인간이 필요할 때 신을 찾아가는 것입니다. 이방인들의 신관은 인간이 신을 찾아가지 않으면 신은 없는 것이 되고 마는 것입니다.

이걸 우상 숭배라고 합니다. 우상 숭배란? 인간의 필요에 의하여 신을 찾는 행위를 말합니다. 필요에 의해서 신을 찾는 것은 신과 거래하는 것입니다. 인간은 신을 찾아주고 신은 인간의 소원을 들어주는 것입니다. 이를 지성이면 감천하다고 합니다. 땅에서 정성을 다해서 열심히 빌면 신도 감복하여서 소원을 들어주고 복을 준다는 것입니다. 이를 기복주의라고 합니다.

이러한 사고가 이 시대 교회를 지배하고 있습니다. 예수를 위하여 내가 존재하는 것이 아니고, 나를 위하여 예수가 필요한 시대가 되고 말았습니다. 예수님은 내 필요를 채워주는 도우미로 전락하고 만 것입니다. 내가 주인이고 예수님이 종인 것입니다.

이 시대 교회는 이방 종교와 같아졌습니다. 사용하는 용어만 다를 뿐이지 '신의 도움으로 복 받고 잘 살자'라고 하는 그 본질은 동일합니다. 절간과 교회는 동색이 되고 말았습니다. 이름만 다를 뿐 신앙의 내용은 동일합니다. 절간 스님들의 가르침이나 교회 목사들의 가르침이나 대동소이합니다.

절간에서는 지성이면 감천한다고 가르치고, 교회에서는 열심히 충성하면 복을 받는다고 가르치고 있습니다. 절간이나 교회나 인간의 열심으로 복을 따내자는 것에는 동일합니다. 세상의 모든 종교가 인간의 필요를 채워주는 것으로 존재하고 있는 것입니다.

초록은 동색입니다. 초록은 동색이라는 말은 본질이 같다는 것입니다. 본질이 같으니까 종교 간의 교류가 일어나게 되는 것입니다. 신앙의 본질이 같으니까 유유상종으로 종교통합이 이루어지고 있는 것입니다. 이를 종교 다원주의라고 합니다. 종말에 종교 다원주의에 빠진 교회를 음녀라고 합니다. 요한계시록 18장을 봅시다.

> **계 18:2-5** "힘센 음성으로 외쳐 가로되 무너졌도다 무너졌도다 큰 성 바벨론이여 귀신의 처소와 각종 더러운 영의 모이는 곳과 각종 더럽고 가증한 새의 모이는 곳이 되었도다 3. 그 음행의 진노의 포도주를 인하여 만국이 무너졌으며 또 땅의 왕들이 그로 더불어 음행하였으며 땅의 상고들도 그 사치의 세력을 인하여 치부하였도다 하더라 4. 또 내가 들으니 하늘로서 다른 음성이 나서 가로되 내 백성아 거기서 나와 그의 죄에 참예하지 말고 그의 받을 재앙들을 받지 말라 5. 그 죄는 하늘에 사무쳤으며 하나님은 그의 불의한 일을 기억하신지라"

요한계시록은 교회에 주신 말씀입니다. 종말에 나타날 교회의 모습을 각종 더러운 영들이 모이는 귀신의 처소라고 합니다. 이를 큰 성 바벨론 음녀라고 합니다. 큰 성 바벨론 음녀가 있고 땅의 음녀들이 있습니다. 큰 성 바벨론 음녀는 땅의 음녀들을 다스리는 머리입니다. 큰 음녀를 큰 성 바벨론이라고 하는 것은 바벨론 신앙을 가지고 있다는 뜻입니다.

바벨론 신앙은 적그리스도 신앙입니다. 이 시대 바벨론 신앙을 근본으로 하는 교회가 어디인가요? 로마 카톨릭입니다. 큰 음녀인 큰 성 바벨론은 로마 카톨릭인 것입니다. 이러면 땅의 음녀들은 카톨릭의 사상을 그대로 받아들이고 있는 교회들을 말합니다.

큰 성 바벨론인 음녀를 일컬어 각종 더러운 영들이 모인 귀신의 처소가 되었다고 합니다. 이는 세상의 온갖 사상을 다 포용하고 있다는 뜻입니다. 그것이 WCC로 나타나고 있습니다. WCC는 세상의 모든 종교 사상을 다 받아들이고 있습니다. 이를 주도하는 세력이 로마 카톨릭입니다. 카톨릭은 온 세상의 모든 종교를 다 포용하고 있습니다. 그러므로 땅의 큰 음녀가 되는 것입니다.

이 시대 교회가 땅의 음녀가 되었습니다. 그래서 교회 안에 세상의 모든 종교 사상이 비빔밥처럼 섞여서 전해지고 있는 것입니다. 인본주의와 신본주의가 혼합을 이루어서 이 땅에서도 복 받고 잘 살다가 죽어서는 천국에 가서 행복하게 살자는 이상한 괴물 신앙들을 낳고 있는 것입니다.

노아의 홍수 때처럼 궁창 윗물과 궁창 아랫물이 합하여서 홍수를 이루고 있는 것입니다. 하늘의 말과 땅의 말이 섞여서 홍수를 이루고 있는 것입니다. 그래서 예수님이 다시 오시는 재림 때의 모습을 노아의 시대와 같다고 말씀하신 것입니다.

이 시대 교회 안에는 예수 그리스도의 의는 사라져 버렸습니다. 인간들의 의가 난무하고 있습니다. 은혜가 사라지고 법이 난무하고 있습니다. 이러한 모습을 라오디게아 교회에서는 예수를 문밖으로 내어쫓았다고 합니다. 교인들의 마음속에 세상의 가치와 인간의 의로 가득 채워져서 예수 그리스도가 계실 수가 없어진 것입니다. 그래서 예수님이 문밖에서 두드리고 있다고 하는 것입니다.

성경은 예수님 이야기입니다. 예수님께서 역사 속에서 하신 일을 기록하고 있습니다. 그럼 모든 설교의 핵심은 예수가 주와 그리스도이심을 증거하는 것에 맞추어져 있어야 합니다. 그런데 이 시대 설교는 인간들이 무엇을 할 것인가?에 초점이 맞추어져 있습니다.

예수님께서는 **'그의 나라와 그의 의를 구하고 무엇을 먹을까 무엇을 마실까 무엇을 입을까'**는 이방인들이 구하는 것이니까 구하지 말라고 하였습니다. 그러나 이 시대 교회는 그의 나라와 그의 의에는 관심이 없고, 무엇을 먹을까 무엇을 마실까 무엇을 입을까에만 관심을 두고 있습니다.

이는 스스로 우리는 이방인이라고 드러내고 있는 것입니다. 열매를 보면 나무를 알 수 있듯이 무엇을 구하는지를 보면 그 사람의 소속을 알 수가 있습니다. 그의 나라와 그의 의를 구하면 하늘에 속한 성도이고, 무엇을 먹을까 무엇을 마실까 무엇을 입을까를 구하면 땅에 속한 이방인인 것입니다.

구약의 복과 신약의 복은 다릅니다.

구약은 육적 복이고 신약은 영적 복입니다. 옛 언약은 땅에서 잘되는 것이 복이고, 새 언약에서는 하늘의 신령한 은혜를 받는 것입니다. 이 시대 교회에서 증거되는 설교들을 보면 어떻게 하면 세상에서 성공하고 출세해서 잘 먹고 잘 살까라는 데 방점이 찍혀져 있습니다.

그러다 보니 교인들의 신앙이 이방 종교처럼 인간들의 욕망을 이루고자 하는 무속신앙으로 변질이 되고 있는 것입니다. 또한 설교의 포커스가 인간의 착함에 두다가 보니까 고매한 인격을 수양한다거나 윤리 도덕적으로 흠결이 없는 사람이 되어야 한다는 식의 유교적 신앙이 되고 만 것입니다. 이를 불교적 기독교, 유교적 기독교라고 합니다. 이 모두가 음행의 포도주를 마신 결과입니다.

성경은 언약의 책입니다. 언약을 이루는 주체는 예수 그리스도이십니다. 그럼 설교의 포커스는 예수를 증거하는 데 있어야 합니다. 예수 그리스도께서 무슨 일을 하셨는지에 맞추어져 있어야 합니다. 신앙생활의 관심사가 예수 그리스도에게 있어야 하는 것입니다. 또한 나는 예수 그리스도와는 어떤 관계인지를 알아야 합니다.

내가 있기 전에 예수 그리스도가 먼저 있었습니다. 예수 그리스도가 먼저이고 내가 나중입니다. 내가 중요한 것이 아니고 예수 그리스도가 중요합니다. 내 존재로부터 출발하지 말고 예수 그리스도로부터 출발해야 합니다.

내가 있기 전에 언약이 있었습니다. 언약이 먼저이고 내가 존재하는 것이 나중입니다. 내가 중요한 것이 아니고 언약이 중요합니다. 내 존재로부터 출발하지 말고 언약으로부터 나를 알아가야 합니다.

하나님이 지금 나를 언약의 도구로 사용하고 있는 것입니다.

이 사실이 깨달아질 때 우리가 존재하는 의미가 달라지게 되는 것입니다. '하나님이 지금 나를 언약의 도구로 사용하고 있구나'를 알게 될 때 비로소 자기 존재가 가벼워지게 되는 것입니다. 내가 내 인생을 지키는 것이 아니고 하나님이 나를 언약의 도구로 사용하고 계신다는 것을 알 때 비로소 나로부터 자유할 수가 있어지는 것입니다.

창세전 언약 속의 두 민족

창세전 언약을 펼쳐가는 데에는 어린 양의 생명책에 녹명된 자와 녹명되지 않은 자가 필요합니다. 그래서 토기장이 되신 하나님이 두 가지 그릇을 만드신 것입니다. 하나는 '긍휼을 담는 그릇'으로 만들었고, 다른 하나는 '진노를 담는 그릇'으로 만들었습니다. 그래서 가인과 아벨이 있고, 이스마엘과 이삭이 있고, 에서와 야곱이 있는 것입니다. 이를 언약의 후손과 뱀의 후손이라고 합니다.

하나님은 모든 피조물을 언약의 도구로 사용하십니다. 신자이든 불신자이든 모두가 창세전 언약을 이루는 데 필요한 도구들입니다. 마귀도 언약을 이루는 데 필요한 도구입니다. 신자도 언약을 위해서 존재하고, 불신자도 언약을 위해서 존재하는 것입니다. 절간의 스님도 언약을 위해서 존재하고, 교회와 목사도 언약을 위해서 존재하고 있는 것입니다. 역사 속에 존재하는 모두가 창세전 언약이라는 영화를 찍는 데 캐스팅 된 배우들인 것입니다.

영화 속에는 두 부류의 배우가 있습니다. 악당도 있고, 주인공도 있습니다. 하나님의 드라마에도 동일합니다. 가룟 유다는 예수를 파는 역할을 맡았고, 베드로는 예수를 저주하고 부인했다가 용서받는 역할을 맡았습니다. 죄의 경중을 따지면 가룟 유다나 베드로나 대동소이합니다. 그러나 하나님은 달리 대우하십니다. 베드로는 긍휼의 그릇으로 사용하셨고, 가룟 유다는 진노의 그릇으로 사용하셨습니다. 마치 토기장이가 하나는 귀한 그릇으로 사용하고 하나는 천한 그릇으로 사용하는 것과 같습니다.

세상에 존재하는 모든 인간들은 각자 맡은 역할이 있습니다. 우리가 놀라야 하는 것은 나 같은 죄인이 긍휼의 그릇으로 선택을 입었다는 것입니다. 살아가는 모습으로 보면 세상 사람들보다 더 악당인데…그런데 그릇의 주인께서 하나님의 긍휼을 담는 그릇으로 사용하고 계시는 것입니다. 그래서 놀라고 또 놀라게 되는 것입니다. 그 은혜가 너무도 커서 감사하고 찬송하게 되는 것입니다.

배우는 감독이 맡긴 자기 역할을 충실히 수행하면 됩니다. 감독에게 내가 왜 이런 역할을 맡아야 합니까? 따지면 안 됩니다. 따지는 게 죄입니다. 따진다는 것은 자기로부터 출발하기 때문입니다. 배우는 감독의 필요에 의해서 캐스팅이 된 것이지 배우를 위하여 캐스팅한 것이 아닙니다. 그러므로 배우는 어떤 배역을 맡기든지 감독의 뜻에 따라야 합니다. 배우는 감독이 시키는 대로 하면 됩니다.

토기가 토기장이에게 왜 나를 이런 그릇으로 만들었습니까? 따지면 '뭐~ 이런 놈이 있어!' 하고 깨트려 버립니다. 그래서 따지는 불신자는 지옥으로 가고, '감사합니다'라고 하는 신자는 천국으로 가는 것입니다. 지옥은 불평불만 하는 자들이 살아가는 곳이고, 천국은 감사하는 자들이 살아가는 곳입니다.

신자는 따지지 않는데 불신자는 따집니다. 왜 그럴까요? 신자들 속에는 순종의 영이 담겨 있고, 불신자들 속에는 불순종의 영이 담겨 있기 때문입니다. 순종의 영이 담겨진 사람은 '아멘'으로 순응하고, 불순종의 영이 담겨진 사람은 '아니오'로 살아가게 됩니다.

신자들 속에는 긍휼이 담겨 있고, 불신자들 속에는 진노가 담겨 있기 때문입니다. 긍휼이 담겨진 사람은 감사로 살아가고, 진노가 담겨진 사람은 불평하고 살아갑니다. 살아가는 모습이 그 사람의 정체성을 보여주는 것입니다. 양은 양의 모습으로 살아가고, 염소는 염소의 모습으로 살아가게 되어 있습니다. 예수님은 양과 염소를 갈라내십니다.

구원이란? 각자의 위치로 찾아감을 당하게 되는 것입니다. 예수님께서 각자 있어야 할 곳으로 갈라내고 분리하십니다. 이를 심판이라고 합니다. 각자 부르심 받은 대로 살아가면 됩니다. 이에 반기를 드는 것이 저주받을 죄인 것입니다. 신앙생활은 억지로 하는 것이 아닙니다. 정신일도하사불성(精神一到何事不成) 한다고 해서 없는 믿음이 생기는 것이 아닙니다.

믿음은 하나님이 주시는 선물입니다. 하나님으로부터 믿음을 선물로 받은 사람은 그 믿음으로 살아가게 되는 것입니다. 하나님이 선물로 주신 믿음이 예수 그리스도를 믿음으로 살아가게 하시는 것입니다. 그래서 모든 것이 은혜인 것입니다.

창세전 언약이라는 대하드라마

이 세상은 그림을 그리는 캔버스(도화지)와 같습니다. 하나님께서 세상이라는 역사 속에서 창세전 언약의 내용들을 하나하나 그려가고 있는 것입니다. 역사가 진행될 때마다 창세전 언약의 내용들이 한 장면 한 장면씩 점진적으로 심층적으로 그 모습을 드러내면서 완성이 되어가는 것입니다. 그럼 창세전 언약이 어떤 것인지 너무도 중요하기 때문에 다시 한번 더 구체적으로 살펴봅시다. 에베소서 1장입니다.

> **엡 1:4-7** "곧 창세전에 그리스도 안에서 우리를 택하사 우리로 사랑 안에서 그 앞에 거룩하고 흠이 없게 하시려고 5. 그 기쁘신 뜻대로 우리를 예정하사 예수 그리스도로 말미암아 자기의 아들들이 되게 하셨으니 6. 이는 그의 사랑하시는 자 안에서 우리에게 거저 주시는 바 그의 은혜의 영광을 찬미하게 하려는 것이라 7. 우리가 그리스도 안에서 그의 은혜의 풍성함을 따라 그의 피로 말미암아 구속 곧 죄 사함을 받았느니라"

사도 바울은 성령의 감동으로 하나님의 일하심을 보았습니다. 성령께서 바울에게 하나님께서 역사 속에서 이렇게 일을 하실 것이라는 것을 알려주신 것입니다. 그 내용은 죄인이 예수 그리스도 안에서 구원받는 것입니다. 그런데 이러한 것을 하나님께서 창세전에 그 기쁘신 뜻대로 예정하셨다고 합니다.

예정이란? 미리 결정하였다는 뜻입니다. 이는 창세전에 하나님이 하나님에게 나는 이렇게 일을 할 것이라고 스스로에게 약속하신 것입니다. 창세전이라는 말은 만물이 창조되기 전이라는 뜻입니다. 이 세상 바깥 하나님 나라에서 계획이 된 일이라는 것입니다. 하나님께서 만물이 창조되기 전에 이러한 계획을 세우신 것입니다. 그래서 창세전 언약이라고 하는 것입니다.

창세전 언약의 내용이 무엇인가요?

첫째, 그리스도 안에서 우리를 택하셨습니다.
둘째, 택하신 이유는 거룩하고 흠이 없게 하시기 위함입니다.
셋째, 어떻게 거룩하고 흠이 없게 되는가? 하면 예수 그리스도의 피로 말미암습니다.
넷째, 예수 그리스도의 피로 거룩함을 입은 자들이 하나님의 아들들이 됩니다.
다섯째, 예수 안에서 하나님의 아들이 된 자들은 그 은혜의 영광을 찬미하게 됩니다.

이 모든 일을 창세전에 예정하셨습니다. 예정하셨다는 것은 이렇게 하겠다는 하나님의 뜻이고 의지입니다. 그러므로 언약은 반드시 이루어지고야마는 불변한 것입니다. 왜냐하면 하나님은 식언치 않고 거짓말 하실 수 없는 분이기 때문입니다. 하나님께서 한번 한다고 하면 반드시 이루고야 마십니다. 이것이 창세기 1장의 천지창조로 나타난 것입니다.

창조란? 역사 속에서 하나님이 일으킨 사건을 말합니다. 창세기 1장을 보면 하나님이 말씀하시니까 어떤 사건들이 일어납니다. 이는 말씀이신 하나님이 역사 속에서 하시는 일입니다. 그것이 말씀이 육신이 되어 이 세상에 오신 예수 그리스도의 구속사로 나타난 것입니다.

창세전 언약은 예수 그리스도께서 역사 속에서 이루어가시는 것입니다. 그 내용이 죄 아래 있는 자기 백성들을 구원하는 것입니다. 그래서 처음 창조된 세상의 모습이 죄 아래 있는 모습으로 나타난 것입니다. 창세기 1장 2절을 봅시다.

> **창 1:2** "땅이 혼돈하고 공허하며 흑암이 깊음 위에 있고 하나님의 신은 수면에 운행하시니라"

땅이 혼돈하고 공허하며 흑암이 깊음 위에 있는 것은 죽음의 모습입니다. 이 모습은 곧 죄 아래 있는 이 세상의 모습인 것입니다. 땅을 의인화 하면 인간을 말합니다. 인간의 모습이 죄로 인하여 죽어 있는 모습인 것입니다. **타락은 곧 죄이고, 죄는 곧 어둠이고, 어둠은 곧 죽음입니다.**

처음 창조된 세상의 모습은 죄와 사망 아래 있습니다. 이상하지 않나요? 하나님이 능력이 없어서 이런 땅을 창조하셨을까요? 그건 아니겠지요. 그럼 왜 창조의 시작을 알리는 첫 장면을 이런 모습으로 말하고 있을까요? 이는 만물이 창세전 언약을 위하여 창조가 되었기 때문입니다.

우리가 성경을 해석하는데 놓치지 말아야 할 것은 만물의 창조 목적입니다. 만물은 그를 위하여 창조가 되었다고 하였습니다. 만물의 창조 목적은 '그'이신 예수 그리스도를 드러내고자 함이라고 하였습니다. 즉 예수가 그리스도라는 것을 설명하기 위하여 창조하였습니다. 이를 창세전 언약이라고 하였습니다. 창세전 언약은 죄 아래 있는 자기 백성들이 예수님의 피로써 구속 곧 죄사함을 받아서 거룩하고 흠이 없게 되는 것으로 되어 있습니다.

죄사함을 받고 거룩해지려면 먼저 죄 아래 가두어짐이 있어야 합니다. 그래서 땅에서 태어나는 자들은 모두가 혼돈하고 공허하고 흑암의 깊음과 같은 죄 아래서 죽은 자로 태어나게 되는 것입니다. 이 모습이 아브라함의 후손들이 애굽에서 태어나서 어린 양의 피로 구원을 받고 광야로 나와서 가나안으로 들어가는 것으로 나타난 것입니다.

출애굽 한 이스라엘은 언약의 후손이지만 애굽에서 태어나고 애굽에서 자란 사람들입니다. 애굽은 죄 아래 있는 세상을 상징합니다. 언약의 후손이 죄 아래서 태어나 살고 있는 것입니다. 그러다가 정한 때가 되어서 하나님이 보내신 구원자를 통해서 출애굽을 하게 됩니다. 이건 마치 창세전에 구원받기로 작정이 된 후 어린 양의 생명책에 녹명된 자들이 죄 아래 놓인 세상에서 태어나 살다가 때가 차매 예수 그리스도를 통해서 구원받게 되는 것과 같은 것입니다.

구원은 죄 아래서 빼내심을 입는 것입니다. 그럼 죄 아래 가두어짐이 선행되어야 합니다. 정한 때까지 죄의 종으로 있어야 하는 것입니다. 정한 때가 되면 예수님이 오셔서 죄 아래 가두어진 자들을 빼내 주게 되는 것입니다. 갈라디아서 3장을 봅시다.

갈 3:22-23 "그러나 성경이 모든 것을 죄 아래 가두었으니 이는 예수 그리스도를 믿음으로 말미암은 약속을 믿는 자들에게 주려 함이니라 23. 믿음이 오기 전에 우리가 율법 아래 매인 바 되고 계시될 믿음의 때까지 갇혔느니라"

롬 11:32 "하나님이 모든 사람을 순종치 아니하는 가운데 가두어 두심은 모든 사람에게 긍휼을 베풀려 하심이로다"

성경이 뭐라고 합니까? 하나님께서 죄 아래 가두어 놓았다고 합니다. 불순종 가운데 가두었다고 합니다. 왜 죄 아래 가두어 놓았다고 합니까? 긍휼을 베풀기 위함이라고 합니다. 예수 그리스도를 보내서 빼내시기 위함이라고 합니다. 그래서 우리가 죄 아래 태어난 것입니다.

이 세상은 불순종 가운데 가두어졌습니다. 누가 가두어 놓았나요? 하나님이 가두어 놓았습니다. 우리는 우리의 의지와 상관없이 이러한 구조 속에서 태어났습니다. 그렇다고 하나님이 죄를 짓게 하셨다고 말하지 마세요.

이 구조가 하나님께서 창세전 언약을 이루어 가는 데 필요한 구조이기 때문입니다. 그래서 하늘나라에서 천사가 타락하여 땅으로 쫓겨나고 뱀이 아담을 미혹하여서 에덴동산 밖 이 세상으로 쫓겨나는 것으로 나타난 것입니다. 하나님이 죄를 짓게 한 것이 아니고 인간이 죄를 지은 것입니다. 그래서 하나님이 긍휼로 구원하는 일을 하시는 것입니다.

구원하는 때와 기한은 하나님이 정하십니다. 하나님이 가두어 놓았으면 우라는 빠져나올 재간이 없습니다. 하나님이 빼내줄 때까지 기다려야 하는 것입니다. 마치 잃은 양이 목자가 찾아줄 때까지 잃어버려진 대로 살고 있으면 되듯이 말입니다. 때가 되면 아브라함을 찾아가서 우상의 나라에서 빼내 오듯이, 때가 되면 하나님이 자기 백성들을 찾아가서 빼내 주시기 때문입니다. 그래서 예수님이 때가 차매 이 세상에 오신 것입니다. 우리 역시 때가 차매 예수를 그리스도로 믿고 구원을 받게 되는 것입니다.

예수를 그리스도로 믿는 것도 우리 실력이 아니고 하나님이 믿어지게 해주셔야지만 합니다. 그래서 로마서에서는 믿음으로 믿음에 이르게 되었다고 하는 것입니다. 무슨 말인고 하니 하나님은 창세전에 죄인이 예수를 믿음으로써 구원을 받는 것으로 예정을 해 놓으셨습니다. 그런데 예수를 주와 그리스도로 믿는 것은 죄인이 할 수가 없는 것입니다.

하나님이 창세전에 영생 주시기로 작정을 하고 어린 양의 생명책에 녹명을 한 자들에게 예수가 주와 그리스도이심이 믿어지는 믿음을 선물로 주어서 믿게 하신 것입니다. 성령이 하나님의 선물인 믿음을 가지고 오셔서 성도들 안에서 믿어지게 하는 일을 하시는 것입니다. 그래서 믿음을 선물이라고 하고 구원을 은혜라고 하는 것입니다.

이렇게 성령으로 예수를 믿는 자들은 예수를 부인할 수도 없는 것입니다. 예수 믿는 것도 우리 맘대로 되지 않고 예수를 부인하는 것도 우리 맘대로 할 수가 없는 것입니다. 이를 불가항력적 은혜라고 합니다. 아래 성경을 참고하세요.

롬 10:9-19 "네가 만일 네 입으로 예수를 주로 시인하며 또 하나님께서 그를 죽은 자 가운데서 살리신 것을 네 마음에 믿으면 구원을 얻으리니 10. 사람이 마음으로 믿어 의에 이르고 입으로 시인하여 구원에 이르느니라"

고전 12:3 "그러므로 내가 너희에게 알게 하노니 하나님의 영으로 말하는 자는 누구든지 예수를 저주할 자라 하지 않고 또 성령으로 아니하고는 누구든지 예수를 주시라 할 수 없느니라"

엡 2:8-9 "너희가 그 은혜를 인하여 믿음으로 말미암아 구원을 얻었나니 이것이 너희에게서 난 것이 아니요 하나님의 선물이라 9. 행위에서 난 것이 아니니 이는 누구든지 자랑치 못하게 함이니라"

롬 1:17 "복음에는 하나님의 의가 나타나서 믿음으로 믿음에 이르게 하나니 기록된 바 오직 의인은 믿음으로 말미암아 살리라 함과 같으니라 구원은 철저하게 하나님께서 홀로 이루어가시는 것입니다. 이는 구원을 위하여서는 우리 쪽에서 애쓸 것이 없다는 뜻입니다. 구원은 거저 주어지는 것이지 우리의 노력으로 얻어지는 것이 아닙니다. 노력해서 구원받은 사람은 단 한 사람도 없습니다. 모두가 하나님의 은혜로 받았습니다. 그래서 구원받은 것을 자랑할 수가 없고 감사해야 하는 것입니다.

이방 종교는 스스로 구원받으라고 하지만,
기독교는 가만 있으라고 합니다.

이방 종교는 구원의 주체를 인간이 행사하지만,
기독교는 구원의 주체를 하나님이 행사하십니다.

이방 종교는 구원받고자 노력하고,
기독교는 구원해 주심에 감사하는 것입니다.

이방 종교의 구원에는 내 노력이 담겨 있지만,
기독교의 구원은 하나님의 은혜가 담겨 있습니다.

우리가 독자적으로 죄에서 빠져나오는 게 아닙니다. 예수님이 빼내 주시는 것입니다. 가두어진 대로 살다가 보면 목자이신 예수님이 알아서 잃어버린 자기 백성들을 찾아가셔서 빼내 주시는 것입니다. 잃어버린 드라크마를 온 집안을 다 뒤져서 기어코 찾아내는 여인처럼 예수님이 한 알갱이도 빼놓지 않고 다 찾아서 구원을 해 내시는 것입니다. 예수님이 자기 백성을 찾아가서 구원을 해 내시는 것입니다.

계획도 실행도 다 하나님이 하시는 것입니다. 아버지 하나님이 계획을 하시고, 아들 하나님이 아버지가 계획한 것을 실행하시고, 성령 하나님이 예수님이 실행하신 것을 자기 백성들 속에서 믿어지게 하시는 것입니다. 그래서 우리의 구원은 하나님의 은혜 덩어리인 것입니다. 요한복음 5장을 봅시다.

> **요 5:25-29** "진실로 진실로 너희에게 이르노니 죽은 자들이 하나님의 아들의 음성을 들을 때가 오나니 곧 이 때라 듣는 자는 살아나리라 26. 아버지께서 자기 속에 생명이 있음같이 아들에게도 생명을 주어 그 속에 있게 하셨고 27. 또 인자됨을 인하여 심판하는 권세를 주셨느니라 28. 이를 기이히 여기지 말라 무덤 속에 있는 자가 다 그의 음성을 들을 때가 오나니 29. 선한 일을 행한 자는 생명의 부활로 악한 일을 행한 자는 심판의 부활로 나오리라"

우리는 죽은 자입니다. 죽은 자는 그냥 무덤에 있으면 됩니다. 무덤에 있는 자들이 다 그의 음성을 들을 때가 온다고 합니다. 예수님이 오셔서 일어나라고 소리칠 때가 옵니다. 그럼 창세전에 어린 양의 생명책에 녹명된 자들은 생명의 부활로 나아오고 녹명되지 않은 자들은 심판의 부활로 나아오게 되는 것입니다.

생명의 부활로 나아온다 함은 예수를 영접한다는 것이고, 심판의 부활로 나아온다 함은 예수 그리스도를 배척한다는 것입니다. 모두가 다 예수님의 음성을 듣습니다. 그런데 어떤 사람은 그 음성을 듣고 영접은 합니다. 그러나 어떤 사람들은 그 음성에 반응하지 않습니다. 예수님의 음성에 산 자와 죽은 자로 갈라지게 되는 것입니다. 이것을 심판이라고 합니다.

예수님의 음성을 아는 자는 그 안에 언약을 품고 있는 자이고, 예수님의 음성을 모르는 자는 그 안에 언약이 없는 자인 것입니다. 그 언약은 예수 안에서 구원받는다는 것입니다. 그래서 예수님은 내 양은 내 음성을 듣고 따른다고 하신 것입니다. 예수님의 양은 예수님의 음성을 알고 따르게 되어 있습니다.

우리는 죄악된 세상이라는 무덤에 있었습니다. 그런데 예수님이 오셔서 죄와 사망에서 빼내 주셨습니다. 죽은 자는 스스로 움직일 수가 없습니다. 죽음을 이기신 분이 살려주어야만 움직일 수가 있습니다. 예수님이 살려주는 영이 되어서 자기 백성들 속에 들어가서 살아나게 하십니다. 이걸 거듭남이라고 합니다. 거듭남은 우리 의지와 상관없이 위로부터 주어지는 것입니다.

예수님이 갈릴리 바다에서 고기를 잡고 있던 베드로를 찾아가셨습니다. 베드로는 부르지도 않았는데 예수님이 찾아가서 따라오라고 하신 것입니다. 베드로는 거부하지 못하고 따라갑니다. 마치 쇠붙이가 자석에 이끌려 가듯이 베드로도 예수님에게 끌려간 것입니다. 이를 불가항력적 은혜라고 합니다.

아브라함도 그랬습니다. 아브라함은 하나님을 한 번도 본 적도 없고 만난 적이 없습니다. 그런데 하나님이 아브라함을 찾아가서 “가자”라고 하니까 아무런 저항도 하지 못하고 그냥 끌려 나온 것입니다. 그래서 성경은 아브라함이 자진해서 따라갔다고 하지 않고 말씀에 이끌려서 갔다고 증거하고 있는 것입니다. 이것은 말씀이 아브라함을 견인하였다는 뜻입니다.

그 누구도 예수님의 부르심은 거역할 수가 없습니다. 왜냐하면 그분이 창조주이시기 때문입니다. 반면에 예수님께서 부르시지 않으면 그 누구라도 예수를 믿을 수가 없습니다. 철저하게 예수님의 주권에 있는 것입니다. 그러므로 예수님은 만유의 주가 되는 것입니다.

종에서 아들로… 율법에서 은혜로… 어둠에서 빛으로… 역사에서 묵시로

갈 4:1-7 "내가 또 말하노니 유업을 이을 자가 모든 것의 주인이나 어렸을 동안에는 종과 다름이 없어서 2. 그 아버지의 정한 때까지 후견인과 청지기 아래 있나니 3. 이와 같이 우리도 어렸을 때에 이 세상 초등 학문 아래 있어서 종노릇 하였더니 4. 때가 차매 하나님이 그 아들을 보내사 여자에게서 나게 하시고 율법 아래 나게 하신 것은 5. 율법 아래 있는 자들을 속량하시고 우리로 아들의 명분을 얻게 하려 하심이라 6. 너희가 아들인 고로 하나님이 그 아들의 영을 우리 마음 가운데 보내사 아바 아버지라 부르게 하셨느니라 7. 그러므로 네가 이 후로는 종이 아니요 아들이니 아들이면 하나님으로 말미암아 유업을 이을 자니라"

성도는 하나님 나라를 유업으로 얻을 자들입니다. 그런데 잠시 동안 죄 아래 종의 모습으로 두셨습니다. 마치 언약의 후손을 애굽에서 정한 때까지 종 노릇하게 하신 것과도 같은 것입니다. 정한 때가 되면 종의 모습에서 아들의 자리로 옮겨주시는 것입니다. 이를 율법에서 은혜로 옮겨주는 것으로 말해주고 있습니다.

구원은 종에서 아들이 되는 것이고,
율법에서 은혜로 나아가는 것이고,
어둠에서 빛으로 빼내심을 입는 것이고,

역사에서 묵시로 옮겨짐을 당하는 것입니다.

사도 바울은 지독한 율법주의자였습니다. 그런데 예수님이 찾아오심으로 복음 전하는 새 언약의 일꾼인 사도가 되었습니다. 바울이 다메섹에서 예수님을 만난 것은 자기가 시나리오를 그렇게 써서 반전 드라마를 만든 것이 아닙니다.

그냥 율법 지킴이라는 자기 일을 하러 가는데 갑자기 예수님이 찾아와서 노선을 바꿔준 것입니다. 바울은 예수를 만나고 난 후에 즉시로 전에 걷던 노선에서 돌이키고 이제는 조금 전에 자기가 걷던 노선에 있는 사람들과 원수가 되어서 싸우는 역할을 하게 되었습니다.

우리 역시 마찬가지입니다. 우리도 율법 아래 있었습니다. 그런데 때가 되어서 은혜 아래로 옮겨짐을 당하였습니다. 우리가 율법이라는 옛 언약 아래 있다가 십자가의 은혜 복음이라고 하는 새 언약 안으로 들어온 것도 정한 때가 되었기 때문에 하나님께서 옮겨주신 것입니다. 이러한 모든 것들이 우리의 원함으로 일어나는 것이 아니고 모두가 하나님이 창세전 언약대로 우리를 다스려 가기 때문입니다.

창세전 언약은 우리라는 한 무리를 예수 그리스도의 피로 죄에서 구원하기로 작정하였습니다. 그렇게 예수의 피로 죄에서 구원받은 무리들이 모인 곳을 교회라고 합니다. 이를 구약 마당에서 예표로 보여준 것이 이스라엘 민족입니다. 아브라함 언약 안에서 난 그 후손들을 구원하는 것으로 보여주셨습니다.

아브라함에게는 두 아들이 있었습니다. 육으로 난 이스마엘과 하나님의 약속으로 난 이삭이 있습니다. 육으로 난 이스마엘이 먼저이고, 하나님의 약속으로 난 이삭이 나중입니다. 이것은 육적인 백성들이 먼저 나타나고, 영적으로 낳아진 백성들이 나중에 나타난다는 것을 보여주고 있는 것입니다. 사도 바울은 약속으로 난 이삭을 예수 그리스도를 예표한다고 하였습니다. 갈라디아서 3장을 봅시다.

갈 3:15-16 "형제들아 사람의 예대로 말하노니 사람의 언약이라도 정한 후에는 아무나 폐하거나 더하거나 하지 못하느니라 16. 이 약속들은 아브라함과 그 자손에게 말씀하신 것인데 여럿을 가리켜 그 자손들이라 하지 아니하시고 오직 하나를 가리켜 네 자손이라 하셨으니 곧 그리스도라"

갈 4:29-31 "그러나 그 때에 육체를 따라 난 자가 성령을 따라 난 자를 핍박한 것같이 이제도 그러하도다 30. 그러나 성경이 무엇을 말하느뇨 계집종과 그 아들을 내어 쫓으라 계집종의 아들이 자유하는 여자의 아들로 더불어 유업을 얻지 못하리라 하였느니라 31. 그런즉 형제들아 우리는 계집종의 자녀가 아니요 자유하는 여자의 자녀니라"

아브라함에게 자식이 여럿 있었습니다. 그러나 유업을 이을 자식은 오직 하나 약속으로 난 이삭뿐입니다. 사도 바울은 이삭을 그리스도라고 합니다. 즉 이삭은 그리스도를 예표하고 있다는 뜻입니다. 육으로 난 이스마엘은 종이고, 성령으로 난 이삭은 아들입니다. 종은 유업을 받지 못하고, 아들은 유업을 이을 자입니다. 그래서 육으로 난 이스마엘은 집에서 내어 쫓으라고 하고 그 집은 하나님의 약속으로 낳아진 이삭에게 물려주었습니다.

집에서 내어 쫓으란 말은 천국에서 살 수 없다는 뜻입니다. 하나님은 창세전에 예수 그리스도 안에서 난 자들에게 천국을 유업으로 주시기로 하셨습니다. 이삭과 같이 하나님의 약속으로 낳아진 자들이 천국을 유업으로 받게 되는 것입니다.

사도 바울은 신약에서 아브라함의 아들을 이삭이라 하지 않고 그리스도라고 합니다. 왜 그런가요? 이삭이나 그리스도나 육으로 나지 않고 성령으로 낳아진 자이기 때문입니다. 이스마엘은 육체를 따라 낳고, 이삭은 성령을 따라 낳아진 자입니다. 그리고 이스마엘이 이삭을 핍박한 것을 육체를 따라 낳아진 자가 성령을 따라 난 자를 핍박하였다고 합니다.

이러한 일은 신약에서도 육에 속한 자들이 영에 속한 자들을 핍박하는 것으로 말해주고 있습니다. 이 시대 육체를 따라 난 자들은 누구이며, 성령을 따라 난 자들이 누구입니까? 육체를 따라 난 자들은 육적 유대인을 말하고, 성령을 따라 난 자들은 예수 그리스도로 낳아진 성도들을 말합니다. 언약적으로 보면 율법 아래 있는 자들이 육체를 따라 난 자이고, 은혜 아래 있는 자들이 성령을 따라 난 자들인 것입니다.

예수님과 같이 성령으로 낳아진 자들이 바로 이삭과 같이 유업을 이을 아들인 것입니다. 이렇게 되면 육적 혈통을 앞세우고 하나님의 백성이라고 나오는 자들은 육체를 따라 난 자들이 되는 것입니다. 즉 아브라함의 혈통으로 나아오는 육적 이스라엘은 이스마엘과 같은 종으로서 유업을 얻지 못하게 되는 것입니다.

그래서 사도 바울은 아브라함의 혈통으로 낳아진 육적 이스라엘을 표면적 유대인이라고 하였고, 예수 그리스도로 낳아진 영적 이스라엘을 이면적 유대인이라고 한 것입니다. 아브라함의 혈통 속에서도 바울처럼 예수 그리스도에 의하여 새롭게 거듭난 자가 바로 이면적 유대인으로서 구원받은 영적 이스라엘이 되는 것입니다. 이제는 유대인이든 이방인이든 예수 그리스도를 믿는 자는 영적 이스라엘이고, 반대로 유대인이든 이방인이든 예수 그리스도를 믿지 않는 자는 모두가 육적 이스라엘이 되는 것입니다.

육적 이스라엘이 누구를 핍박했습니까? 예수 그리스도를 핍박했습니다. 예수 그리스도에게 속한 자들을 핍박했습니다. 사도 바울을 누가 핍박했습니까? 율법 아래 있는 육적 이스라엘이었습니다. 초대교회 성도들을 누가 핍박했습니까? 율법 아래 있는 유대인들이었습니다. 그리스도인들을 핍박하는 자들은 육적 유대인인 것입니다.

하나님은 이스마엘에게도 열두 방백을 주어서 조상이 되게 하였습니다. 이삭의 후손에게도 열두 방백을 주었습니다. 육에 속한 자도 열두 방백이 있고, 영에 속한 자들도 열두 방백이 있습니다. 이 둘은 적대관계에 있습니다. 이스마엘이 이삭을 핍박하였듯이 지금도 이스마엘의 후손들이 이삭의 후손들을 핍박하고 있는 것입니다. 이 시대 이스마엘의 후손은 아랍권의 이슬람 교도들로 나타나고, 이삭의 후손들은 이스라엘의 유대교인으로 나타나고 있습니다. 이건 어디까지나 예표입니다.

하나님은 이스마엘의 후손을 가지고 이삭의 후손들을 핍박하도록 하였습니다. 이것이 지금은 이스라엘과 아랍권의 다툼으로 나타나고 있는 것입니다. 광의적으로는 기독교 대 반기독교로 나타나고 있는 것입니다. 더 구체적으로 말하면 육적 교인들이 영적 성도들을 핍박하는 것으로 나타나고 있는 것입니다. 즉 기독교 안에서도 신앙의 주체를 인간에게 둔 각종 이단들이 인본주의 신앙으로 오직 예수 그리스도를 믿음으로만 의롭게 된다고 하는 신본주의 신앙을 핍박하고 있는 것입니다.

이스마엘과 이삭의 전쟁은 지금도 계속되고 있습니다. 이스마엘의 후손인 아랍권의 이슬람 교도들이 이삭의 후손인 육적 유대인인 이스라엘을 핍박하고 있는 것입니다.

지금 팔레스타인 지역에서 일어나고 있는 이스라엘과 하마스 전쟁은 이스마엘과 이삭의 전쟁의 연장 선상에서 일어나고 있는 것입니다. 이 그림을 잘 보셔야 합니다. 이 그림 속에 세대주의자들이 말하는 육적 유대인의 구원 모습이 담겨 있기 때문입니다.

잘 보세요. 초대 교회 시대에 예수 그리스도에게 속한 자들을 누가 핍박했나요? 유대교인들인 육적 유대인들이었습니다. 이를 영적으로 보면 육적 유대인이 육으로 난 이스마엘이 되고, 예수 그리스도에게 속한 자들은 영으로 난 이삭이 되는 것입니다. 육적 유대인은 이스마엘의 후손이 되는 것이고, 예수 그리스도를 믿는 성도들은 이삭의 후손들이 되는 것입니다.

그런데 예수 그리스도를 핍박한 육적 유대인들이 누구로부터 핍박을 당합니까? 이스마엘의 후손들인 무슬림으로부터 핍박을 당합니다. 이렇게 되면 이스마엘의 후손들인 무슬림은 육이 되고, 이들로부터 핍박을 받은 육적 유대인들이 영이 되는 것입니다.

이건 어디까지나 예표입니다. 하나님은 이스마엘의 후손인 이슬람과 이삭의 후손인 이스라엘을 통해서 영과 육의 전쟁을 보여주고 있는 것입니다. 이러한 것은 교회 안에도 그대로 세팅이 되어 있습니다. 인본주의 신앙을 가진 육에 속한 자들이 신본주의 신앙을 가진 영에 속한 자들을 핍박하는 것으로 나타나고 있는 것입니다.

지금 저 중동에 있는 이스라엘 민족인 육적 유대인들은 여전히 예수 그리스도를 인정하지 않습니다. 그럼에도 하나님은 육적 이스라엘인 유대인을 두신 것은 그들을 통해서 영적 유대인인 예수 그리스도에게 속한 자들을 어떻게 지켜내는지를 보여주는 시청각 교재로 쓰고 있는 것입니다. 350만밖에 안 되는 육적 이스라엘이 2억이나 되는 이슬람에게 포위당하고 있어도 멸망당하지 않는 것은 하나님께서 육적 이스라엘을 통해서 영적 이스라엘을 어떻게 지켜내고 있는지를 표상적으로 알려주고 있는 것입니다.

우리는 이스라엘과 아랍권의 전쟁을 통해서 하나님의 백성과 사단의 백성 간에 일어나는 전쟁을 이해하게 되는 것입니다. 그래서 사도 바울은 율법 아래 있는 구약의 육적 이스라엘 민족은 신약의 영적 이스라엘인 예수 그리스도로 난 언약의 자손이 오시기까지 예표적으로 있는 것이라고 하였던 것입니다. 이러면 육적 이스라엘 속에 영적 이스라엘이 담겨 있는 것이 됩니다. 하나님이 육적 이스라엘을 통해서 자기 백성을 어떻게 구원하는지를 보여주고 있기 때문입니다.

이삭의 후예인 육적 이스라엘을 이스마엘의 후손들인 무슬림으로부터 지켜주는 구원은 하나님께서 창세전에 언약한 예수 그리스도 안에서 난 자기 백성들의 구원을 사단으로부터 어떻게 지켜내는지를 보여주는 시청각 교재가 되는 것입니다. 그래서 육적 이스라엘을 일컬어 "기능적 이스라엘"이라고 합니다. 기능적이란 말은 어떤 것을 보여주기 위하여 선택되었다는 말입니다. 어떤 기능이냐 하면 장차 성령으로 거듭난 하나님 백성들을 보여주는 기능인 것입니다. 신약에서 하나님 백성은 예수 그리스도 안에서 난 자들입니다.

혈과 육으로는 하나님 나라에 들어갈 수가 없습니다. 이는 육적 이스라엘로서는 구원받을 수 없다는 뜻입니다. 그러므로 영적 이스라엘을 보여주는 예표적인 육적 이스라엘도 필히 성령으로 거듭나서 예수를 주와 그리스도로 영접하여야 하는 것입니다.

짐승의 제사를 드릴 것이 아니라 예수 그리스도의 피 흘리심으로 죄사함 받아야 하는 것입니다. 그래서 바울은 히브리서에서 구약 이스라엘은 짐승의 제사로 죄사함을 받은 것이 아니라 죄를 깨닫게 하는 것이라고 하였던 것입니다. 히브리서 10장을 봅시다.

> **히 10:1-10** “율법은 장차 오는 좋은 일의 그림자요 참 형상이 아니므로 해마다 늘 드리는 바 같은 제사로는 나아오는 자들을 언제든지 온전케 할 수 없느니라 2. 그렇지 아니하면 섬기는 자들이 단번에 정결케 되어 다시 죄를 깨닫는 일이 없으리니 어찌 드리는 일을 그치지 아니하였으리요 3. 그러나 이 제사들은 해마다 죄를 생각하게 하는 것이 있나니 4. 이는 황소와 염소의 피가 능히 죄를 없이 하지 못함이라 5. 그러므로 세상에 임하실 때에 가라사대 하나님이 제사와 예물을 원치 아니하시고 오직 나를 위하여 한 몸을 예비하셨도다 6. 전체로 번제함과 속죄제는 기뻐하지 아니하시나니 7. 이에 내가 말하기를 하나님이여 보시옵소서 두루마리 책에 나를 가리켜 기록한 것과 같이 하나님의 뜻을 행하러 왔나이다 하시니라 8. 위에 말씀하시기를 제사와 예물과 전체로 번제함과 속죄제는 원치도 아니하고 기뻐하지도 아니하신다 하셨고(이는 다 율법을 따라 드리는 것이라) 9. 그 후에 말씀하시기를 보시옵소서 내가 하나님의 뜻을 행하러 왔나이다 하셨으니 그 첫 것을 폐하심은 둘째 것을 세우려 하심이니라 10. 이 뜻을 좇아 예수 그리스도의 몸을 단번에 드리심으로 말미암아 우리가 거룩함을 얻었노라”

율법은 장차 오는 좋은 일의 그림자라고 합니다. 이는 율법으로 드려지는 짐승의 제사는 실상이 아니고 그림자라는 것입니다. 죄사함도 실제가 아니고 그림자인 것입니다. 그래서 짐승으로 드려지는 제사로는 온전케 할 수가 없고 다만 죄를 깨닫게 하는 것이라고 합니다. 그림자는 실제가 따로 있다는 뜻입니다. 장차 오는 좋은 일이란 한 몸으로 드려지는 제사를 말합니다. 그 한 몸이 바로 창세전 언약에서 말씀하신 예수 그리스도입니다.

이러면 구약 이스라엘이 드린 짐승의 제사는 장차 예수님이 오셔서 자신의 몸으로 드려지는 제사를 미리 예표적으로 드린 것이 됩니다. 구약 이스라엘은 짐승의 제사를 드리면서 장차 한 몸으로 오실 메시아를 대망하면서 드려야 하는 제사였던 것입니다. 짐승의 제사는 예수 그리스도의 십자가 사건을 모형으로 행한 것입니다.

구약의 이스라엘은 예수님이 십자가를 지시기까지는 온전한 구원을 받은 것이 아닙니다. 온전한 구원은 온전한 제사를 드려야 받을 수가 있습니다. 피 흘리심이 없으면 죄사함도 없습니다. 온전한 제사는 예수님의 몸으로 드리는 제사입니다. 이렇게 되면 구약의 이스라엘은 온전한 제사를 드린 적이 없음이 됩니다. 온전한 제사를 드리지 못하였으면 죄사함을 받지 못합니다. 죄사함을 받지 못하면 온전한 구원도 받지 못하는 것입니다.

온전한 죄사함과 온전한 구원은 예수님이 십자가를 통해서 주어지는 것입니다. 이렇게 되면 구약의 모든 백성들은 예수 그리스도가 오시기까지 기다린 것이 됩니다. 이를 예수님께서 아브라함도 내 때를 보고 즐거워하였다고 하였습니다. 그래서 구약의 이스라엘은 죽으면 열조로 돌아간다고 했던 것입니다. 이스라엘의 열조는 아브라함입니다. 이를 아브라함 품이라고 합니다.

구약의 성도들은 아브라함 품에서 예수님이 오실 때까지 기다린 것입니다. 예수님이 오셔서 피를 흘려 주셔야지만 온전한 죄사함을 받고 온전한 구원을 받을 수 있어지기 때문입니다. 구약의 신앙은 메시아를 기다리는 신앙입니다. 이것을 믿음으로 살았다고 합니다. 예수님이 오셔서 믿음으로 자신을 기다린 자들을 온전케 하기 위하여 십자가에서 피를 흘려주신 것입니다. 예수님이 십자가에서 피를 흘리시자 비로소 온전한 죄사함이 이루어지고 온전한 구원을 받을 수 있게 된 것입니다. 마태복음 27장을 봅시다.

> **마 27:50-53** "예수께서 다시 크게 소리 지르시고 영혼이 떠나시다
> 51. 이에 성소 휘장이 위로부터 아래까지 찢어져 둘이 되고 땅이 진동하
> 며 바위가 터지고 52. 무덤들이 열리며 자던 성도의 몸이 많이 일어나되
> 53. 예수의 부활 후에 저희가 무덤에서 나와서 거룩한 성에 들어가 많은
> 사람에게 보이니라"

예수님이 삼시에 십자가에 달리시고 구시에 죽으십니다. 예수님은 십자가에서 6시간을 달리셨습니다. 이것은 창조 6일을 예표하고 있습니다. 예수님은 십자가에서 6시간 동안 다 이루었다고 하시고 돌아가셨습니다. 영적인 의미로 6시간 동안 창조의 일을 다 하신 것입니다. 그리고 7째 시간에 죽어서 무덤에 들어가셨습니다. 이는 안식의 세계로 나아가신 것입니다. 이것은 엿새 동안 창조하시고 일곱째

날에 안식하신 것과 같은 것입니다.

예수님께서 십자가에서 6시간 동안 모든 일을 마치시고 돌아가시자 성소의 휘장이 위에서부터 아래로 찢어집니다. 이것은 성소와 지성소로 나아가는 길을 가로막고 있던 담이 허물어져 버린 것입니다. 지성소로 들어가는 길이 하나 생긴 것입니다. 지성소는 하늘을 상징합니다. 예수님이 십자가에서 자기 몸으로 하늘 가는 길을 여신 것입니다. 아담의 범죄로 가로막혔던 에덴동산의 문이 열린 것입니다. 이를 새롭고 산 길이라고 합니다.

예수님이 십자가에서 자기 육체로 하나님께 나아가는 길을 만드신 것입니다. 역사 6천 년 동안 하실 일을 십자가에서 6시간 동안에 다 이루신 것입니다. 예수님이 죽으시자 땅이 진동하고 바위가 터지고 무덤들이 열리고 자던 성도들의 몸이 많이 일어납니다.

이것은 죄와 사망의 권세가 깨어진 것을 말합니다. 그 후에 예수님이 부활하신 후에 저들을 데리고 거룩한 성으로 들어가십니다. 이건 마치 속죄일에 대제사장이 자기 피를 앞세우고 지성소 안으로 들어가서 법궤 위에 피를 뿌리는 것과 같은 것입니다. 대제사장이 법궤 위에 피를 뿌림으로써 이스라엘 민족 모두가 속죄함을 입게 됩니다.

법궤 속에는 세 가지 증거물이 들어 있습니다. 십계명이 적힌 두 돌판과 만나를 담은 항아리와 아론의 싹난 지팡이가 들어가 있습니다. 이 모두는 이스라엘이 광야에서 하나님께 범죄한 증거물들입니다. 법궤 속에 담긴 세 가지 증거물들은 범죄한 이스라엘을 상징하는 것입니다. 그들 위에 대제사장의 피가 뿌려져서 속죄가 이루어지게 되었던 것입니다.

이 모습이 바로 예수님의 십자가로 실제화 되어서 나타난 것입니다. 예수님이 십자가에 죽으신 것은 자기 백성들의 죄를 위해서입니다. 범죄한 이스라엘이 담겨 있는 법궤 위에 피를 뿌린 것과 같은 것입니다.

예수님이 십자가에서 피를 흘리신 것은 무덤 속에 있는 자기 백성들에게 피를 뿌리신 것입니다. 그래서 예수님이 십자가에서 죽으시자 무덤 속에 있던 구약의 성도들이 다 살아나서 예수님이 부활하신 후에 이들을 데리고 하늘나라로 올라가게 된 것입니다. 예수님이 무덤 속에 들어간 것은 무덤 속에 있는 언약의 후손들을 끄집어내기 위함입니다.

이렇게 되면 구약의 성도들도 예수 그리스도의 피로 구원을 받게 된 것입니다. 그래서 예수님이 아브라함도 내 때를 보고 즐거워하였다고 하신 것입니다. 아브라함도 예수님이 오실 때를 기다린 것입니다. 이를 히브리서 11장에서 믿음으로 살았다고 합니다. 그래서 12장에서 이들을 하늘에 있는 구름 같은 증인이라고 하는 것입니다. 그 증인의 시작과 끝을 예수 그리스도라고 합니다.

히 12:1-2 “그러므로 이렇게 구름 떼와 같이 수많은 증인이 우리를 둘러싸고 있으니 우리도 갖가지 짐과 얽매는 죄를 벗어 버리고 우리 앞에 놓인 달음질을 참으면서 달려갑시다. 2. 믿음의 창시자요 완성자이신 예수를 바라봅시다. 그는 자기 앞에 놓여 있는 기쁨을 내다보고서 부끄러움을 마음에 두지 않으시고, 십자가를 참으셨습니다. 그래서 그는 하나님의 보좌 오른쪽에 앉으셨습니다<표준 새번역>

예수 그리스도 안에서 구약 이스라엘과 신약 교회의 성도들이 하나가 된 것입니다. 창세전 언약을 보십시오. 구약 이스라엘과 신약의 교회를 구분하는가요? 아닙니다. 예수 그리스도 안에서 “우리”라는 “한 무리”를 구원하기로 예정을 하였던 것입니다.

“우리”란 둘 이상의 무리를 말합니다. 우리 속에는 구약의 성도와 신약의 성도가 다 들어가 있는 것입니다. 육적 이스라엘과 영적 이스라엘이 포함되어 있는 것입니다. 구약의 성도나 신약의 성도는 예수 그리스도 안에서 한 민족이 된 것입니다.

구약은 신약의 거울

하나님은 토기장이로서 두 그릇을 만드셨습니다. 하나는 긍휼을 담는 그릇으로 창조하셨고, 다른 하나는 진노를 담을 그릇으로 창조하셨습니다. 두 그릇은 두 민족을 말합니다. 두 민족은 두 부류의 사람을 뜻합니다. 그러므로 세상에는 두 부류의 사람이 있는 것입니다. 이를 언약의 후손과 이방인이라고 합니다.

이러한 것을 이스라엘 속에 세팅해 놓으신 것입니다. 그래서 이스라엘의 조상인 아브라함의 집안 속에 첩의 아들과 정실부인의 아들이 있는 것입니다. 첩인 애굽 여인 하갈을 통해서 낳아진 이스마엘을 육으로 낳아진 자라고 하고, 정실부인인 사라를 통해서 낳아진 이삭을 말씀(약속)으로 낳아진 자라고 합니다.

사도 바울은 두 여인을 두 언약이라고 하였고, 두 아들을 하나는 종이고, 하나는 유업을 이을 아들이라고 하였습니다. 이스마엘을 종이라고 하고, 이삭을 아들이라고 하였습니다. 이스마엘은 육으로 난 자라고 하고, 이삭은 성령으로 난 자라고 하였습니다. 이스마엘은 진노의 그릇이고, 이삭은 긍휼의 그릇인 것입니다. 온 세상에 존재하는 두 부류의 사람을 아브라함 집안에 두 아들로 보여주고 있는 것입니다.

세상에는 두 부류의 그릇이 있습니다.

어떤 사람은 "긍휼의 그릇"으로 사용이 되어지고, 어떤 사람은 "진노의 그릇"으로 사용이 되어지고 있는 것입니다. 이건 인간의 후천적 삶에서 갈라지는 것이 아니고 창세전에 이미 갈라져서 태어납니다. 에서와 야곱처럼 이미 복중에 짓기 전에 결정이 되어서 세상에 나온 것입니다.

하나님께서 에서와 야곱을 통하여서 창세전 언약을 그려내고 계신 것입니다. 하나님께서 야곱은 사랑하고 에서는 미워했습니다. 하나님이 일방적으로 그들의 조건과 상관없이 야곱은 사랑했고 에서는 미워한 것입니다. 이건 하나님의 일방적 결정입니다. 마치 토기장이가 귀한 그릇과 천한 그릇을 만든 것과도 같습니다.

야곱에게 사랑받을 구석이 있어서 사랑한 것이 아닙니다. 또한 에서가 미움받을 짓을 해서 미워한 것이 아닙니다. 창세전 언약이라는 드라마를 위하여 하나님이 배역을 그렇게 맡긴 것입니다. 모든 인간은 각자 배역을 맡고 태어난 것입니다. 그리고 각자 맡겨진 배역의 인생을 살게 되는 것입니다.

야곱은 하나님이 기뻐하는 인생인 떡보다 장자권을 위하여 살았고, 에서는 하나님이 미워하는 인생인 장자권보다 떡을 위하여 살았습니다. 야곱은 떡의 가치보다 장자권의 가치로 살았고, 에서는 장자권의 가치보다 떡의 가치로 살았습니다. 각자의 삶이 각자의 속성을 보여주고 있는 것입니다.

지옥의 백성에게는 하나님으로부터 미움을 받을 성질들을 담아 놓은 것입니다. 마치 양과 염소의 속성이 각자 다르듯이 지옥 백성과 천국 백성은 그 속성이 다르게 담겨 있는 것입니다. 초식동물은 유순하고 육식동물은 사납듯이 천국 백성은 순종적 성향을 가지고 있고, 지옥 백성은 불순종적인 성향들을 가지고 있는 것입니다. 그래서 에서는 지옥 갈 짓을 하고 살았던 것입니다. 지옥 가기로 창조가 되었으니까 지옥 갈 짓을 한 것입니다. 그것이 장자로 태어났지만 장자권을 소홀히 여기고 팥죽 한 그릇에 장자권을 팔아버린 것으로 나타난 것입니다.

에서는 구원보다 떡이 좋았습니다. 이것을 망령된 행실이라고 하였습니다. 이건 하지 말아야 하는 짓을 하고 말았다는 뜻입니다. 이는 지옥 갈 백성들이 하는 짓을 한 것입니다. 야곱도 마찬가지입니다. 야곱은 차자(次子)로 태어났지만 자기 안에는 장자(長子)가 되고자 하는 열망이 늘 꿈틀거렸습니다. 야곱은 먹고 사는 것보다 구원이 더 중요하였던 것입니다. 이는 야곱 속에 하나님이 하늘의 장자로 살아가는 마음을 주셨기 때문입니다. 그래서 팥죽을 버리고 장자권을 산 것입니다. 장자권은 구원과 같은 것입니다.

이방인인 우리가 예수를 믿고 구원을 받는 것도 하나님이 우리 마음속에 예수를 믿게 하는 마음을 심어주셨기 때문입니다. 그래서 각자 인생의 정한 때에 맞추어서 예수를 믿게 된 것입니다. 사람들은 오해하기를 에서는 너무 불쌍하지 않느냐라고 합니다. 이렇게 말하는 것은 인간의 존재 목적을 하나님의 뜻에 두지 아니하고 인간 입장에서 이해하기 때문입니다. 이것이 죄입니다.

알다시피 인간은 하나님의 필요에 의하여 창조가 되었습니다. 만물의 창조는 하나님이 창세전에 하신 언약을 위하여서입니다. 하나님이 역사 속에서 창세전 언약을 펼쳐가시는데 두 부류의 사람이 필요한 것입니다. 그래서 토기장이가 두 그릇을 만들듯이 하나님이 두 부류의 인간들을 창조하신 것입니다. 하나는 예수를 믿는 자로 하나는 예수를 거부하는 자로 창조한 것입니다. 예수 믿는 자를 선인이라고 하고, 예수를 거부하는 자를 악인이라고 합니다.

드라마에 캐스팅 된 배우가 '나는 왜 악당입니까'라고 하면 안 됩니다. 감독은 드라마를 위해서 악당 역할로 캐스팅을 한 것입니다. 세상의 모든 사람들은 각자 정해진 운명으로 살다가 가게 되어 있습니다.

천국 백성은 '어떻게 나 같은 죄인이 구원을 받았느냐'고 감사하고, 지옥 백성은 '내가 왜 지옥에 가야 하느냐'고 원망을 합니다. 한 사람은 하나님께 감사하고 한 사람은 하나님을 원망합니다. 감사하는 사람들이 살아가는 곳을 천국이라고 하고, 원망하는 자들이 살아가는 곳을 지옥이라고 합니다.

죄란? 인생을 자기 존재로부터 생각하고 판단하는 것입니다. 자기 존재로부터 출발하기 때문에 자기의 바람대로 살아지지 않으면 신에게 억울하다고 원망하고 불평하는 것입니다. 이러면 자기는 선하고 하나님은 악함이 되고 맙니다. 자기를 지옥으로 보내는 하나님이 악한 것이 되고 마는 것입니다. 신앙이란? 하나님 입장에서 나를 생각하는 것입니다. 하나님 입장에서 생각하면 모든 것이 '예'만 됩니다.

'내가 존재하는 것은 하나님의 필요에 의한 것이구나'라고 생각하면 하나님이 나를 어떻게 사용하든지 불평할 수가 없습니다. 이를 아는 자들이 성도입니다. 그러므로 구원받은 성도들은 어떤 형편에 서든지 감사하는 마음으로 살아가게 되는 것입니다. 모든 것이 합력하여 선을 이루어가는 것임을 알기 때문에 주어진 환경에 순응하면서 살아가게 되는 것입니다. 그러나 구원받지 못한 지옥에 가는 자들은 난 억울하다고 원망과 불평을 하면서 살아갑니다. 난 억울하다고 하는 그것이 지옥에 갈 죄인 것입니다. 이러한 자들에게 사도 바울이 일갈합니다.

야 이놈들아~!
토기장이가 하나는 귀히 쓸 그릇을 만들고,
하나는 천히 쓸 그릇을 만들 권리가 없느냐!
만들어진 자가 어떻게 만드신 분을 불의하다고 할 수가 있느냐!
그게 바로 죄라고 합니다.
원래 없던 자였는데 있게 해 주었으면 고맙습니다 라고 하여야지,
어떻게 난 왜 이렇게 만들었느냐고 따질 수가 있느냐!
그럴 순 없다는 것입니다.

예정론을 말하면 기분 나빠 하는 자들이 이러한 부류들입니다. 꼭 자기 생각으로 하나님의 일하심을 판단하는 것입니다. 결국 자기는 옳고 하나님은 틀렸다는 것입니다. 이게 저주받을 죄인의 모습인 것입니다. 지옥에서 왜 슬피 울며 이를 간다고 합니까? 왜 이빨을 뿌드득뿌드득 갈까요? 억울하다는 것입니다. 하나님이 틀렸다는 것입니다. 우스갯소리로 이런 자들은 천국에 집어넣어도 왜 이렇게 좋으냐고 불평을 할 것입니다. 저주받은 인간은 천국에 넣어주어도 불평하고 지옥에 넣어도 불평을 합니다. 그 속에 불평으로 가득하기 때문입니다.

이러한 것을 일컬어 예수님은 쌓은 선에서 선이 나오고, 쌓은 악에서 악이 나온다고 하였습니다. 그 속에 선이 쌓여 있는 사람은 어떤 환경에서도 선을 내어놓고, 그 속에 악이 쌓여 있는 사람은 어떤 환경에서도 악을 내어놓게 되어 있습니다. 사람은 그 속에 심겨진 기질대로 살게 되어 있습니다. 이걸 신앙적으로 말하면 예수가 좋은 사람은 예수를 믿고, 예수가 싫은 사람은 예수를 거부하게 되어 있는 것입니다.

하나님은 인간들을 이 세상에 보낼 때 각자의 성향을 담아서 보냈습니다. 어떤 이에게는 예수를 믿고자 하는 성향을 담아서 보냈고, 어떤 이에게는 예수가 싫은 성향을 심어서 보낸 것입니다. 그래서 예수님은 심판주가 되는 것입니다. 만물의 이치가 그러합니다. 사과나무에서는 사과를 맺고, 포도나무에서는 포도가 맺힙니다. 사과나무에서 포도가 열릴 수가 없고, 포도나무에서 사과가 열릴 수가 없습니다.

긍휼의 그릇으로 지음을 받은 자에게는 긍휼이 나오고, 진노의 그릇으로 지음을 받은 자들에게는 원망과 불평이 나오게 되어 있습니다. 그래서 열매로 나무를 안다고 하신 것입니다. 법 아래 있는 자는 법을 토해내고, 은혜 아래 있는 자는 은혜를 토해내게 되어 있습니다. 콩 심은 데 콩 나고, 팥 심은 데 팥이 나는 것이 하나님이 다스리는 창조 세계의 법칙입니다.

각각 자기 행위로 심판을 받는다는 것은 행위가 그 사람의 속성이고 정체성이기 때문입니다. 한마디로 지옥 갈 사람은 지옥 갈 짓을 하고, 천국 갈 사람은 천국 갈 짓을 하고 살아가게 되어 있는 것입니다. 지옥 갈 사람은 창세전 언약을 말하고 예정론을 말하면 뿔따구를 내고, 구원받은 자들은 창세전 언약을 말하고 예정론을 말하면 '주여 감사합니다'라고 찬송을 합니다.

세상에는 두 부류의 사람이 있습니다. 예수를 믿을 자와 믿지 않을 자가 있는 것입니다. 예수를 믿을 자는 안 믿다가도 믿게 되고, 안 믿을 자는 믿다가도 안 믿게 되는 것입니다. 속된 말로 절간에 중노릇하다가도 예수를 믿고 목사가 되는 사람도 있고, 반대로 목사노릇하다가도 무당 노릇하는 자들도 있는 것입니다.

쉽게 설명합니다. 하나님이 사람들을 이 세상으로 보내실 때 각자에게 표를 나누어 주었습니다. 어떤 사람은 천국 가는 표를 받아서 왔고, 어떤 사람은 지옥 가는 표를 받고 왔습니다. 에서는 지옥 가는 표를 받고 태어났고, 야곱은 천국 가는 표를 받고 태어났습니다. 에서와 야곱은 자기가 받은 표에 적힌 대로 살았던 것입니다. 부산행 표를 가진 자는 부산행 기차를 타고, 목포행 표를 받은 자는 목포행 기차를 탑니다. 너는 상행선, 나는 하행선, 각자 정해진 시간표대로 타고 가게 됩니다.

그래서 구약 이스라엘 속에는 구원과 심판이라는 두 기능을 가진 자들이 섞여 있었던 것입니다. 우리는 구약 이스라엘을 통하여서 하나님께서 우리도 다루어가신다는 것을 깨달아야 합니다. 하나님이 구약 이스라엘을 다루신 솜씨로 우리도 다루시기 때문입니다. 우리는 구약 이스라엘을 통하여서 우리 자신을 보아야 합니다. 그래서 사도 바울은 구약 이스라엘은 우리의 거울이라고 한 것입니다.

> **고전 10:11-12** "저희에게 당한 이런 일이 거울이 되고 또한 말세를 만난 우리의 경계로 기록하였느니라 12. 그런즉 선 줄로 생각하는 자는 넘어질까 조심하라"

이스라엘은 우리의 자화상입니다. 우리 자신을 구약 이스라엘 속에 포함해서 성경을 보시면 하나님이 나를 다루어가신다는 것을 훨씬 웅숭깊게 사실적으로 느끼실 수가 있게 됩니다. 이렇게 되어야 성경이 내 이야기가 되는 것입니다. 창세전 언약이 나를 위한 언약이 되는 것입니다. 은혜를 받으면 이스라엘과 나를 한 묶음 속에서 보게 됩니다.

저는 과거 율법 아래 있을 땐 구약 이스라엘과 나를 따로 보았습니다. 나는 관람석에 앉아서 보았습니다. 그래서 구약을 읽을 때마다 엄청 욕을 했습니다. 저놈들은 인간도 아니라고 하면서 저주받아도 싸다고 했습니다. 어떻게 생겨 처먹은 인간들이기에 하나님이 매일매일 기적으로 간섭해 주셨는데도 틈만 나면 불순종하고 우상숭배를 할 수 있단 말인가? 이런 자들은 마땅히 저주받아야 한다고 목소리를 높였습니다.

그런데 내게 하나님의 은혜가 임하고 나니까 내가 바로 구약 이스라엘로 보이는 것입니다. 하나님의 은혜가 나를 관람석에서 무대로 밀어 넣은 것입니다. 관람석에서 구약을 구경하는 것이 아니고, 내가 구약 이스라엘 속에 있다는 것이 깨달아지는 것입니다.

내가 무대에 서고 보니 내 자신이나 이스라엘이나 다를 바가 없다는 것을 깨닫게 되었습니다. 나는 지금까지 괜찮은 인간인 줄 알았는데, 내가 바로 이스라엘과 같은 못된 종자라는 것이 보이는 것입니다. 내 속에는 죄로 가득 차 있다는 것을 알게 된 것입니다.

예전에는 죄인이라는 것을 그냥 상투적으로 알았습니다. 립서비스였습니다. 그러나 하나님의 은혜가 임하고 나니까 내가 진짜 죄인이라는 것을 알게 되었습니다. 바울이 죄인 중에 괴수란 말이 말장난이 아니고 사실이라는 것이 깨달아지는 것입니다. 이스라엘이 틈만 나면 불순종하고 타락한 것을 이해하게 되는 것입니다.

구약 이스라엘이 이해가 되니까 기도가 달라지는 것입니다. 과거 법 아래 있을 때는 누가 죄를 지으면 '죽여라' 죽여라' 했는데, 이제는 '아버지여 불쌍히 여겨 주소서', '내가 죽을 죄인입니다'라고 토설하게 되는 것입니다. 은혜를 받기 전과 은혜를 받고 난 후의 차이라면 사람들을 정죄하지 못하는 것입니다. 다른 사람들의 죄가 나의 자화상으로 보이기 때문입니다. 인간들이 저지르는 죄라는 것은 전부 거기서 거기입니다. 도긴개긴입니다.

큰 죄, 작은 죄 나눌 게 없습니다. 미워하는 것이나 살인하는 것이나 동일합니다. 탐내는 것이나 도적질하는 것이나 똑같습니다. 음욕을 품은 것이나 실제로 간음하는 것이나 동일한 것입니다. 하나는 겉으로 드러났고, 하나는 숨기고 드러내지 않았을 뿐입니다. 드러나지 않은 것도 환경만 조성되면 언제든지 드러나게 되어 있습니다. 그 뿌리가 다 같기 때문입니다. 그러니 이젠 누가 범죄한 모습들이 드러나면 그 모습이 내 모습처럼 보이기 때문에 불쌍한 마음이 드는 것입니다. 동병상련(同病相憐)의 마음이 드는 것입니다.

옛날 같으면 '어떻게 저럴 수가 있어' 하고 정죄하느라고 목소리 높였는데, 그러나 이제는 저 모습이 내 모습인데 하면서 '주여 불쌍히 여겨 주소서!'가 되는 것입니다. 이건 내가 잘나서가 아닙니다. 하나님의 은혜가 나로 하여금 하나님의 말씀 앞에서 발가벗기기 때문입니다. 내 안에 모든 것들이 죄라는 것으로 까발리기 때문입니다.

사람이 간사스러워서 남의 이야기로 들릴 때에는 '법대로 하라'고 큰 소리칩니다. 그러다가도 그 이야기가 자기 이야기로 변하면 '은혜로 대하시고 용서해 주세요'가 됩니다. 내가 죄인임을 알 때 죄인이 용서가 되는 것입니다. 용서받은 자에게는 용서가 나오고, 용서받지 못한 자에게는 정죄가 나오게 되어 있습니다.

우리는 성경을 통하여서 내가 죄인임을 깊이 알아가야 합니다. 이스라엘 속에서 내 모습을 발견하여야 합니다. 그래서 내가 예수를 죽인 자라는 것이 실감되어져야 십자가 앞에서 유구무언이 되는 것입니다. 예수를 믿는다는 것은 자신의 죄의 깊이를 많이 알아간다는 것입니다. 상대적으로 하나님의 은혜와 용서와 사랑을 더 많이 깨닫고 감사하게 되는 것입니다.

하나님의 은혜와 사랑을 깊이 알아갈수록 할 말이 점점 줄어드는 것입니다. 예수님의 십자가 이야기가 나를 위한 복음 이야기로 들려지게 되는 것입니다. 그럴 때 예수님이 십자가에서 피 흘려주심이 나를 위한 것임이 믿어지고 감사가 됩니다. 그럼 이제부터 70이레가 어떤 토양 속에서 주어졌는지를 살펴봅시다.

구약 이스라엘의 탄생

창세기 12장과 15장을 봅시다.

창 12:1-5 "여호와께서 아브람에게 이르시되 너는 너의 본토 친척 아비 집을 떠나 내가 네게 지시할 땅으로 가라 2. 내가 너로 큰 민족을 이루고 네게 복을 주어 네 이름을 창대케 하리니 너는 복의 근원이 될지라 3. 너를 축복하는 자에게는 내가 복을 내리고 너를 저주하는 자에게는 내가 저주하리니 땅의 모든 족속이 너를 인하여 복을 얻을 것이니라 하신지라 4. 이에 아브람이 여호와의 말씀을 좇아 갔고 롯도 그와 함께 갔으며 아브람이 하란을 떠날 때에 그 나이 칠십오 세였더라 5. 아브람이 그 아내 사래와 조카 롯과 하란에서 모은 모든 소유와 얻은 사람들을 이끌고 가나안 땅으로 가려고 떠나서 마침내 가나안 땅에 들어갔더라"

창 15:1-21 "이 후에 여호와의 말씀이 이상 중에 아브람에게 임하여 가라사대 아브람아 두려워 말라 나는 너의 방패요 너의 지극히 큰 상급이니라 2. 아브람이 가로되 주 여호와여 무엇을 내게 주시려나이까 나는 무자하오니 나의 상속자는 이 다메섹 엘리에셀이니이다 3. 아브람이 또 가로되 주께서 내게 씨를 아니주셨으니 내 집에서 길리운 자가 나의 후사가 될 것이니이다 4. 여호와의 말씀이 그에게 임하여 가라사대 그 사람은 너의 후사가 아니라 네 몸에서 날 자가 네 후사가 되리라 하시고 5. 그를 이끌고 밖으로 나가 가라사대 하늘을 우러러 뭇별을 셀 수 있나

보라 또 그에게 이르시되 네 자손이 이와 같으리라 6. 아브람이 여호와를 믿으니 여호와께서 이를 그의 의로 여기시고 7. 또 그에게 이르시되 나는 이 땅을 네게 주어 업을 삼게 하려고 너를 갈대아 우르에서 이끌어 낸 여호와로라 8. 그가 가로되 주 여호와여 내가 이 땅으로 업을 삼을 줄을 무엇으로 알리이까 9. 여호와께서 그에게 이르시되 나를 위하여 삼년 된 암소와 삼년 된 암염소와 삼년 된 수양과 산비둘기와 집비둘기 새끼를 취할지니라 10. 아브람이 그 모든 것을 취하여 그 중간을 쪼개고 그 쪼갠 것을 마주 대하여 놓고 그 새는 쪼개지 아니하였으며 11. 솔개가 그 사체 위에 내릴 때에는 아브람이 쫓았더라 12. 해질 때에 아브람이 깊이 잠든 중에 캄캄함이 임하므로 심히 두려워하더니 13. 여호와께서 아브람에게 이르시되 너는 정녕히 알라 네 자손이 이방에서 객이 되어 그들을 섬기겠고 그들은 사백 년 동안 네 자손을 괴롭게 하리니 14. 그 섬기는 나라를 내가 징치할지며 그 후에 네 자손이 큰 재물을 이끌고 나오리라 15. 너는 장수하다가 평안히 조상에게로 돌아가 장사될 것이요 16. 네 자손은 사대 만에 이 땅으로 돌아오리니 이는 아모리 족속의 죄악이 아직 관영치 아니함이니라 하시더니 17. 해가 져서 어둘 때에 연기 나는 풀무가 보이며 타는 횃불이 쪼갠 고기 사이로 지나더라 18. 그 날에 여호와께서 아브람으로 더불어 언약을 세워 가라사대 내가 이 땅을 애굽 강에서부터 그 큰 강 유브라데까지 네 자손에게 주노니 19. 곧 겐 족속과 그니스 족속과 갓몬 족속과 20. 헷 족속과 브리스 족속과 르바 족속과 21. 아모리 족속과 가나안 족속과 기르가스 족속과 여부스 족속의 땅이니라 하셨더라"

먼저 창세기 12장을 보면 하나님께서 갈대아 우르에 있는 아브람을 찾아갑니다. 그리고 본토 친척 아비 집을 떠나 하나님이 지시하는 땅으로 가라고 합니다. 이에 아브람이 말씀에 이끌려서 마침내 가나안 땅에 이릅니다. 하나님께서 아브람에게 너로 큰 민족을 이루게 하고 아브람을 복의 조상으로 만들어 주시겠다고 하십니다.

조상이라 함은 그 후손이 있다는 뜻입니다. 아브람은 그 약속(말씀)에 이끌리어 마침내 약속의 땅에 당도하게 됩니다. 가나안에 온 아브람은 자식을 금방 주실 줄을 알았습니다. 그러나 자식이 생기지 않는 것입니다.

몇 년이 지난 후에 하나님이 이상 중에 아브람을 찾아오셔서 '내가 네게 큰 상급'이라고 하면서 아들을 주겠다고 합니다. 그러나 아브람은 달가워하지 않습니다. 그동안 쌓인 서운한 감정을 드러내면서 퉁명스럽게 "내가 하나님에게 뭘 더 바라겠습니까? 여기 있는 엘리에셀이나 내 상속자를 삼겠다"고 비아냥거리면서 대꾸합니다.

'자식 준다고 해 놓고서는 많은 시간이 지나도 감감무소식인데 그걸 어떻게 믿겠느냐?'라고 하나님께 대한 원망을 에둘러 표현한 것입니다. 그러자 하나님께서 아브람에게 하늘을 쳐다보라고 하면서 내가 네 후손이 하늘의 별과 같이 많게 해주겠다고 약속하십니다. 그러자 아브람이 알겠다고 합니다. 이에 하나님이 아브람을 가나안으로 불러낸 이유를 설명합니다.

내가 너를 갈대아 우르에서 불러낸 것은 이 땅을 네게 유업으로 주고자 함이라고 합니다. 이에 아브람이 '그걸 어찌 믿을 수 있습니까?'라고 합니다. 그러자 하나님께서 삼 년 된 암소와 삼 년 된 암염소와 삼 년 된 숫양과 산비둘기와 집비둘기 새끼를 취하여서 제물은 둘로 쪼개고 언약을 맺습니다. 이것을 아브람 언약이라고 합니다.

하나님은 아브람을 깊이 잠들게 하시고 쪼갠 고기 사이로 하나님이 홀로 지나가십니다. 이것은 하나님이 피를 흘려서 지켜내겠다고 하시는 약속이었습니다. 그리고 이 땅은 지금 네 후손이 없으니까 이방 나라에 가서 큰 민족을 이루어서 사대 만에 돌아오게 해주시겠다고 합니다. 네 후손들이 이방 나라에서 고난을 당한 후에 내가 큰 재물을 얻어서 이 땅으로 돌아오게 해주겠다고 하시면서 너는 평안히 쉬다가 조상에게 돌아가라고 하십니다. 그 후 아브람에게 나타나 할례를 행하게 한 후에 이름을 아브람에서 아브라함으로 사래는 사라로 개명(改名)을 시킵니다. 그리고 아들을 주십니다.

이름은 부모가 자식에게 지어주는 것입니다. 아브람의 조상은 데라였지만, 아브라함의 조상은 하나님입니다. 하나님이 아브람을 아브라함으로 이름을 바꿔주신 것은 이제부터는 너의 아비는 하나님이라고 알려주신 것입니다. 그래서 육적 혈통을 이어가는 생식기를 잘라내는 할례를 행하게 하신 것입니다. 이는 이제부터 너는 사람의 아들이 아니고 하나님의 아들이라는 것입니다. 그래서 할례 후에 이삭이라는 아들을 하나님의 약속으로 주신 것입니다. 그 이삭을 신약에서 사도 바울은 그리스도라고 하였던 것입니다.

아브람의 고향은 갈대아 우르였지만, 아브라함의 고향은 가나안입니다. 그런데 하나님께서 하루는 아브라함을 찾아와서 하늘을 쳐다보라고 합니다. 이에 아브라함이 하늘을 쳐다보니까 거기에 한 성(城)이 있는 것입니다. 하나님께서 아브라함에게 네가 거할 성이라고 합니다. 내가 너에게 줄 땅은 이 세상에 있는 것이 아니고 하늘에 있다고 알려주신 것입니다. 아브라함은 그 후 가나안 땅에서 나그네와 행인으로 살아가게 됩니다. 그래서 가나안 땅에서 거부가 되었어도 장막 생활을 한 것입니다. 자식들에게 우리의 고향은 하늘에 있다고 알려주고 눈을 감습니다.

하나님은 아브라함에게 네가 죽으면 조상에게로 돌아가게 된다고 하였습니다. 아브람의 아비는 데라이지만 아브라함의 아비는 하나님입니다. 아브람의 고향은 갈대아 우르이지만 아브라함의 고향은 하늘입니다. 그래서 아브라함의 후손들은 이 땅에서 외국인으로서 나그네와 행인으로 살아간 것입니다. 아브라함의 후손들은 죽으면 모두가 열조로 돌아간다고 합니다.

아브라함의 후손들에게 조상은 아브라함이고, 아브라함의 조상은 하나님입니다. 그래서 구약의 아브라함의 후손인 이스라엘은 죽으면 열조로 돌아간다고 한 것입니다. 예수님은 아브라함이 내 때를 보고 즐거워하였다고 합니다. 즉 아브라함은 예수님이 올 때를 기다렸다는 뜻입니다. 왜냐하면 예수님이 오시면 자신들을 하늘의 본향으로 데리고 가실 것을 믿었기 때문입니다.

예수님이 십자가에 죽으시자 죄와 사망의 권세가 깨어지는 사건이 일어납니다. 죄와 사망 권세를 상징하는 바위가 터지고 무덤이 열리고 자던 자들이 일어나게 된 것입니다. 예수님이 부활하신 후 이들을 하나님 품으로 데리고 간 것입니다. 이를 예수님이 십자가에 죽으시자 무덤이 열리고 구약의 성도들이 일어나서 거룩한 성으로 올라간 것으로 말해주고 있습니다.

세대주의에서는 장차 예수님이 이스라엘 땅에 재림하여서 천년왕국을 이룬다는 이유를 하나님이 아브라함에게 가나안 땅을 준다고 하였기 때문이라고 합니다. 이는 아브람과 아브라함의 의미를 모르기 때문에 하는 소리입니다. 아브람은 육으로 난 자이고, 아브라함은 성령으로 난 자를 상징합니다. 아브람은 부정모혈로 태어난 이름이지만, 아브라함은 할례 후 하나님이 지어준 이름입니다. 아브람에게는 가나안 땅을 준다고 하였지만, 아브라함에게는 하늘에 있는 성을 준다고 말씀하였습니다.

아브람은 육(肉)으로 난 자이고,
아브라함은 영(靈)으로 난 자입니다.
이스라엘은 아브람의 후손이 아니고 아브라함의 후손입니다.
아브람에게는 가나안 땅을 주었지만,
아브라함에게는 하늘에 있는 성을 주신다고 약속했습니다.

예수님이 재림을 하실 때 하늘에 있는 성을 몰고 오십니다. 이를 새 하늘과 새 땅이라고 합니다. 그럼 믿음으로 난 성도들이 하늘에 있는 성을 유업으로 받게 되는 것입니다. 그러므로 세대주의자들처럼 이스라엘이 거하는 중동의 가나안(팔레스테인) 땅에 천년왕국이 이루어진다는 것은 틀린 말이 되는 것입니다.

영적인 의미에서 성도는 아브람(육)의 후손이 아니고, 아브라함(영)의 후손인 것입니다. 아브라함은 육적 이스라엘의 조상이기도 하지만 영적 이스라엘의 조상이기도 합니다. 사도 바울은 믿음으로 난 자들은 아브라함의 후손이라고 하였습니다. 어째서 아브라함이 영적 이스라엘의 조상이 됩니까? 이는 아브라함은 약속으로 난 자이기 때문입니다. 그러므로 약속으로 난 영적 이스라엘의 조상이 되기도 하는 것입니다.

하나님이 아브람을 찾아가서 일방적으로 "너 복의 조상 해!"라고 했습니다. 이건 하나님이 복의 조상을 만들어 주겠다는 약속입니다. 하나님의 말씀은 창조성을 갖고 있기 때문에 "너 복의 조상 해!" 그러면 아브람은 꼼짝없이 복의 조상이 되고 마는 것입니다. 하나님이 그렇게 만들어 가는 것입니다. 이것을 아브람을 아브라함 되게 하신다고 합니다.

아브람은 옛 사람이고 아브라함은 새 사람입니다. 옛 사람 아브람은 저주의 사람입니다. 그러나 새 사람 아브라함은 복의 사람입니다. 하나님이 저주 아래 있던 아브람을 복의 사람 아브라함으로 만드신 것입니다. 아브람에게 어떤 조건이 있어서가 아니라 하나님의 일방적인 부르심으로 인한 것입니다. 이렇게 일방적인 부르심을 은혜라고 합니다. 그래서 아브라함은 은혜로 구원될 모든 성도의 조상이 되는 것입니다.

성도 역시 성도에게 무슨 자격이 있어서 구원받는 것이 아닙니다. 하나님은 인간의 조건을 보시고 선택하지 않았습니다. 그래서 인간의 조건으로 인하여 하나님이 하신 선택이 취소되지도 않는 것입니다. 구원은 예수님의 조건을 보고 주신 것이기 때문에 우리 조건으로 상실되지 않는 것입니다.

이게 복음입니다. 이게 믿어져야 합니다. 이걸 믿는 것이 믿음입니다. 성도의 구원 속에는 오직 하나님의 은혜만 담겨 있습니다. 그런데 마귀는 하나님의 은혜성을 훼방하는 일을 합니다. 하나님의 은혜성을 훼손하는 것이 어떤 것일까요? 그건 은혜의 반대말을 생각하면 됩니다. 은혜의 반대말은 행위입니다. 하나님께 공짜로 받은 복(구원)을 마치 자신의 어떤 조건으로 받은 것처럼 만드는 것입니다.

복 받을 만한 일을 하니까 복을 받았다고 하는 것입니다. 구원받을 만한 일을 했기 때문에 구원을 받은 것이라고 합니다. 천국 갈 만한 일을 했기 때문에 천국에 간다고 하는 것입니다. 하나님은 이러한 사고를 깨트리는 일을 하십니다. 너희는 마땅히 저주받아야 할 자라는 것을 알려주는 일을 하십니다. 그것이 죄 아래 가두는 것입니다.

구원이란? 죄에서 건짐받는 것입니다. 구원이 되려면 먼저 죄 아래 가두어짐이 있어야 합니다. 그래서 아브라함의 후손들은 그 언약에 의하여 약속된 정한 기간 동안 애굽에서 종살이를 하게 된 것입니다. 아브라함 언약은 그 후손들이 이방에서 객으로 살다가 사대 만에 가나안으로 돌아오는 것으로 되어 있습니다.

이방에서 객이 되려면 먼저 가나안을 떠나 이방으로 내려감이 있어야 합니다. 이 일이 야곱의 때에 일어났습니다. 하나님은 야곱의 아들들이 애굽으로 내려갈 수밖에 없는 구조를 만드십니다. 그것이 먼저 요셉을 애굽에 팔아버리는 일을 한 것입니다. 이를 시편에 기록해 놓았습니다. 시편 105편을 봅시다.

시 105:1-45 "여호와께 감사하며 그 이름을 불러 아뢰며 그 행사를
만민 중에 알게 할지어다 2. 그에게 노래하며 그를 찬양하며 그의 모든
기사를 말할지어다 3. 그 성호를 자랑하라 무릇 여호와를 구하는 자는
마음이 즐거울지로다 4. 여호와와 그 능력을 구할지어다 그 얼굴을 항
상 구할지어다 5. 그 종 아브라함의 후손 곧 택하신 야곱의 자손 너희는
6. 그의 행하신 기사와 그 이적과 그 입의 판단을 기억할지어다 7. 그는
여호와 우리 하나님이시라 그의 판단이 온 땅에 있도다 8. 그는 그 언약
곧 천대에 명하신 말씀을 영원히 기억하셨으니 9. 이것은 아브라함에게
하신 언약이며 이삭에게 하신 맹세며 10. 야곱에게 세우신 율례 곧 이
스라엘에게 하신 영영한 언약이라 11. 이르시기를 내가 가나안 땅을 네
게 주어 너희 기업의 지경이 되게 하리라 하셨도다 12. 때에 저희 인수가
적어 매우 영성하며 그 땅에 객이 되어 13. 이 족속에게서 저 족속에게
로, 이 나라에서 다른 민족에게로 유리하였도다 14. 사람이 그들을 해

하기를 용납지 아니하시고 그들의 연고로 열왕을 꾸짖어 15. 이르시기를
나의 기름 부은 자를 만지지 말며 나의 선지자를 상하지 말라 하셨도다
16. 그가 또 기근을 불러 그 땅에 임하게 하여 그 의뢰하는 양식을 다 끊
으셨도다 17. 한 사람을 앞서 보내셨음이여 요셉이 종으로 팔렸도다 18.
그 발이 착고에 상하며 그 몸이 쇠사슬에 매였으니 19. 곧 여호와의 말
씀이 응할 때까지라 그 말씀이 저를 단련하였도다 20. 왕이 사람을 보
내어 저를 방석함이여 열방의 통치자가 저로 자유케 하였도다 21. 저로
그 집의 주관자를 삼아 그 모든 소유를 관리케 하고 22. 임의로 백관을
제어하며 지혜로 장로들을 교훈하게 하였도다 23. 이에 이스라엘이 애
굽에 들어감이여 야곱이 함 땅에 객이 되었도다 24. 여호와께서 그 백성
을 크게 번성케 하사 그들의 대적보다 강하게 하셨으며 25. 또 저희 마
음을 변하여 그 백성을 미워하게 하시며 그 종들에게 교활히 행하게 하
셨도다 26. 또 그 종 모세와 그 택하신 아론을 보내시니 27. 저희가 그
백성 중에 여호와의 표징을 보이고 함 땅에서 기사를 행하였도다 28.
여호와께서 흑암을 보내사 어둡게 하시니 그 말씀을 어기지 아니하였도
다 29. 저희 물을 변하여 피가 되게 하사 저희 물고기를 죽이셨도다 30.
그 땅에 개구리가 번성하여 왕의 궁실에도 있었도다 31. 여호와께서 말
씀 하신즉 파리떼가 오며 저희 사경에 이가 생겼도다 32. 비 대신 우박을
내리시며 저희 땅에 화염을 내리셨도다 33. 저희 포도나무와 무화과나
무를 치시며 저희 사경의 나무를 찍으셨도다 34. 여호와께서 말씀하신
즉 황충과 무수한 메뚜기가 이르러 35. 저희 땅에 모든 채소를 먹으며
그 밭에 열매를 먹었도다 36. 여호와께서 또 저희 땅의 모든 장자를 치
시니 곧 저희 모든 기력의 시작이로다 37. 그들을 인도하여 은금을 가지
고 나오게 하시니 그 지파 중에 약한 자가 하나도 없었도다 38. 그들의

떠날 때에 애굽이 기뻐하였으니 저희가 그들을 두려워함이로다 39. 여
호와께서 구름을 펴사 덮개를 삼으시고 밤에 불로 밝히셨으며 40. 그들
이 구한즉 메추라기로 오게 하시며 또 하늘 양식으로 그들을 만족케 하
셨도다 41. 반석을 가르신즉 물이 흘러나서 마른 땅에 강같이 흘렀으니
42. 이는 그 거룩한 말씀과 그 종 아브라함을 기억하셨음이로다 43. 그
백성으로 즐거이 나오게 하시며 그 택한 자로 노래하며 나오게 하시고
44. 열방의 땅을 저희에게 주시며 민족들의 수고한 것을 소유로 취하게
하셨으니 45. 이는 저희로 그 율례를 지키며 그 법을 좇게 하려 하심이로
다 할렐루야"

시편 105편은 이스라엘의 역사를 함축해서 이야기하고 있습니다. 어떻게 이스라엘 민족이 애굽에서 형성되었으며, 어떻게 출애굽을 하게 되었는지를 말해주고 있습니다. 즉 아브라함 언약이 어떻게 이루어졌는지를 말해주고 있는 것입니다.

요셉을 일컬어 꿈꾸는 자라고 합니다. 요셉은 두 번의 꿈을 꿉니다. 첫 번째 꿈은 형제들의 곡식 단들이 요셉의 단을 둘러서서 절을 하는 것이고, 두 번째 꿈은 해와 달과 열한 별이 요셉에게 절을 하는 것입니다. 두 가지 꿈은 요셉이 형제들의 주가 되는 꿈입니다. 이는 장차 예수님이 하시는 일을 보여주는 꿈이었던 것입니다.

야곱에게 12아들이 있습니다. 하지만 크게 따지면 두 부류입니다. 정실부인의 아들과 첩의 아들로 나누입니다. 야곱은 라헬을 사랑했습니다. 라헬을 위하여 7년 종살이를 했습니다. 그런데 그 나라 법도

가 동생이 언니보다 먼저 시집을 가면 안 되기 때문에 야곱과 라헬의 결혼식인데 라반이 라헬 대신 언니인 레아를 먼저 주는 것입니다. 그리고 다시 7년 종살이를 하게 됩니다. 창세기 29장을 봅시다.

> **창 29:21-30** "야곱이 라반에게 이르되 내 기한이 찼으니 내 아내를 내게 주소서 내가 그에게 들어가겠나이다 22. 라반이 그곳 사람을 다 모아 잔치하고 23. 저녁에 그 딸 레아를 야곱에게로 데려가매 야곱이 그에게로 들어가니라 24. 라반이 또 그 여종 실바를 그 딸 레아에게 시녀로 주었더라 25. 야곱이 아침에 보니 레아라 라반에게 이르되 외삼촌이 어찌하여 내게 이같이 행하셨나이까 내가 라헬을 위하여 외삼촌께 봉사하지 아니하였나이까 외삼촌이 나를 속이심은 어찜이니이까 26. 라반이 가로되 형보다 아우를 먼저 주는 것은 우리 지방에서 하지 아니하는 바이라 27. 이를 위하여 칠 일을 채우라 우리가 그도 네게 주리니 네가 그를 위하여 또 칠 년을 내게 봉사할지니라 28. 야곱이 그대로 하여 그 칠 일을 채우매 라반이 딸 라헬도 그에게 아내로 주고 29. 라반이 또 그 여종 빌하를 그 딸 라헬에게 주어 시녀가 되게 하매 30. 야곱이 또한 라헬에게로 들어갔고 그가 레아보다 라헬을 더 사랑하고 다시 칠 년을 라반에게 봉사하였더라"

레아와 라헬은 두 교회를 상징하고 있습니다. 레아는 구약 교회를 상징하고, 라헬은 신약 교회를 상징합니다. 구약 교회는 옛 언약으로 세워졌고, 신약 교회는 새 언약으로 세워집니다. 옛 언약은 율법으로 종의 언약이고, 새 언약은 은혜로서 아들의 언약입니다.

구약이 먼저이고 신약은 나중입니다. 그럼 구약은 레아와 같이 언니이고, 신약은 라헬과 같이 동생인 것입니다. 하나님은 구약 교회를 먼저 주시고, 신약 교회를 나중에 주시는 것입니다. 야곱이 사랑한 사람은 라헬이듯이 하나님이 사랑하는 교회는 새 언약으로 세워진 신약의 교회인 것입니다. 그러니까 야곱과 두 아내인 레아와 라헬은 옛 언약과 새 언약을 보여주는 그림인 것입니다.

야곱은 두 번 결혼을 한 것과 같습니다. 첫 번째 결혼은 라헬과 하려고 했는데 라반이 그 동네 풍습을 핑계로 언니인 레아를 주어서 한 것입니다. 그리고 7일 후에 라헬을 줍니다. 라반은 라헬을 주고서 다시 7년을 봉사하라고 합니다. 이렇게 되면 레아는 7년 종살이 후에 얻은 아내가 되고, 라헬은 먼저 얻고 난 후에 7년 종살이를 한 것이 됩니다.

이것은 구약과 신약을 의미합니다. 구약은 종살이 후에 메시아를 주셨고, 신약은 메시아를 먼저 주시고 종살이를 하게 하십니다. 이렇게 되면 7년 종살이 후에 얻은 레아는 구약이 되고, 얻고 난 후에 7년 종살이를 한 라헬은 신약이 되는 것입니다.

구약은 종이고 신약은 아들입니다. 레아는 구약을 상징하므로 종을 낳은 것이고, 라헬은 신약을 상징하므로 아들을 낳은 것입니다. 그래서 라헬이 낳은 아들인 요셉이 야곱의 약전에 기록이 된 것입니다. 즉 요셉이 야곱의 적통자로서 야곱의 가문을 이어간다는 뜻입니다.

그럼 라헬이 어떻게 요셉을 낳는지를 살펴봅시다. 레아는 자식을 잘 낳았지만, 라헬은 자식을 낳지 못하였습니다. 언니는 잠자리만 하면 순풍순풍 아이를 낳는데, 라헬은 수많은 잠자리를 하여도 아들을 낳지 못하였습니다. 라헬이 야곱에게 나도 아들을 좀 낳게 해 달라고 합니다. 그러자 야곱이 '내가 하나님이냐! 나도 안 되는 걸 어떻게 하느냐'고 합니다. 이는 육으로는 안 된다는 것을 말해주고 있는 것입니다.

어느 날 라헬이 야곱과 잠자리를 하는 순서가 되었습니다. 그런데 레아의 아들인 르우벤이 광야에서 합환채를 가지고 오는 것을 라헬이 본 것입니다. 합환채는 임신촉진제로 사용하였습니다. 이 때가 맥추 때입니다. 이에 라헬이 언니 레아에게, 언니는 합환채를 안 먹어도 아들을 잘 낳으니까 오늘 밤은 내가 야곱과 잠자리를 해야 하는 날인데, 내가 야곱을 언니에게 양보할 테니까 르우벤이 가지고 온 합환채를 자기에게 달라고 합니다. 이에 레아가 그렇게 하라고 합니다.

라헬은 야곱과 합환채를 바꿔치기한 것입니다. 그런데 라헬이 합환채를 먹고서 요셉을 낳았습니다. 이렇게 되면 요셉은 야곱이 낳은 아들이 아니고 합환채가 낳은 아들이 되는 것입니다. 맥추 때는 신약으로 오면 오순절입니다. 맥추 때 따온 합환채는 오순절에 임한 성령을 상징하는 것입니다. 이렇게 되면 요셉은 성령으로 낳아진 자가 되는 것입니다. 새 언약으로 낳아진 아들이 되는 것입니다.

야곱도 이 사실을 알았습니다. 그래서 자신의 약전(족보, 이력서)에 요셉을 등재합니다. 이렇게 되면 야곱의 가문을 요셉이 이어가게 되는 것입니다. 알다시피 야곱의 가문은 언약의 가문입니다. 합환채로 낳아진 요셉이 야곱의 가문을 이어가는 것은 신약적인 의미로 보면 성령으로 낳아진 자가 하나님의 가문을 이어가게 되는 것입니다. 야곱은 언약으로 낳아진 요셉에게 채색옷을 입혀줍니다. 채색옷은 무지갯빛 옷으로 언약을 상징합니다. 이는 언약의 아들이라는 뜻입니다.

이건 마치 사라가 경수가 끊어지고 난 후에 하나님의 약속으로 이삭을 낳은 것과 같은 것입니다. 사도 바울은 이삭을 성령으로 낳은 자라고 해석하였습니다. 그럼 합환채로 낳아진 요셉 또한 성령으로 낳아진 자가 되는 것입니다. 이러면 야곱의 가문 속에는 육으로 낳아진 아들과 성령으로 낳아진 아들이 있는 것입니다. 중요한 것은 야곱의 약전에 요셉을 기록하고 있다는 것입니다.

약전이란? 족보입니다. 이러면 요셉이 야곱의 실제 아들이라는 뜻입니다. 성령으로 낳아진 요셉이 육으로 낳아진 형제들을 기근으로부터 살려내는 일을 한 것입니다. 이는 성령으로 잉태하여 오신 예수님이 유대인들을 구원하는 왕으로 오신 것과 같은 것입니다.

암튼 하나님은 합환채로 낳아진 요셉에게 만유의 주가 되는 꿈을 주십니다. 요셉은 형제들에게 꿈 이야기를 했다가 미움을 받고 버려짐을 당하고 맙니다. 그런데 하나님께서 요셉을 애굽의 총리가 되게 하십니다. 그것도 바로의 꿈을 해석하여서입니다.

바로의 꿈은 7년 풍년 후에 7년 흉년이 온다는 것입니다. 바로는 요셉이 꿈을 해석하는 것을 보고서 이는 하나님의 신에 감동을 입은 자라고 하면서 애굽의 총리를 삼아 버립니다. 바로는 요셉에게 장차 다가올 기근으로부터 백성들을 살려낼 방법을 모색하게 합니다.

이에 요셉은 풍년 때 양식을 사서 창고에 보관토록 합니다. 7년 풍년이 지나고 7년 흉년이 오자 온 세상에 양식이 떨어지고 맙니다. 야곱이 살던 가나안에도 기근이 들어 양식이 떨어지고 말았습니다. 이 때 야곱이 애굽에 양식이 있다는 소식을 듣고 자식들을 애굽으로 보내서 양식을 사오라고 합니다.

그런데 애굽에 가보니까 요셉이 총리로 있는 것입니다. 형제들은 요셉을 보고서 과거에 요셉의 채색옷을 찢고 구덩이에 던지고 애굽에 팔아버린 것이 생각나서 두려워합니다. 이 때 요셉은 이 모든 것이 하나님께서 하신 일이니까 두려워하지 말라고 합니다. 그리고는 가나안에 머물고 있는 아버지 야곱에게 기별을 넣어서 기근이 그치려면 한참을 기다려야 하니까 애굽으로 내려오라고 자기가 타는 수레를 보내서 모시고 옵니다. 이에 야곱이 온 가족들을 데리고 애굽으로 내려가게 됩니다.

시편 기자는 이러한 일들은 모두가 아브라함 언약에 의한 것이라고 합니다. 가나안 땅을 주려면 인구가 많아야 하는데 지금은 인구가 적어서 줄 수가 없으니까 앞으로 사백 년 후에 인구가 불어나면 주겠다고 합니다. 그래서 애굽으로 내려가게 하여서 번성케 하는 일을 하신 것입니다.

요셉은 늙어 죽으면서 형제들에게 당부를 합니다. 형님들이 살아갈 곳은 애굽이 아니고 가나안 땅이니까 내가 죽으면 애굽을 떠나 가나안으로 돌아가라고 합니다. 그러나 야곱의 아들들은 요셉의 말을 듣지 않고 애굽에 눌러서 살게 됩니다.

야곱의 아들들은 요셉이 총리로 있을 동안에는 특권층으로 살았습니다. 로열패밀리가 되어서 고센 땅에서 호의호식하면서 살았습니다. 총리의 가족이라는 프리미엄을 마음껏 누리면서 떵떵거리고 살았습니다. 그러나 요셉이 죽고 난 후 얼마 되지 않아서 국가에 정변이 일어나서 정권이 바뀌는 사태가 벌어지게 되었습니다. 출애굽기 2장을 봅시다.

> **출 2:23-25** "여러 해 후에 애굽 왕은 죽었고 이스라엘 자손은 고역으로 인하여 탄식하며 부르짖으니 그 고역으로 인하여 부르짖는 소리가 하나님께 상달한지라 24. 하나님이 그 고통 소리를 들으시고 아브라함과 이삭과 야곱에게 세운 그 언약을 기억하사 25. 이스라엘 자손을 권념하셨더라"

요셉을 알지 못하는 왕이 등극합니다. 그리고 요셉의 식구들을 핍박하기 시작합니다. 그런데 역설적으로 고난이 많을수록 인구가 더욱더 번성하는 기현상이 일어납니다. 학대가 점점 더 심해지자 이스라엘 백성들이 하나님을 찾기 시작합니다. 등 따습고 배부를 때는 하나님을 잊고 살다가 어렵고 힘드니까 찾게 된 것입니다. 그러자 하나님은 그들의 신음소리를 들으시고 아브라함과 한 언약을 기억하시고 그들을 가나안 땅으로 데리고 오고자 하십니다.

그래서 모세를 애굽으로 보냅니다. 이 때가 아브라함과 언약을 한 후 430년이 지난 때입니다. 아브라함 후손들이 애굽에서 430년을 살았습니다. 이는 애굽 사람이라는 뜻입니다. 애굽에서 태어나 애굽의 교육을 받고 애굽의 음식을 먹으면서 애굽식으로 신을 섬기고 살았습니다. 애굽에서 태어나고 자랐다는 것은 명분만 아브라함 후손이지 실제는 애굽 사람인 것입니다.

이들은 하나님이 어떤 분인지를 모릅니다. 무늬만 하나님 백성이지 실상은 애굽 사람인 것입니다. 하나님도 조상들로부터 구전(口傳)으로 들어온 하나님입니다. 하나님을 온전하게 섬기지 못하였습니다. 하나님을 섬긴다고 하여도 애굽식으로밖에 섬길 수가 없는 것입니다. 이 모습이 광야에 나와서 금송아지를 만들어서 이것이 여호와 하나님이라고 부르는 것으로 잘 알 수가 있습니다.

하나님의 백성이면서도 하나님을 모르고 있는 것입니다. 광야에 나와서도 애굽의 음식을 달라고 합니다. 틈만 나면 애굽으로 돌아가겠다고 합니다. 왜냐하면 광야에서 만난 하나님은 자기들 편을 들어주는 하나님이 아니기 때문입니다. 애굽에서 알아진 신은 자기들을 도와주는 신입니다. 그러나 광야에 나와서 만난 하나님은 자기들을 도와주는 신이 아니고 도리어 자신들을 언약을 위한 도구로 사용하고 있는 것입니다. 이건 너무도 낯선 것이었습니다. 그래서 틈만 나면 데모를 하는 것입니다.

하나님은 출애굽 할 때 이스라엘이 죽어야 할 자리에 어린 양을 대신 죽게 하여서 이스라엘로 하여금 죽음의 재앙으로부터 건져주었습니다. 이렇게 되면 출애굽 한 백성들은 어린 양으로 생겨난 민족이 되는 것입니다. 광야에 나온 자들은 어린 양의 피 안에서 살아난 자들이 되는 것입니다.

하나님은 이 사실을 잊지 말라고 성막 제도를 주셨습니다. 성막에서 날마다 아침저녁으로 흠 없는 제물을 잡아서 제사를 드리도록 하였습니다. 날마다 어린 양의 피 안에서 살아가고 있는 민족이 된 것입니다. 이것은 너희들이 죽어야 하는데 하나님께서 너희 죄를 흠 없는 제물에게 묻고 너희를 살려주신다는 것을 깨닫게 하고자 하심입니다.

율법을 주신 목적

제사를 지내자면 죄를 깨달아야 합니다. 그래서 하나님은 율법을 주신 것입니다. 율법으로 죄를 깨닫게 하고자 하심입니다. 율법을 주시는 순서를 보세요. 먼저 하나님이 율법을 지킬 수 있느냐고 묻습니다. 율법을 지키면 복을 받고 제사장 나라가 되게 해 주겠다고 합니다. 출애굽기 19장을 봅시다.

출 19:1-9 "이스라엘 자손이 애굽 땅에서 나올 때부터 제 삼월 곧 그때에 그들이 시내 광야에 이르니라 2. 그들이 르비딤을 떠나 시내 광야에 이르러 그 광야에 장막을 치되 산 앞에 장막을 치니라 3. 모세가 하나님 앞에 올라가니 여호와께서 산에서 그를 불러 가라사대 너는 이같이 야곱 족속에게 이르고 이스라엘 자손에게 고하라 4. 나의 애굽 사람에게 어떻게 행하였음과 내가 어떻게 독수리 날개로 너희를 업어 내게로 인도하였음을 너희가 보았느니라 5. 세계가 다 내게 속하였나니 너희가 내 말을 잘 듣고 내 언약을 지키면 너희는 열국 중에서 내 소유가 되겠고 6. 너희가 내게 대하여 제사장 나라가 되며 거룩한 백성이 되리라 너는 이 말을 이스라엘 자손에게 고할지니라 7. 모세가 와서 백성의 장로들을 불러 여호와께서 자기에게 명하신 그 모든 말씀을 그 앞에 진술하니 8. 백성이 일제히 응답하여 가로되 여호와의 명하신 대로 우리가 다 행하리이다"

이스라엘 백성들은 출애굽 후에 시내산에 당도합니다. 그러자 하나님이 모세를 시내산 위로 올라오게 하여서 율법을 주십니다. 율법을 주시는 배경을 보면 온 세계가 하나님께 속하였는데 만약에 너희들이 내 말을 잘 듣고 내 언약을 지키면 열국 중에서 하나님 소유를 삼고 제사장 나라를 만들어주며 거룩한 백성을 만들어 주겠다고 합니다.

이에 모세가 내려와서 백성들에게 이 사실을 알려줍니다. 그러자 일제히 그렇게 하겠다고 합니다. 모세는 백성들의 말을 하나님에게 알립니다. 그러자 하나님께서 십계명과 율례들을 주십니다. 모세가 율법의 내용을 듣고 산 아래로 내려와서 백성들에게 너희들이 과연 하나님의 말씀에 순종할 수 있겠느냐고 다시 한 번 다짐을 받습니다. 출애굽기 24장을 봅시다.

> **출 24:3-8** "모세가 와서 여호와의 모든 말씀과 그 모든 율례를 백성에게 고하매 그들이 한 소리로 응답하여 가로되 여호와의 명하신 모든 말씀을 우리가 준행하리이다 4. 모세가 여호와의 모든 말씀을 기록하고 이른 아침에 일어나 산 아래 단을 쌓고 이스라엘 십이 지파대로 열두 기둥을 세우고 5. 이스라엘 자손의 청년들을 보내어 번제와 소로 화목제를 여호와께 드리게 하고 6. 모세가 피를 취하여 반은 여러 양푼에 담고 반은 단에 뿌리고 7. 언약서를 가져 백성에게 낭독하여 들리매 그들이 가로되 여호와의 모든 말씀을 우리가 준행하리이다 8. 모세가 그 피를 취하여 백성에게 뿌려 가로되 이는 여호와께서 이 모든 말씀에 대하여 너희와 세우신 언약의 피니라"

백성들이 모세의 말을 듣고 일제히 응답하면서 우리가 그 말씀을 준행하겠다고 합니다. 그러자 모세가 소를 잡아서 번제와 화목제로 드리고 그 피를 양푼에 담아서 단에 뿌리고 언약서의 내용들을 백성들에게 읽어주자 백성들이 지키겠다고 다짐합니다. 이에 모세가 짐승의 피를 그들에게 뿌리고는 너희는 하나님과 피로 언약을 맺었다고 합니다.

피를 뿌린 것은 쌍방간에 누구든지 언약을 어기게 되면 피 흘린 짐승처럼 죽임을 당하게 된다는 쌍무 언약인 것입니다. 하나님은 율법으로 이스라엘을 죄 아래 가두는 일을 하신 것입니다. 사도 바울은 이 사실을 정확하게 이해하였습니다. 로마서 3장을 봅시다.

> **롬 3:19-20** “우리가 알거니와 무릇 율법이 말하는 바는 율법 아래 있는 자들에게 말하는 것이니 이는 모든 입을 막고 온 세상으로 하나님의 심판 아래 있게 하려 함이니라 20. 그러므로 율법의 행위로 그의 앞에 의롭다 하심을 얻을 육체가 없나니 율법으로는 죄를 깨달음이니라”

> **롬 4:15** “율법은 진노를 이루게 하나니 율법이 없는 곳에는 범함도 없느니라”

하나님께서 율법을 쌍무 언약으로 주신 것은 죄 아래 가두기 위함인 것입니다. 율법을 주신 목적은 모든 입을 막고 온 세상을 하나님의 심판 아래 가두기 위함이고 율법으로 죄를 깨닫게 하고자 함입니다. 하나님은 율법으로 하여금 이스라엘 속에 있는 죄를 끄집어내는 일을 하신 것입니다. 이는 그들이 용서받고 산다는 것을 깨닫게 하고자 하심입니다. 율법으로 죄를 깨닫게 하시고 그 죄를 흠 없는 짐승의 죽음으로 용서받고 살고 있다는 이 사실을 이스라엘 백성들에게 각인시키고 싶었던 것입니다.

구원이란? 죄에서 건짐받는 것입니다. 다른 말로 죄를 용서받는 것입니다. 용서는 잘못을 바탕으로 주어지는 것입니다. 그래서 하나님은 죄를 알게 하려고 율법을 주신 것입니다. 짐승이 흘린 피로써 쌍무 언약을 맺고 모세는 계약서를 받으려고 시내산에 올라갑니다. 40일 동안 계약서 내용을 두 돌판에다 다 받아서 내려옵니다. 그런데 산 아래에서는 백성들이 금송아지를 만들어 놓고 이것이 자기들을 애굽에서 인도한 하나님이라고 섬기고 있는 것입니다. 하나님을 애굽식 우상으로 형상화 하여서 섬기는 것입니다.

이 모습을 본 모세는 기겁을 합니다. 모세가 계약 파기를 알리는 차원에서 두 돌판을 깨트려 버립니다. 이제 계약은 깨어졌습니다. 계약 내용이 누구든지 계약을 어길 시 죽는다고 했으니 하나님은 계약서대로 이스라엘을 죽이기 시작합니다. 3천 명이 순식간에 죽어 나갑니다. 이러다간 이스라엘이 다 죽게 생겼습니다.

이 모습을 지켜보고 있던 모세가 하나님 앞을 가로막습니다. 중보자로 자처합니다. 이들을 죽이려거든 차라리 날 죽이고 이들을 살려달라고 합니다. 이런 모세의 모습은 예수님을 예표하고 있는 것입니다. 그러자 하나님이 모세의 생명을 담보로 이스라엘을 용서해 줍니다.

이스라엘은 모세의 생명을 담보로 용서받고 살아나게 된 것입니다. 이렇게 되면 이스라엘은 모세의 생명으로 대신 살고 있는 셈이 되는 것입니다. 그리곤 하나님이 모세를 불러서 시내산에 올라오라고 해서 계약서를 다시 써줍니다. 내용은 동일하지만 그 의미는 다릅니다. 처음 계약서는 이스라엘하고 맺은 계약서이지만, 두 번째 받은 계약서는 모세의 생명을 담보로 맺은 계약서인 것입니다.

첫 번째 돌판은 옛 언약으로 법이지만, 두 번째 돌판은 새 언약으로 은혜인 것입니다. 모세가 새로운 계약서를 들고 와서 이스라엘에게 줍니다. 그럼 이스라엘은 율법을 볼 때마다 죄를 기억해야 합니다. **"아~ 우린 율법을 이미 어긴 자들이지, 법대로 하면 우리는 죽어 마땅해, 그럼에도 우리가 살고 있는 것은 모세의 생명을 담보로 살고 있는 것이야!"**

율법 앞에서 자신들은 죄인인데 모세의 죽음을 담보로 살고 있다는 것을 기억하여야 합니다. 율법을 볼 때마다 자신들은 저주받아야 하는 자들이라는 것을 알아야 하는 것입니다. 그래야 율법을 바로 아는 자가 됩니다. 이걸 모르고 율법을 지키겠다고 한다면 그것은 율법을 모르고 있는 것이 됩니다.

예수님의 초림 때 율법주의자들이 여기에 걸려들어서 저주를 받은 것입니다. 지금도 자기가 어떤 존재인지 모르면 말씀대로 살아서 성화해서 의로워지겠다고 합니다. 왜 예수님께서 율법주의자들의 말은 듣고 저희의 행위는 본받지 말라고 하였나요? 이는 죄인은 정답을 안다고 해서 그 정답대로 살아낼 수가 없는 자이기 때문입니다. 우리가 하나님의 말씀을 안다고 해서 그 뜻대로 살아내느냐 하면 그렇지 못합니다. 이는 우리 몸이 하나님의 뜻을 담아낼 수가 없는 고장난 몸이기 때문입니다.

여기서 잠깐,

처음 돌판과 두 번째 돌판의 영적 의미를 살펴보고 갑시다. 모세가 두 번 받은 두 돌판 이야기입니다. 첫 번째 돌판은 법으로서 죄를 고발하는 것이고, 두 번째 돌판은 은혜로서 죄를 덮어주는 것입니다. 이 사실을 알게 하려고 하나님은 처음 돌판을 주실 때는 모세의 얼굴을 민낯 그대로 두십니다. 이는 처음 주신 돌판은 죄인의 민낯을 드러내는 일을 한다는 뜻입니다. 율법 앞에 서면 인간의 실존이 죄인이라는 사실로 낱낱이 까발려지게 됩니다.

그러나 두 번째 돌판을 주시고는 모세의 얼굴에 빛으로 화장을 합니다. 두 번째 돌판을 받아서 내려온 모세의 얼굴은 광채가 나서 쳐다보지를 못하였습니다. 그래서 모세가 수건을 쓰고서 백성들을 대하였습니다. 모세의 얼굴을 덮은 광채는 은혜를 상징합니다. 은혜의 빛으로 오신 분이 있습니다. 그것은 참 빛으로 오신 예수 그리스도이십니다.

이러면 예수 그리스도의 은혜가 모세를 덮고 있음이 됩니다. 우리도 처음 돌판인 율법으로 우리의 민낯이 낱낱이 드러나야 합니다. 죄가 고발당하여야 합니다. 율법은 우리를 발가벗기는 일을 합니다.

발가벗기는 이유는 은혜의 자리에서 긍휼을 구하고 예수 그리스도를 바라보게 하심입니다.

처음 돌판은 옛 언약으로 율법이고, 두 번째 돌판은 새 언약으로 은혜입니다. 죄인을 구원하는 순서가 먼저 율법으로 죄를 고발하고 나중에 은혜로 덮어주십니다. 그래서 육체로 오신 예수님은 우리의 죄를 고발하고 죽이는 일을 하였고, 부활 후 성령으로 오신 예수님은 우리를 덮어주고 살리는 일을 하시는 것입니다.

하나님의 말씀은 거룩한 자만이 지킬 수가 있습니다. 범죄한 아담의 후손에게서는 거룩한 자가 없습니다. 거룩한 자는 하늘로부터 와야 합니다. 그래서 예수님이 오셔서 하나님의 뜻을 온전히 이루어 내신 것입니다.

우리는 그걸 믿는 것입니다. 우리가 할 수 없는 그것을 하나님은 하셨는데, 어떻게 하셨는가 하면 그 아들을 우리의 모양으로 보내서, 우리가 담당해야 할 것을 그 아들이 대신 담당케 하여서 율법의 요구를 이루어 주신 것입니다. 그래서 우리가 의롭다 여기심을 받게 된 것입니다.

우리는 의인이 아닙니다. 의롭다 여기심을 입은 자들입니다. 예수 그리스도의 의를 옷처럼 입은 것입니다. 이건 범죄한 아담과 하와에게 가죽 옷을 입혀준 것과 같은 것입니다.

신앙이 뭐냐? 하나님이 입혀주신 의의 옷을 입고 살아가는 것입니다. 마귀라는 놈은 인간의 의로 예수 그리스도의 의의 옷을 벗기려고 합니다. 종말을 여름이라고 하는 것은 모두가 발가벗고 있기 때문입니다. 신앙이 뭐냐? 예수 안에 거하는 것입니다. 이걸 믿으라는 것입니다. 그 믿음으로 살아가라는 것입니다. 이걸 생명의 성령의 법으로 살아간다고 합니다. 이 믿음으로 살아가는 것을 신앙생활이라고 합니다.

지금은 예수 그리스도의 의의 옷을 다 벗고 자기 의의 옷을 입고 있습니다. 그래서 하나님이 어린 양의 혼인 기약이 이르자 그의 신부들에게 흰 세마포를 입혀주시는 것입니다. 이는 예수 그리스도의 의를 입혀주는 것입니다. 하나님은 예수 안에서 의롭다 여겨 주신 것입니다. 예수님 때문에 의롭다 여기심을 입는 것입니다. 예수를 걷어내면 우리는 여전히 죄인으로서 멸망 받을 자들인 것입니다.

두 번째 돌판을 성막에 안치한 것은 이스라엘을 고발하고자 함입니다. 먼저는 너희는 율법을 어긴 자라는 것을 깨닫게 하고자 하심입니다. 나중은 너희가 살고 있는 것은 모두가 하나님의 은혜임을 알라는 것입니다. 백성들은 율법을 볼 때마다 하나님의 용서하심으로 살고 있음을 깨달아야 합니다. 그것이 율법을 보관케 하신 이유입니다. 갈라디아서 3장을 봅시다.

갈 3:10 "무릇 율법 행위에 속한 자들은 저주 아래 있나니 기록된 바 누구든지 율법책에 기록된 대로 온갖 일을 항상 행하지 아니하는 자는 저주 아래 있는 자라 하였음이라"

갈 5:4 "율법 안에서 의롭다 함을 얻으려 하는 너희는 그리스도에게서 끊어지고 은혜에서 떨어진 자로다"

율법에는 하나님의 의가 나오지 않습니다. 율법은 죄를 깨닫게 하는 것이지 의를 생산하는 것이 아니기 때문입니다. 그러므로 율법의 행위로 의롭다고 하는 자들은 저주 아래 있다고 선언하신 것입니다. 율법의 행위로 의롭다 하고자 하는 자는 그리스도에게서 끊어지고 하나님의 은혜에서 떨어진 자라고 하는 것입니다.

모든 말씀이 율법적 기능을 하고 있습니다. 그러므로 우리가 성경을 볼 때마다 지킴에 목적을 두면 안 되고 우리의 연약함이 고발당하고 예수 그리스도의 피 흘리심으로 용서받고 하나님의 은혜로 살고 있음을 알아야 합니다. 율법을 볼 때마다 우리는 저주받아야 할 자라는 것을 깨달아야 합니다.

모세의 중보가 없었으면 이스라엘은 계약대로 다 죽어야 했습니다. 왜냐하면 자기들이 하나님의 말씀에 순종하지 않으면 죽여도 좋다고 짐승의 피를 뿌리고 계약서에 사인을 했기 때문입니다. 그럼에도 다행히 모세가 중간에 나서서 겨우 목숨을 부지하고 있는 것입니다.

이를 안다고 하면 율법을 지키겠다고 나댈 것이 아니라, 그 율법을 보면서 상하고 애통해하는 마음이 일어나서 하나님 앞에 불쌍히 여겨 달라고 긍휼을 구하여야 하는 것입니다. 그래서 예수님은 율법을 지켜서 의롭다고 하는 율법주의자들을 향하여 하나님은 제사를 원치 않고 긍휼을 원하신다는 것을 좀 배우라고 일갈하셨던 것입니다.

죽어야 할 백성들과 하나님 사이에 서서 중보한 모세는 장차 오실 예수님을 예표(豫表)하고 있는 것입니다. 이스라엘이 모세의 생명을 담보로 살고 있다는 것은 곧 예수님의 생명을 담보로 살고 있다는 것을 의미하고 있는 것입니다.

하나님은 이스라엘을 모세의 복속 아래 두신 것입니다. 이제 하나님은 모세하고만 상대하십니다. 이스라엘 백성들에게 모세의 말을 들으라고 합니다. 누구든지 모세의 말을 거역하면 하나님의 말씀을 거역한 것으로 간주하여서 죽이겠다고 합니다.

이 모습이 예수님이 십자가에 죽고 난 후에 자기 백성들을 예수님의 복속 아래 두신 것과도 같은 것입니다. 하나님은 예수님하고만 상대하십니다. 그것이 새 언약입니다. 이스라엘이 모세의 수중에 있듯이 성도도 예수님의 수중에 있는 것입니다.

모세가 죽을 날이 가까워지자 가나안 땅에 들어갈 백성들에게 다시 재교육을 시킵니다. 하나님과 맺은 언약을 다시 가르칩니다. 너희가 하나님의 은혜로 살고 있다는 것을 잊지 말라고 당부합니다. 너희가 들어가서 살 땅은 애굽 땅과 다르다, 그 땅은 하나님의 은혜로 사는 땅이라고 합니다. 하나님의 은혜를 모르는 자는 그 땅에서 토해냄을 당하게 될 것이라고 일러 줍니다. 하나님의 은혜로 산다는 것이 어떻게 나타나는가 하면, 자기 힘으로 농사를 짓지 말고 하나님 약속만 믿고 사는 것이라고 합니다. 신명기 11장을 봅시다.

> **신 11:10-17** "네가 들어가 얻으려 하는 땅은 네가 나온 애굽 땅과 같지 아니하니 거기서는 너희가 파종한 후에 발로 물 대기를 채소밭에 댐과 같이 하였거니와 11. 너희가 건너가서 얻을 땅은 산과 골짜기가 있어서 하늘에서 내리는 비를 흡수하는 땅이요 12. 네 하나님 여호와께서 권고하시는 땅이라 세초부터 세말까지 네 하나님 여호와의 눈이 항상 그 위에 있느니라 13. 내가 오늘날 너희에게 명하는 나의 명령을 너희가 만일 청종하고 너희의 하나님 여호와를 사랑하여 마음을 다하고 성품을 다하여 섬기면 14. 여호와께서 너희 땅에 이른비, 늦은비를 적당한 때에 내리시리니 너희가 곡식과 포도주와 기름을 얻을 것이요 15. 또 육축을 위하여 들에 풀이 나게 하시리니 네가 먹고 배부를 것이라 16. 너희는 스스로 삼가라 두렵건대 마음에 미혹하여 돌이켜 다른 신들을 섬기며 그것에게 절하므로 17. 여호와께서 너희에게 진노하사 하늘을 닫아 비를 내리지 아니하여 땅으로 소산을 내지 않게 하시므로 너희가 여호와의 주신 아름다운 땅에서 속히 멸망할까 하노라"

모세는 이스라엘이 들어가서 살 땅의 성격을 말해줍니다. 가나안 땅은 애굽 땅과 다르다고 합니다. 애굽 땅은 평지라서 물을 저수지에 가두어서 자기가 필요할 때마다 길어다가 농사를 지으면 되었습니다. 애굽은 자기 힘으로 살아가는 곳입니다. 그러나 가나안은 산악 지대라서 물을 저수지에 가둘 수가 없다고 합니다. 물을 가두지 못한다는 것은 자기 힘으로 농사를 지을 수 없다는 뜻입니다. 씨를 뿌려 놓고 하나님께 맡기라는 것입니다. 그럼 하나님이 때를 따라서 이른 비와 늦은 비를 적당한 때에 적절히 내려서 농사를 짓게 해주신다고 합니다.

가나안에서는 '하나님이 먹여 살려 주시겠지'라는 믿음이 있어야 살아갈 수가 있습니다. 이것은 광야 40년을 지나오면서 배워온 것입니다. 하나님은 광야 40년 동안 사람이 떡으로 사는 것이 아니라 하나님의 말씀으로 산다는 것을 가르치신 것입니다. 그래서 40년 동안 농사를 짓지 않았어도 하나님이 만나를 내려 먹고 살게 해 주신 것입니다. 이걸 안다고 하면 가나안에 들어가서도 그 믿음으로 살아가야 합니다. 그렇지 않고 하나님을 믿지 않고 자기 힘을 의지하고 살고자 하면 반드시 그 땅에서 쫓겨나게 될 것이라고 말해줍니다.

모세가 당부하면서도 소귀에 경 읽기란 것을 뻔히 알고 있습니다. 왜냐하면 그 조상들이 광야 40년 동안 하나님께 얻어먹고 살면서도 그걸 믿지 못하고 맨날 원망하고 불평한 종자들이기 때문입니다. 그 아비에 그 아들들이니 다를 바가 없다는 것입니다. 나는 너희들이 하나님의 언약을 어기고 가나안에서 쫓겨날 것을 훤히 안다고 합니다. 그래서 모세가 배반의 노래를 가르칩니다. 신명기 31장을 봅시다.

신 31:16-22 "여호와께서 모세에게 이르시되 너는 너의 열조와 함께 자려니와 이 백성은 들어가 거할 그 땅에서 일어나서 이방 신들을 음란히 좇아 나를 버리며 내가 그들과 세운 언약을 어길 것이라 17. 그 때에 내가 그들에게 진노하여 그들을 버리며 내 얼굴을 숨겨 그들에게 보이지 않게 할 것인즉 그들이 삼킴을 당하여 허다한 재앙과 환난이 그들에게 임할 그 때에 그들이 말하기를 이 재앙이 우리에게 임함은 우리 하나님이 우리 중에 계시지 않은 까닭이 아니뇨 할 것이라
18. 그들이 돌이켜 다른 신을 좇는 모든 악행을 인하여 내가 그 때에 반드시 내 얼굴을 숨기리라
19. 그러므로 이제 너희는 이 노래를 써서 이스라엘 자손에게 가르쳐서 그 입으로 부르게 하여 이 노래로 나를 위하여 이스라엘 자손에게 증거가 되게 하라
20. 내가 그들의 열조에게 맹세한바 젖과 꿀이 흐르는 땅으로 그들을 인도하여 들인 후에 그들이 먹어 배부르고 살찌면 돌이켜 다른 신들을 섬기며 나를 멸시하여 내 언약을 어기리니
21. 그들이 재앙과 환난을 당할 때에 그들의 자손이 부르기를 잊지 아니한 이 노래가 그들 앞에 증인처럼 되리라 나는 내가 맹세한 땅으로 그들을 인도하여 들이기 전 오늘날에 나는 그들의 상상하는 바를 아노라
22. 모세가 당일에 이 노래를 써서 이스라엘 자손에게 가르쳤더라"

모세는 나는 너희가 반드시 언약을 어길 것을 안다고 합니다. 내가 너희 속을 훤히 아는데 너희는 반드시 망한다는 것입니다. 너희가 먹고 배부르면 언약을 어기고 그 땅에서 쫓겨나고 유리방황할 것을 말해주고 있습니다.

이스라엘 백성들은 광야 40년의 고난의 행군을 마치고 이제 드디어 약속의 땅으로 들어간다고 꿈에 부풀어 있었습니다. 그런데 모세는 악담이라도 하듯이 너희는 그 땅에서 쫓겨나게 될 것이라는 아주 재수 없는 말을 하고 있는 것입니다. 장차 일어날 현실을 내다보

고서 나는 너희가 어떻게 될지 상상하는 바를 안다고 합니다.

너희는 하나님을 반드시 배반한다, 그리고 반드시 망할 것이다. 그래서 배반의 노래를 가르치고 있는 것입니다. 이건 모세가 그런 것이 아닙니다. 하나님이 모세에게 배반의 노래를 가르치라고 하신 것입니다. 모세의 예언대로 이스라엘은 가나안에서 하나님을 배반합니다. 이런 배반의 역사를 말하는 것이 사사기입니다.

사사기는 이스라엘이 가나안에서 하나님을 배반하고 엎어터지는 역사입니다. 이것이 나중에 왕정 국가가 되어서도 그대로 반복되어서 나타납니다. 사사기는 왕정 국가에서 일어나는 일을 미리 보여주는 축소판과 같은 것입니다. 모세의 예언이 구체적으로 어떻게 나타나는지 사사기를 봅시다. 사사기 3장을 봅시다.

> **삿 3:1-6** "여호와께서 가나안 전쟁을 알지 못한 이스라엘을 시험하려 하시며 2. 이스라엘 자손의 세대 중에 아직 전쟁을 알지 못하는 자에게 그것을 가르쳐 알게 하려 하사 남겨두신 열국은 3. 블레셋 다섯 방백과 가나안 모든 사람과 시돈 사람과 바알 헤르몬산에서부터 하맛 어구까지 레바논산에 거하는 히위 사람이라 4. 남겨두신 이 열국으로 이스라엘을 시험하사 여호와께서 모세로 그들의 열조에게 명하신 명령들을 청종하나 알고자 하셨더라 5. 이스라엘 자손은 "마침내" 가나안 사람과 헷 사람과 아모리 사람과 브리스 사람과 히위 사람과 여부스 사람 사이에 거하여 6. 그들의 딸들을 취하여 아내를 삼으며 자기 딸들을 그들의 아들에게 주며 또 그들의 신들을 섬겼더라"

모세가 광야에서 뭐라고 했나요? 가나안에 들어가면 반드시 배반한다고 했습니다. 언약을 어긴다고 했습니다. 모세가 이스라엘이 배반한다는 것을 말한 것은 누구 말입니까? 하나님 말씀입니다. 하나님이 모세에게 시켜서 말한 것입니다. 그럼 이스라엘이 가나안에서 배반해야 합니다. 그래서 하나님은 가나안 원주민들을 다 쫓아내지 않고 남겨두신 것입니다.

왜 남겨두셨다고 합니까? 이스라엘을 시험하려고 남겨두었다고 합니다. 하나님 말씀에 순종하는지 안 하는지 시험해 보겠다고 하십니다. 그 결과가 어떤가요? 5절에 **"마침내"** 이스라엘이 언약을 이겼다고 말해주고 있습니다. **"마침내"**라는 말은 부정적인 말입니다. **"드디어 본색을 드러냈구나"**라는 말과 같습니다.

"기어코"
"그래야지"
"그렇지 그렇고 말고"
"내 그럴 줄 알았다"
"네가 그러면 그렇지"
"네 주제가 그렇지"
"네가 바로 그런 놈이야"라는 말과 같습니다.

이건 하나님이 죄를 짓게 한 것이 아니고, 그들 속에 감추어진 죄가 드디어 밖으로 터져 나왔다는 말입니다. 본성이 드러난 것입니다.

"봐라!"

"너희들 속에 하나님을 싫어하는 것이 들어 있잖아!"

"너희들 원래부터 하나님 말을 듣기 싫어했어!"

"너희들은 그런 종자야"

"너희는 당연히 저주받아야 할 인간이란 말이야"라고 말을 하고 있는 것입니다.

이스라엘은 자신들은 복 받고 잘 살아야 한다고 생각했습니다. 왜냐하면! 하나님 백성이니까요. 이스라엘은 착각하고 있었던 것입니다. 하나님께서 이스라엘을 선택한 것은 인간은 하나님께 불순종하는 자이고 마땅히 저주받을 수밖에 없는 자라는 것을 알리기 위함입니다. 하나님의 은혜가 아니면 살 수 없는 자라는 것을 알리려고 이스라엘을 선택한 것입니다.

이스라엘은 온 세상의 백성들을 대표로 뽑힌 자들입니다. **"이게 인간이다"**라고 그 실상을 폭로하기 위하여 선택을 입은 자들인 것입니다. 하나님은 이스라엘을 가지고 인간은 왜 하나님의 은혜가 아니면 살 수가 없는지를 가르치고자 하신 것입니다. 왜 예수님의 피 뿌림으로 용서받아야만 하는지를 알려주고 계신 것입니다.

구약 이스라엘은 인간은 저주받을 수밖에 없다는 것을 보여주고 있는 것입니다. 그래서 언약대로 이스라엘은 가나안 땅에서 쫓겨나게 됩니다. 인간은 죄를 이길 수 없다는 것을 고발해 주고 있는 것입니다. 그래서 구약의 이스라엘은 망하는 역사를 가지고 있는 것입니다. 그것이 바벨론에게 멸망당하는 것으로 보여주신 것입니다. 바벨론에 멸망당한 것은 법대로 집행을 한 것입니다.

바벨론 왕 느부갓네살에게 멸망을 당하고, 메대 바사 왕 고레스에 의하여 해방을 맞이합니다. 영적 의미로 보면 바벨론에 멸망당한 것은 구약이고, 바사 왕 고레스로부터 해방을 맞이한 것은 신약이 되는 것입니다. 영적 의미로 그렇다는 것입니다. 암튼 이스라엘은 가나안에서 불순종합니다. 그 결과 바벨론으로 포로로 잡혀가게 된 것입니다. 그런데 다니엘이 포로 기간 중에 바벨론 포로에서 해방되는 계시를 받습니다. 그것을 70이레로 말해주고 있는 것입니다.

이스라엘이 가나안 땅에서 왜 쫓겨나게 되었는지를 살펴봅시다.

레위기 26장을 봅시다.

레 26:27-33 "너희가 이같이 될지라도 내게 청종치 아니하고 내게 대항할진대 28. 내가 진노로 너희에게 대항하되 **너희 죄를 인하여 칠 배나 더 징책하리니** 29. 너희가 아들의 고기를 먹을 것이요 딸의 고기를 먹을 것이며 30. 내가 너희의 산당을 헐며 너희의 태양 주상을 찍어 넘기며 너희 시체를 파상한 우상 위에 던지고 내 마음이 너희를 싫어할 것이며 31. 내가 **너희 성읍으로 황폐케 하고 너희 성소들로 황량케 할 것이요** 너희의 향기로운 향을 흠향치 아니하고 32. **그 땅을 황무케 하리니** 거기 거하는 너희 대적들이 그것을 인하여 놀랄 것이며 33. **내가 너희를 열방 중에 흩을 것이요** 내가 칼을 빼어 너희를 따르게 하리니 너희의 땅이 황무하며 너희의 성읍이 황폐하리라"

하나님이 언약하시기를 가나안에서 말을 안 들으면 칠 배나 더 징치한다고 했습니다. "**7배를 더 징치**"한다는 말을 기억하세요. 이것이 나중에 바벨론에서 70년 포로 생활하는 것과 70이레와 연관이 되기 때문입니다. 7배를 더 징치한다는 말은 끝장을 내겠다는 뜻입니다. 아주 사정없이 혹독하게 다룬다는 말입니다.

입에서 단내가 날 정도로 '**야! 우린 살 자격이 없는 놈**'이라는 것을 알게 하겠다는 뜻입니다. 집안을 완전히 쑥대밭을 만들겠다는 말입니다. 성읍을 초토화시켜서 사람이 살 수 없는 황량한 곳으로 만들겠다고 하십니다.

알다시피 이스라엘은 여호수아가 가나안을 정복하면서 사사시대를 거치고 사울 왕을 시작으로 하여 왕조 마지막 왕인 시드기야까지 약 800년 동안 가나안 땅에서 호화롭게 잘 살았습니다. 성전도 화려하게 지었습니다. 궁궐도 화려하게 짓고 살았습니다. 영원할 것처럼 살았습니다. 다윗이나 솔로몬 시대에는 다른 나라에서 조공을 받을 정도로 세계 속에 열강으로 살았습니다. 그러다가 왕정이 거듭할수록 타락하면서 국력이 점점 쇠퇴하고 망하게 되었습니다.

망한 이유는 단 하나 하나님의 언약을 떠났기 때문입니다. 급기야 바벨론에 포로가 되는 지경에까지 이르고 만 것입니다. 중요한 것은 이렇게 이스라엘을 가나안에서 쫓아내고 바벨론에 포로로 잡혀가게 한 것은 땅을 안식하게 하기 위해서라고 합니다. 이스라엘은 포로로 70년 동안 형벌을 받는데 땅은 70년 동안 안식을 하는 것입니다. 레위기 26장을 봅시다.

> **레 26:43** "그들이 나의 법도를 싫어하며 나의 규례를 멸시하였으므로 그 땅을 떠나서 사람이 없을 때에 땅이 황폐하여 안식을 누릴 것이요 그들은 자기 죄악으로 형벌을 순히 받으리라"

> **레 26:34-35** "너희가 대적의 땅에 거할 동안에 너희 본토가 황무할 것이므로 땅이 안식을 누릴 것이라 그 때에 땅이 쉬어 안식을 누리리니 35. 너희가 그 땅에 거한 동안 너희 안식 시에 쉼을 얻지 못하던 땅이 그 황무할 동안에는 쉬리라"

하나님께서 이스라엘을 가나안에서 쫓아내신 것은 그 땅을 안식하게 하고자 함이라고 합니다. 이것은 언약을 어긴 자들은 그 땅에서 살 자격이 없다는 것입니다. 약속의 땅에 살려면 하나님의 언약 안에 머물러야 한다는 것입니다. 그래서 언약을 지키지 않으니까 그 땅이 토해낸 것입니다.

레위기 25장에서는 이스라엘은 하나님의 품꾼이라고 했습니다. 가나안 땅을 잘 지키라고 품꾼으로 들여보낸 것입니다. 그런데 망쳐놓은 것입니다. 그래서 주인이 화가 나서 '너희는 이 땅에서 살 자격이 없어'라고 하면서 쫓아낸 것입니다. 이것은 이스라엘이 중요한 것이 아니고 땅이 중요하다는 말입니다. 땅을 지키겠다는 것입니다. 그래서 그 땅에 합당치 않은 자들은 다 쫓아내신 것입니다.

왜 그런가요? 이는 약속의 땅은 천국의 모형이라서 그런 것입니다. 천국은 하나님의 은혜를 아는 사람만이 살 수가 있는 곳입니다. 하나님의 은혜를 모르는 자는 살아갈 수가 없는 곳입니다. 이를 가나안 땅으로 보여주고 있는 것입니다. 그래서 하나님은 가나안 땅에서 하나님의 뜻에 순종치 않으면 쫓아내고 7배나 더 징치하겠다고 알려주신 것입니다.

알려주었음에도 이스라엘은 지키지 못하였습니다. 그러자 하나님은 언약대로 이스라엘을 가나안 땅에서 쫓아내신 것입니다. 그것이 바벨론에 70년 동안 포로가 되어서 살게 되는 것으로 나타났습니다. 이스라엘이 70년 동안 형벌을 받는 기간에 가나안 땅은 안식하게 된 것입니다. 이런 사실을 다니엘이 바벨론에서 포로 생활을 하다가 깨달은 것입니다.

다니엘이 바벨론에 포로로 잡혀가서 예레미야의 서책을 읽다가 깜짝 놀랐습니다. 이는 70년이 차면 이스라엘이 바벨론에서 해방이 된다는 것입니다. 여기서 그치지 않고 70이레 후에 영원한 하나님 나라가 세워지고 세상은 멸망하게 된다는 것을 알게 된 것입니다. 이건 엄청난 사건인 것입니다. 70이레 속에는 이스라엘의 회복뿐 아니라 인류의 운명이 담겨 있는 것입니다. 그래서 70이레의 비밀을 육으로는 알 수가 없도록 비밀로 해 놓으신 것입니다.

70이레의 두 가지 의미

첫째, 영적인 나라가 세워지는 것이고,
둘째, 실제적인 나라가 세워지는 것입니다.

이를 예수님께서 예루살렘에 입성하는 사건으로 알아봅시다.

요 12:12-16 "그 이튿날에는 명절에 온 큰 무리가 예수께서 예루살렘
으로 오신다 함을 듣고 13. 종려나무 가지를 가지고 맞으러 나가 외치되
호산나 찬송하리로다 주의 이름으로 오시는 이 곧 이스라엘의 왕이시여
하더라 14. 예수는 한 어린 나귀를 만나서 타시니 15. 이는 기록된바 시
온 딸아 두려워 말라 보라 너의 왕이 나귀 새끼를 타고 오신다 함과 같
더라 16. 제자들은 처음에 이 일을 깨닫지 못하였다가 예수께서 영광을
얻으신 후에야 이것이 예수께 대하여 기록된 것임과 사람들이 예수께
이같이 한 것인 줄 생각났더라"

마 21:1-9 "저희가 예루살렘에 가까이 와서 감람산 벳바게에 이르렀을
때에 예수께서 두 제자를 보내시며 2. 이르시되 너희 맞은편 마을로 가
라 곧 매인 나귀와 나귀 새끼가 함께 있는 것을 보리니 풀어 내게로 끌고
오너라 3. 만일 누가 무슨 말을 하거든 주가 쓰시겠다 하라 그리하면 즉
시 보내리라 하시니 4. 이는 선지자로 하신 말씀을 이루려 하심이라 일
렀으되 5. 시온 딸에게 이르기를 네 왕이 네게 임하나니 그는 겸손하여

나귀, 곧 멍에 메는 짐승의 새끼를 탔도다 하라 하였느니라 6. 제자들이 가서 예수의 명하신 대로 하여 7. 나귀와 나귀 새끼를 끌고 와서 자기들의 겉옷을 그 위에 얹으매 예수께서 그 위에 타시니 8. 무리의 대부분은 그 겉옷을 길에 펴며 다른 이는 나무 가지를 베어 길에 펴고 9. 앞에서 가고 뒤에서 따르는 무리가 소리질러 가로되 호산나 다윗의 자손이여 찬송하리로다 주의 이름으로 오시는 이여 가장 높은 곳에서 호산나 하더라"

예수님은 평상시에는 자신이 메시아라는 것을 숨겼습니다. 드러내 놓고 내가 메시아다 그러지 않았습니다. 제자들이 예수님을 그리스도라고 하자 '쉿~ 조용히 하라'고 했습니다. 그런데 오늘은 다릅니다. 오늘은 예수님 자신이 이스라엘 왕임을 당당히 밝히고 예루살렘에 입성하고 있는 것입니다. 군중들이 **"호산나 다윗의 자손이여! 주의 이름으로 오시는 이스라엘의 왕이시여!"**라고 하여도 말리지 않고 도리어 왕으로서 환영을 받고 있는 것입니다.

예루살렘은 이스라엘의 왕이 살던 왕도(王都)입니다. 그런데 이스라엘의 범죄로 인하여 이방인에게 빼앗겼습니다. 그동안 예루살렘은 이방인에게 짓밟혔습니다. 종교적으로는 이방인인 에돔 사람 헤롯이 유대인의 왕으로 있고, 정치적으로는 로마가 지배하고 있는 것입니다. 그런데 예수님이 이스라엘의 왕으로서 예루살렘에 입성하는 것입니다. 로마가 버젓이 지배하고 있는 곳에 예수님이 **'내가 왕이다!'**라고 공개적으로 선포하고 들어오신 것입니다.

이스라엘로서는 열광할 일이지만 로마에게는 비상사태입니다. 로마는 세상 권세를 상징하고 세상 권세는 마귀의 권세를 상징하고 있습니다. 로마가 지배하고 있던 예루살렘에 예수님이 왕으로 입성하는 것은 세상 권세가 깨어지고 마귀의 권세가 깨어지는 경천동지할 사건이 일어난 것입니다. 드디어 70이레가 완성되는 사건인 것입니다.

70이레를 해석함에 있어 크게 세 가지 학설이 있습니다.

첫째는, 문자적으로 보는 해석이 있고,
둘째는, 역사적으로 보는 해석이 있습니다.
셋째는, 영적으로 보는 해석이 있습니다.

문자적 해석은 예수님의 재림 직전에 육적 이스라엘이 구원을 받는다는 것에 포커스가 맞추어져 있고, 역사적 해석은 교회에 포커스가 맞추어져 있습니다. 영적 해석은 육적 이스라엘과 교회 모두에게 포커스가 맞추어져 있습니다. 편의상 문자적으로 해석하는 부류를 세대주의라고 하고, 역사적으로 해석하는 부류를 역사주의라고 합니다.

모두가 나름의 논리를 가지고 있습니다. 그러나 중요한 것은 예수 그리스도는 유대인의 왕만 아니고 만유의 주(왕)이십니다. 그러므로 70이레는 유대인에게만 국한해서 해석하는 것은 지엽적 해석이 되는 것입니다. 종합적 해석은 온 세상 이야기로 해석하여야 하는 것입니다. 그럼 물어야 합니다. 과연 그러한가? 온 세상 이야기로의 해석이 가능한 것인가? 가능하다고 하면 어떻게 가능한 것인가?

70이레는 세 텀으로 나누어졌습니다.

7이레와
62이레와
1이레로 구분이 되어 있습니다.

이것을 연속적으로 보느냐 아니냐에 따라서 해석이 달라집니다. 세대주의와 역사주의는 69이레까지는 동일하게 해석합니다. 마지막 1이레를 달리 해석하고 있습니다. 역사주의에서는 7이레와 62이레가 연속적으로 이루어졌기 때문에 1이레도 연속으로 보아야 한다고 합니다. 반면에 세대주의는 7이레와 62이레는 연속으로 보아야 하지만 마지막 1이레는 불연속으로 보아야 한다는 것입니다.

둘 다 나름의 성경적 근거를 제시하고 있습니다. 물론 자신들의 주장이 옳다고 증명하는 차원에서 성경을 인용하고 있는 것입니다. 성경을 인용하지만 그건 자의적인 해석인 것입니다. 어느 해석이 더 성경적인지 성경을 통해서 검증받아야 합니다.

세대주의 학설

먼저 70이레를 육적 이스라엘의 해방으로 보는 세대주의 학설을 살펴봅시다.

세대주의에서는 7이레와 62이레는 연속해서 이루어지다가 마지막 1이레를 두고서는 연속성이 끊어진다고 합니다. 일정한 기간이 지난 후에 1이레가 이루어져서 70이레가 완성된다고 주장합니다. 7이레와 62이레는 연결이 되어 있습니다. 69이레가 되면 기름 부음 받은 자가 나타납니다. 그런데 기름 부음을 받은 자가 죽임을 당합니다.

기름 부음을 받은 자가 끊어지고 난 후 한참을 지난 후 예수님의 재림 직전에 다시 1이레가 이어지는데 그 1이레는 적그리스도와 맺는 언약이라고 합니다. 적그리스도가 1이레의 절반에는 평화조약을 맺다가 반 이레를 남겨두고 돌변하여서 자신을 하나님이라 하고 따르지 않는 자들은 모조리 죽인다고 합니다.

세대주의는 예수님이 재림하기 직전에 마지막 1이레가 이어지는데 그것이 적그리스도와 맺은 언약으로 7년 대 환란이라고 하는 것입니다. 적그리스도가 나타나서 육적 이스라엘과 언약을 맺게 되는데 그럼 중단되었던 1이레가 이어지게 된다는 것입니다.

적그리스도와 언약을 맺게 되는 1이레가 시작되면, 예수님이 공중으로 재림하여서 이방인 교회는 공중으로 휴거를 하여서 공중에서 7년 동안 혼인 잔치를 하고 이 땅에서는 유대인 구원이 시작된다고 합니다. 7년 환란이 시작되면 하나님께서 이스라엘의 각 지파 속에서 12,000명씩 인을 받은 144,000명이 온 세상에 복음을 전파하게 된다고 합니다. 이들이 전한 복음을 듣고 회개하는 자들이 일어나서 유대인 구원이 이루어진다는 것입니다. 이를 **'이삭줍기 구원'**이라고 합니다.

7년 환란기 후반부가 되면 적그리스도가 성전에 앉아서 자기가 하나님이라고 하면서 성전 제사를 훼파하고 자기에게 경배하라고 한다는 것입니다. 이 때 거부하는 자에게는 엄청난 핍박이 가해지는데 이를 큰 환란이라고 합니다. 7년 환란이 끝이 나면 예수님이 예루살렘에 강림하여서 이스라엘 땅에 예수님의 왕국을 건설하여서 천 년 동안 다스리게 된다는 것입니다. 천년왕국이 이루어지면 다시 성전에서 짐승의 제사가 부활되어서 드려지게 된다고 합니다. 또한 7대 절기도 지켜야 한다고 합니다.

그 이유는 천년왕국에서 태어난 자들이 짐승의 제사를 드리면서 예수님께서 십자가에서 죽으신 의미를 되새기게 된다는 것입니다. 천년왕국 기간에는 7년 전에 휴거한 자들은 변화가 된 몸이기 때문에 혼인을 할 수가 없고, 7년 후 살아서 들어간 자들이 혼인해서 자식들을 낳게 되는데, 이들의 수명이 나무의 수명과 같이 길어서 많은 자식들을 생산하게 된다고 합니다.

여기서 태어난 자들도 예수를 통해서 구원받아야 하기 때문에 천 년이 차면 곡과 마곡의 전쟁을 통해서 예수를 믿는 자와 믿지 않는 자를 갈라낸 후에 곡과 마곡의 전쟁에서 이긴 자들이 새 하늘과 새 땅인 영원한 하나님 나라로 옮겨가서 영원토록 살아가게 된다는 것입니다. 과연 그러한가요?

세대주의 학설에 의하면 마지막 1이레는 육적 이스라엘과 맺어지는 언약이기 때문에 이방인 교회와는 상관이 없다고 합니다. 요한계시록 4장 이후는 전부 육적 유대인들에게 일어나는 일이라고 합니다. 그러니 666 짐승표는 이방인 교회들은 신경 쓸 문제가 아닌 것입니다. 그건 유대인들에게 국한된 것이기 때문입니다.

세대주의자들은 요한계시록도 문자적으로 해석을 합니다. 그러다 보니까 요한계시록 2-3장까지는 교회라는 이름이 있는 교회 시대라고 합니다. 그러나 4장을 시작하면서 교회는 전부 하늘로 올라가고 없기 때문에 이방인 교회 시대는 끝이 났다고 합니다. 4장 이후부터는 교회라는 말이 없기 때문에 유대인들이 7년 대 환란 속에서 구원받는 이야기라고 해석하는 것입니다.

세대주의 학설로 보면 요한계시록은 이방인하고는 상관이 없는 책이 되고 마는 것입니다. 요한계시록은 우리하고 상관없는 책이니까 골치 아프게 알 필요도 없어지는 것입니다. 세대주의 학설이 맞는다고 한다면 이방인인 우리는 대박을 맞은 것입니다. 왜냐하면 7년 대 환란도 받지 않고 짐승표도 받지 않고 이대로 살다가 공중으로 들림을 받아서 예수님과 혼인 잔치를 벌이면 되니까요. 공중에서는 룰루~랄라~ 혼인 잔치가 벌어지고 있는데, 땅에서는 큰 환란 속에서 수많은 사람들이 죽고 온 세상에 곡소리가 울려 퍼집니다. 교회는 공중에서 혼인잔치를 하고 있는데 말이죠. 이건 신나는 일이 아닌가요?

더 재미있는 것은 7년 환란 후에 예수님이 지상으로 내려오시는데, 이 때 이스라엘의 예루살렘에 있는 감람산으로 강림하시면 유대 땅 예루살렘은 예수님의 왕국에 수도가 세워지고 천년왕국이 시작된다고 합니다. 이 때 온 세상에 있는 사람들은 초막절을 지키기 위해서 예루살렘으로 가야 한다고 합니다.

세대주의는 왕국연기설을 주장합니다. 원래 하나님은 유대인들을 구원하기로 작정하였는데, 유대인들이 예수님을 거부함으로서 여호와의 왕국이 연기가 되고 이방인 교회 시대가 주어졌다는 것입니다. 만약에 유대인들이 초림으로 오신 예수 그리스도를 유대인의 왕으로 알아보고 영접하였으면 그 때 천년왕국이 이루어졌을 것이라고 합니다. 그럼 이 세상의 역사는 예수님의 초림 때 끝이 나고 이방인은 구원이 없었을 것입니다.

행인지 불행인지를 모르겠지만 유대인들이 초림으로 오신 예수님을 거부하였기 때문에 왕국이 연기가 되어서 구원이 이방인에게로 넘어와서 교회 시대가 열리게 되었으니 이방인들은 참 행운이 많은 사람들인 것입니다. 유대인들이 실수를 안했으면 우리는 구원을 못

받을 뻔했으니까요. 그럼 지금 우리는 역사에 존재하지도 않았을 것입니다. 우리가 이렇게 역사 속에 존재하는 것은 모두가 유대인들이 실수해 주었기 때문입니다. 유대인 생큐입니다. 과연 유대인 생큐일까요?

참고로 요즈음은 새로운 학설이 하나 추가가 되었습니다(예전에는 7년 환란기는 유대인 구원 기간이라고 하였는데 이제는). 7년 환란기에 이방인도 구원받는데 이들을 **'환난기 성도'**라고 합니다. 왜 이런 말을 하는고 하니 예전에는 7년 대 환란은 유대인의 환란이라고 했습니다. 이방인 교회는 7년 전에 휴거하고 없으니까 7년 대 환란은 유대인들만 받는다고 했습니다. 아무리 봐도 '이건 좀 무리한 해석이다'라고 생각을 한 모양입니다.

이 무리한 해석을 물타기로 내어놓은 학설이 요즈음 회자되는 환란기 성도의 구원 이야기입니다. 지금은 이방인 교회 중에서도 7년 환란 전에는 믿음이 좋은 자들만 휴거가 되고 믿음이 없는 자들은 7년 환란을 겪게 된다고 합니다. 이들이 7년 환란을 겪으면서 믿음을 지켜서 구원을 받는데 이들을 환란기 성도라고 하는 것입니다.

왜 이러한 해석을 하는가 하면 성경을 문자적으로만 이해하기 때문입니다. 세대주의의 해석법은 유대인들의 성경 해석법입니다. 유대인들은 성경을 문자적으로 해석하였습니다. 유대인들은 문자적으로 성경을 보았기 때문에 정치적인 메시아를 기다린 것입니다. 죄와 사망에서 구원하는 영적 메시아를 기다리지 않고, 세상에서 가장 큰 왕국을 만들어 줄 정치적인 메시아를 기다리게 되는 것입니다.

예수님이 여기에 맞지 않았기 때문에 십자가에 못 박아 죽인 것입니다. 지금도 성경을 문자적으로 해석하게 되면 예수님을 다시 십자가에 못 박는 일들이 일어나게 되는 것입니다. 지금까지 세대주의 학설을 살펴보았습니다. 역사주의 해석은 잠시 후에 살펴보도록 하겠습니다.

70이레의 영적 의미

70이레를 이해하려면 70이레의 성격을 알아야 합니다. 70이레가 왜 주어졌는지를 알아야 합니다. 그걸 모르고 해석하면 아전인수식 해석이 되어 버리고 맙니다. 그럼 70이레의 성격이 무엇인지를 살펴봅시다. 다니엘 9장을 봅니다.

단 9:1-19 "메대 족속 아하수에로의 아들 다리오가 갈대아 나라 왕으
로 세움을 입던 원년 2. 곧 그 통치 원년에 나 다니엘이 서책으로 말미암
아 여호와의 말씀이 선지자 예레미야에게 임하여 고하신 그 년수를 깨
달았나니 곧 예루살렘의 황무함이 칠십 년 만에 마치리라 하신 것이니
라 3. 내가 금식하며 베옷을 입고 재를 무릅쓰고 주 하나님께 기도하며
간구하기를 결심하고 4. 내 하나님 여호와께 기도하며 자복하여 이르기
를 크시고 두려워할 주 하나님, 주를 사랑하고 주의 계명을 지키는 자를
위하여 언약을 지키시고 그에게 인자를 베푸시는 자시여 5. 우리는 이미
범죄하여 패역하며 행악하며 반역하여 주의 법도와 규례를 떠났사오
며 6. 우리가 또 주의 종 선지자들이 주의 이름으로 우리의 열왕과 우리
의 방백과 열조와 온 국민에게 말씀한 것을 듣지 아니하였나이다 7. 주
여 공의는 주께로 돌아가고 수욕은 우리 얼굴로 돌아옴이 오늘날과 같
아서 유다 사람들과 예루살렘 거민들과 이스라엘이 가까운 데 있는 자
나 먼데 있는 자가 다 주께서 쫓아 보내신 각국에서 수욕을 입었사오니
이는 그들이 주께 죄를 범하였음이니이다 8. 주여 수욕이 우리에게 돌아

오고 우리의 열왕과 우리의 방백과 열조에게 돌아온 것은 우리가 주께
범죄하였음이니이다마는 9. 주 우리 하나님께는 긍휼과 사유하심이 있
사오니 이는 우리가 주께 패역하였음이오며 10. 우리 하나님 여호와의
목소리를 청종치 아니하며 여호와께서 그 종 선지자들에게 부탁하여 우
리 앞에 세우신 율법을 행치 아니하였음이니이다 11. 온 이스라엘이 주
의 율법을 범하고 치우쳐 가서 주의 목소리를 청종치 아니하였으므로 이
저주가 우리에게 내렸으되 곧 하나님의 종 모세의 율법 가운데 기록된
맹세대로 되었사오니 이는 우리가 주께 범죄하였음이니이다 12. 주께
서 큰 재앙을 우리에게 내리사 우리와 및 우리를 재판하던 재판관을 쳐
서 하신 말씀을 이루셨사오니 온 천하에 예루살렘에 임한 일 같은 것이
없나이다 13. 모세의 율법에 기록된 대로 이 모든 재앙이 이미 우리에게
임하였사오나 우리는 우리의 죄악을 떠나고 주의 진리를 깨닫도록 우리
하나님 여호와의 은총을 간구치 아니하였나이다 14. 이러므로 여호와
께서 이 재앙을 간직하여 두셨다가 우리에게 임하게 하셨사오니 우리의
하나님 여호와는 행하시는 모든 일이 공의로우시나 우리가 그 목소리
를 청종치 아니하였음이니이다 15. 강한 손으로 주의 백성을 애굽 땅에
서 인도하여 내시고 오늘과 같이 명성을 얻으신 우리 주 하나님이여 우
리가 범죄하였고 악을 행하였나이다 16. 주여 내가 구하옵나니 주는 주
의 공의를 좇으사 주의 분노를 주의 성 예루살렘, 주의 거룩한 산에서 떠
나게 하옵소서 이는 우리의 죄와 우리의 열조의 죄악을 인하여 예루살
렘과 주의 백성이 사면에 있는 자에게 수욕을 받음이니이다 17. 그러하
온즉 우리 하나님이여 지금 주의 종의 기도와 간구를 들으시고 주를 위
하여 주의 얼굴 빛을 주의 황폐한 성소에 비취시옵소서 18. 나의 하나님
이여 귀를 기울여 들으시며 눈을 떠서 우리의 황폐된 상황과 주의 이름

으로 일컫는 성을 보옵소서 우리가 주의 앞에 간구하옵는 것은 우리의 의를 의지하여 하는 것이 아니요 주의 큰 긍휼을 의지하여 함이오니 19. 주여 들으소서 주여 용서하소서 주여 들으시고 행하소서 지체치 마옵소서 나의 하나님이여 주 자신을 위하여 하시옵소서 이는 주의 성과 주의 백성이 주의 이름으로 일컫는바 됨이니이다"

다니엘은 바벨론에 포로로 잡혀갔습니다. 이 때가 BC 586년입니다. 다니엘이 이 때 포로로 잡혀 옵니다. 그러다가 바벨론이 메대 바사에게 망합니다. 이 때가 주전 538년경입니다. 이스라엘이 포로 생활한 지가 약 50년이 지나가는 시기입니다.

다니엘이 예레미야 서책을 읽다가 이스라엘이 망하고 포로가 된 것은 모두가 하나님의 언약을 어겼기 때문이라는 것을 깨닫게 됩니다. 그런데 이런 포로 생활도 70년이면 끝이 난다는 것입니다. 아무리 봐도 포로에서 풀려날 기미가 전혀 없어 보이는데 예레미야의 예언은 포로 생활 70년이 되면 해방된다고 했기 때문입니다.

이 예언이 맞다고 한다면 곧 해방이 될 것입니다. 그래서 다니엘이 금식하면서 온 민족을 대표해서 하나님께 회개합니다. 다니엘은 하나님께 예루살렘에 쏟아부었던 주의 분노를 이제 거두어 달라고 합니다. 알다시피 예루살렘은 바벨론에 멸망당하였습니다.

이 모습은 장차 예수님이 재림하시기 직전의 교회 모습이기도 합니다. 요한계시록 17-18장을 보면 마지막 적그리스도 세력을 바벨론이라고 합니다. 이러면 다니엘 시대의 영적 상태와 예수님의 재림 직전 교회의 영적 상태가 동일하다는 뜻이 됩니다.

종말에 배도하는 교회를 음녀라고 하는데 그 우두머리를 큰 음녀라고 하고 그가 다스리는 성을 큰 성 바벨론이라고 합니다. 이렇게 되면 다니엘이 받은 70이레는 육적 이스라엘에게만 국한된 것이 아니고 신약 시대의 교회 이야기도 되는 것입니다. 이중적 계시가 되는 것입니다. 이 부분을 염두에 두시길 바랍니다.

예루살렘 성은 하나님의 도성입니다. 그런데 이방인에게 짓밟히고 있는 것입니다. 이 모습은 마치 예수님 초림 때 예루살렘의 모습과 동일합니다. 예수님의 초림 때 예루살렘도 이방인에게 짓밟히고 있었습니다. 마태복음 23장을 봅시다.

> **마 23:37-39** "예루살렘아 예루살렘아 선지자들을 죽이고 네게 파송된 자들을 돌로 치는 자여 암탉이 그 새끼를 날개 아래 모음같이 내가 네 자녀를 모으려 한 일이 몇 번이냐 그러나 너희가 원치 아니하였도다 38. 보라 너희 집이 황폐하여 버린 바 되리라 39. 내가 너희에게 이르노니 이제부터 너희는 찬송하리로다 주의 이름으로 오시는 이여 할 때까지 나를 보지 못하리라 하시니라"

예루살렘이 왜 황폐화 되었는가요? 하나님의 언약을 버렸기 때문입니다. 하나님은 이스라엘이 언약을 떠날 때마다 선지자들을 보내서 돌아오라고 했습니다. 그런데 이스라엘은 돌아오기는커녕 선지자들을 죽이는 일을 하였습니다.

하나님이 선지자들을 보낸 것은 암탉이 새끼들을 품 안에 모으려는 것이라고 합니다. 그런데 그들은 이를 거부하였습니다. 이에 하나님이 이스라엘을 이방에 팔아버리는 일을 한 것입니다. 그것이 바벨론 포로 생활을 하게 한 것입니다.

다니엘이 예루살렘을 위하여 회개하고 기도한 것이나, 예수님께서 예루살렘을 회복하려고 예루살렘에 입성한 것이나 동일한 것입니다. 예루살렘이 언제까지 황폐하여 버린바 된다고 합니까? **'주의 이름으로 오시는 이여'**라고 찬송할 때까지라고 합니다.

이는 예수님께서 나귀를 타고 예루살렘에 입성하는 때까지라는 것입니다. 이 부분을 잘 기억하세요. 암튼 다니엘이 이스라엘을 대표하여서 기도합니다. 그러자 갑자기 가브리엘 천사가 나타나서 70이레의 비밀을 말해주는 것입니다.

단 9:20-24 "내가 이같이 말하여 기도하며 내 죄와 및 내 백성 이스라엘의 죄를 자복하고 내 하나님의 거룩한 산을 위하여 내 하나님 여호와 앞에 간구할 때 21. 곧 내가 말하여 기도할 때에 이전 이상 중에 본 그 사람 가브리엘이 빨리 날아서 저녁 제사를 드릴 때즈음에 내게 이르더니 22. 내게 가르치며 내게 말하여 가로되 다니엘아 내가 이제 네게 지혜와 총명을 주려고 나왔나니 23. 곧 네가 기도를 시작할 즈음에 명령이 내렸으므로 이제 네게 고하러 왔느니라 너는 크게 은총을 입은 자라 그런즉 너는 이 일을 생각하고 그 이상을 깨달을지니라 24. 네 백성과 네 거룩한 성을 위하여 칠십 이레로 기한을 정하였나니 허물이 마치며 죄가 끝나며 죄악이 영속되며 영원한 의가 드러나며 이상과 예언이 응하며 또 지극히 거룩한 자가 기름 부음을 받으리라"

예레미야의 예언대로 70년이 차면 이스라엘이 해방될 것입니다. 그러나 더 중요한 것은 70이레가 되면 하나님께서 하신 모든 **"이상과 예언이 응하는 시기"**가 온다는 것을 알려주는 것입니다. 이상과 예언이 응한다는 것은 언약이 완성된다는 뜻입니다. 인류 역사의 종말이 온다는 말입니다. 이건 이스라엘이 해방되는 것하고는 차원이 다른 이야기입니다. 그래서 다니엘이 깜짝 놀라는 것입니다.

참고적으로 알 것은 이스라엘은 바벨론에 멸망을 당한 후 예수님이 초림으로 오실 때까지 제국들에 의하여 지배당하는 민족의 역사를 가지고 있습니다. 독립된 국가로서의 기능을 상실하였습니다. 무슨 말인고 하니 국가적 이스라엘은 바벨론에게 멸망당한 것으로 끝이 났다라는 뜻입니다. 바벨론에서 해방이 된 것은 엄밀히 말해서 신앙적인 해방이지 국가적인 해방은 아닌 것입니다.

그러므로 바벨론에서 해방이 된 후에 이스라엘은 독립된 국가로서의 왕이 없고 열강의 지배 아래 식민 국가로서 분봉왕의 나라로 다스려져 온 것입니다. 그러므로 70이레가 되면 허물이 마치며 죄가 끝나며 죄악이 영속되며 영원한 의가 드러나며 이상과 예언이 응한다는 것은 역사적인 국가의 해방이라기보다 하나님이 자기 백성을 죄와 사망의 권세로부터 구원하는 영적인 의미가 더 깊이 담겨 있는 것입니다. 70이레는 국가 이스라엘의 해방에 초점이 맞추어진 것이 아니고 메시아를 통한 자기 백성들의 구원 이야기에 초점이 맞추어져 있는 것입니다.

하나님은 인류 역사를 70이레 속에 담아 놓은 것입니다. 왜냐하면, 70이레가 되면 모든 이상과 예언이 응한다고 했기 때문입니다. 무시무시하지요. 그럼 70이레 속에 무엇이 담겨 있는지 그 내용을 봅시다. 다니엘 9장입니다.

> **단 9:24-27** "네 백성과 네 거룩한 성을 위하여 칠십(70) 이레로 기한을 정하였나니 허물이 마치며 죄가 끝나며 죄악이 영속되며 영원한 의가 드러나며 이상과 예언이 응하며 또 지극히 거룩한 자가 기름 부음을 받으리라 25. 그러므로 너는 깨달아 알지니라 예루살렘을 중건하라는 영이 날 때부터 기름 부음을 받은 자 곧 왕이 일어나기까지 일곱(7) 이레와 육십이(62) 이레가 지날 것이요 그 때 곤란한 동안에 성이 중건되어 거리와 해자가 이룰 것이며 26. 육십이(62) 이레 후에 기름 부음을 받은 자가 끊어져 없어질 것이며 장차 한 왕의 백성이 와서 그 성읍과 성소를 훼파하려니와 그의 종말은 홍수에 엄몰됨 같을 것이며 또 끝까지 전쟁이 있으리니 황폐할 것이 작정되었느니라 27. 그가 장차 많은 사람으로 더불어 한(1) 이레 동안의 언약을 굳게 정하겠고 그가 그 이레의 절반에 제사와 예물을 금지할 것이며 또 잔포하여 미운 물건이 날개를 의지하여 설 것이며 또 이미 정한 종말까지 진노가 황폐케 하는 자에게 쏟아지리라 하였느니라"

이레는 7일 곧 한 주간을 말합니다. 70이레는 70주간이라는 말입니다. 문자적인 날 수로 계산을 하면 한 주간이 7일이니 70주간이면 7×70= 490일이 됩니다. 70이레를 문자적으로 해석하면 490일 동안에 예루살렘 성이 중건되고 도시 기능을 완전히 회복하게 된다는 뜻입니다.

이것은 물리적으로 불가능한 시간입니다. 아무리 빨리해도 490일 만에 성을 중건하고 도시 기능이 제대로 돌아가도록 건설한다는 것은 불가능하기 때문입니다. 그럼 70이레를 문자적으로 490일로 해석하는 것은 무리라는 것으로 드러납니다.

만약에 70이레를 490일로 계산하지 않고 성경에서 말하는 예언서의 날짜 계산법대로 1일을 1년으로 계산하는 방식을 도입한다면 어찌 될까요? 그럼 70이레가 490년이 됩니다. 이러면 뭔가 신빙성이 있어 보입니다. 과연 그러한가? 살펴보아야겠지요.

이스라엘이 왜 바벨론에 포로로 잡혀 왔습니까? 이는 레위기의 예언 때문입니다. 하나님은 가나안 땅에 들어가서 6년은 농사를 짓고 7년째는 땅을 안식하게 하라고 하셨습니다. 만약 이걸 지키지 않으면 하나님께서 7배를 징치한다고 하셨습니다. 7배를 더 징치한다고 하였으니까, 70년 포로 생활을 7배 하면 490년이 되는 것입니다. 그러니 70이레는 70년 포로생활을 7배를 징치당하는 기간과 같은 의미가 되는 것입니다.

70년 포로 생활은 곧 70이레의 축소판인 것입니다. 그럼 70년 포로 생활을 하면 포로에서 해방이 되고, 70이레가 되면 모든 이상과 예언이 응하여 영원한 의가 이루어진다고 말씀하셨는지를 알 수가 있습니다. 70년이 차면 이스라엘이 바벨론에서 해방이 되어 고토로 돌아가는 것이나, 70이레가 되면 모든 이상과 예언이 응하여 영원한 의가 드러나게 되는 것이나 영적인 의미는 동일한 것입니다.

문자적인 의미에서 다니엘이 받은 계시대로라고 하면 앞으로 490년 후면 세상 역사는 종말을 고하게 되어 있습니다. 왜냐하면, 70이레가 되면 모든 이상과 예언이 응하다고 했기 때문입니다. 그렇다고 한다면 70이레는 단순하게 70년 후에 이스라엘이 해방되는 것으로 그치는 것이 아니라 온 인류의 역사가 끝이 나는 사건이 담겨 있는 것입니다.

이건 엄청난 사건인 것입니다. 마치 금신상의 비유로 보여주신 것처럼 세상 끝에 하늘에서 뜨인 돌이 나타나서 금신상을 박살내고 영원한 하나님 나라를 세운다는 것과 같은 것입니다. 70이레는 이 사실을 말해주고 있는 것입니다. 다니엘이 받은 70이레의 계시를 그대로 풀어 봅시다. 하나님께서 자기 백성들과 거룩한 성을 위하여 70이레로 기한을 정하였다고 합니다. 70이레가 되면 여섯 가지 사건이 일어나게 됩니다.

1. 허물이 마치며!

2. 죄가 끝나며!

3. 죄악이 영속되며!

4. 영원한 의가 드러나며!

5. 이상과 예언이 응하며!

6. 거룩한 자가 기름 부음을 받는다고 합니다.

70이레가 되면 한마디로 자기 백성들의 죄가 모두 해결이 된다는 말입니다. 아담 이래로 죄로 인하여 고통을 받던 시절은 다 지나고 의로운 자가 되어서 하나님과 천국에서 영생하면서 살게 되는 것입니다.

한마디로 죄와 사망으로부터 해방이 되어서 구원받게 된다는 것입니다. 그리고 거룩한 자가 기름 부음을 받는다는 말은 하나님이 친히 왕이 되어서 통치하는 세상이 된다는 뜻입니다. 그러니까 70이레 속에 인류 역사 전체의 도표가 그려져 있는 것입니다.

70이레의 시작 기점

모든 성경은 영적 이야기입니다. 영적 이야기를 역사 속에서 풀어낸 것입니다. 그러므로 성경 속의 모든 이야기는 역사적인 해석과 영적인 해석을 동시적으로 하여야 합니다. 70이레도 마찬가지입니다. 70이레 속에도 이중적인 계시가 담겨 있습니다. 역사적인 사건이면서도 영적인 의미가 담겨 있는 것입니다. 그러므로 역사적인 것과 영적인 것을 동시에 살펴보아야 하는 것입니다.

역사적 해석은 구약식 해석이고,
영적인 해석은 신약식 해석입니다.
구약적 해석은 육적 이스라엘의 해방 사건으로 살펴보는 것이고,
신약적 해석은 영적인 것으로 온 세상에 흩어진 영적 이스라엘이 구원을 받는 사건으로 살펴보아야 하는 것입니다. 육적 이스라엘은 혈통적으로 아브라함 후손들이지만 영적 이스라엘은 창세전에 어린 양의 생명책에 녹명이 된 자들로서 성령으로 거듭난 성도들인 것입니다.

70이레는 언약의 후손들이 구속을 받는 것입니다. 구약에서 언약의 후손은 아브라함 후손을 말하고, 신약에서 언약의 후손은 예수 그리스도 안에서 난 성도들을 말합니다. 그럼 먼저 구약 이스라엘을 통해서 70이레가 역사 속에서 어떻게 성취가 되었는지 살펴봅니다. 그러고 난 후에 예수 그리스도를 통하여서 구원받게 되는 영적인 의미를 살펴보기로 하겠습니다.

역사적 해석을 하려면 먼저 70이레가 육적 이스라엘이 바벨론에서 해방을 맞이하는 사건이 언제부터 시작이 되는지 알아야 합니다. 역사 속에서 실제 일어난 기점을 알아야 70이레의 끝을 알 수가 있습니다. 70이레의 기점이 언제부터인지 살펴봅시다.

첫 번째 텀인 70이레부터 살펴봅시다.

다니엘 9장을 다시 봅시다.

단 9:1-19 "메대 족속 아하수에로의 아들 다리오가 갈대아 나라 왕으로 세움을 입던 원년 2. 곧 그 통치 원년에 나 다니엘이 서책으로 말미암아 여호와의 말씀이 선지자 예레미야에게 임하여 고하신 그 년수를 깨달았나니 곧 **예루살렘의 황무함이 칠십 년 만에 마치리라** 하신 것이니라 3. 내가 금식하며 베옷을 입고 재를 무릅쓰고 주 하나님께 기도하며 간구하기를 결심하고 4. 내 하나님 여호와께 기도하며 자복하여 이르기를 크시고 두려워할 주 하나님 주를 사랑하고 주의 계명을 지키는 자를 위하여 언약을 지키시고 그에게 인자를 베푸시는 자시여 5. 우리는 이미 범죄하여 패역하며 행악하며 반역하여 주의 법도와 규례를 떠났사오며 6. 우리가 또 주의 종 선지자들이 주의 이름으로 우리의 열왕과 우리의 방백과 열조와 온 국민에게 말씀한 것을 듣지 아니하였나이다 7. 주여 공의는 주께로 돌아가고 수욕은 우리 얼굴로 돌아옴이 오늘날과 같아서 유다 사람들과 예루살렘 거민들과 이스라엘이 가까운데 있는 자나 먼데 있는 자가 다 주께서 쫓아 보내신 각국에서 수욕을 입었사오니 이는 그들이 주께 죄를 범하였음이니이다 8. 주여 수욕이 우리에게 돌아오고 우리의 열왕과 우리의 방백과 열조에게 돌아온 것은 우리가 주께 범죄하였음이니이다마는 9. 주 우리 하나님께는 긍휼과 사유하심이 있사오니 이는 우리가 주께 패역하였음이오며 10. 우리 하나님 여호와의 목소리를 청종치 아니하며 여호와께서 그 종 선지자들에게 부탁하여 우리 앞에 세우신 율법을 행치 아니하였음이니이다 11. 온 이스라엘이 주의 율법을 범하고 치우쳐 가서 주의 목소리를 청종치 아니하였으므로 이 저주가 우리에게 내렸으되 곧 하나님의 종 모세의 율법 가운데 기록된 맹세대로 되었사오니 이는 우리가 주께 범죄하였음이니이다 12. 주께서 큰 재앙을 우리에게 내리사 우리와 및 우리를 재판하던 재판관을 쳐서 하신 말씀을 이루셨사오니 온 천하에 예루살렘에 임한 일 같은 것이 없나이다 13. 모세의 율법에 기록된 대로 이 모든 재앙이 이미 우리에게 임하였사오나 우리는 우리의 죄악을 떠나고 주의 진리를 깨닫도록 우리 하나님 여호와의 은총을 간구치 아니하였나이다 14. 이러므로 여호와께서 이 재앙을 간직하여 두셨다가 우리에게 임하게 하셨사오니 우리의 하나님 여호와는 행하시는 모든 일이 공의로우시나 우리가 그 목소리를 청종치 아니하였음이니이다 15. 강한 손으로 주의 백성을 애굽 땅에서 인도하여 내시고 오늘과 같이 명성을 얻으신 우리 주 하나님이여 우리가 범죄하였고 악을 행하였나이다 16. 주여 내가 구하옵나니 주는 주의 공의를 좇으사 주의 분노를 주의 성 예루살렘, 주의 거룩한 산에서 떠나게 하옵소서 이는 우리의 죄와 우리의 열조의 죄악을 인하여 예루살렘과 주의 백성이 사면에 있는 자에게 수욕을 받음이니이다 17. 그러하온

즉 우리 하나님이여 지금 주의 종의 기도와 간구를 들으시고 주를 위하여 주의 얼굴 빛을 주의 황폐한 성소에 비취시옵소서 18. 나의 하나님이여 귀를 기울여 들으시며 눈을 떠서 우리의 황폐된 상황과 **주의 이름으로 일컫는 성(城)을 보옵소서** 우리가 주의 앞에 간구하옵는 것은 우리의 의를 의지하여 하는 것이 아니요 주의 큰 긍휼을 의지하여 함이오니 19. 주여 들으소서 주여 용서하소서 주여 들으시고 행하소서 지체치 마옵소서 나의 하나님이여 주 자신을 위하여 하시옵소서 이는 주의 성(城)과 주의 백성이 주의 이름으로 일컫는바 됨이니이다"

70이레가 예수님의 예루살렘 입성을 정점(頂點)으로 하고 있다고 하였습니다. 그럼 예수님이 백성들로부터 기름 부음을 받은 왕으로 등극한 날인 예루살렘에 입성하신 것을 기점으로 해서 역순(逆順)으로 거슬러 올라가면서 62이레와 7이레를 계산해 봅시다.

70이레는 세 구분으로 되어 있습니다.

단 9:24-27 "네 백성과 네 거룩한 성을 위하여 칠십 이레로 기한을 정하였나니 허물이 마치며 죄가 끝나며 죄악이 영속되며 영원한 의가 드러나며 이상과 예언이 응하며 또 지극히 거룩한 자가 기름 부음을 받으리라 25. 그러므로 너는 깨달아 알지니라 **예루살렘을 중건하라는 영이 날 때부터 기름 부음을 받은 자 곧 왕이 일어나기까지 일곱 이레와 육십이 이레가 지날 것이요 그 때 곤란한 동안에 성(城)이 중건되어 거리와 해자가 이룰 것이며** 26. 육십이 이레 후에 기름 부음을 받은 자가 끊어져 없어질 것이며 장차 한 왕의 백성이 와서 그 성읍과 성소를 훼파하려니와 그의 종말은 홍수에 엄몰됨 같을 것이며 또 끝까지 전쟁이 있으리니 황폐할 것이 작정되었느니라 27. 그가 장차 많은 사람으로 더불어 한 이레 동안의 언약을 굳게 정하겠고 그가 그 이레의 절반에 제사와 예물을 금지할 것이며 또 잔포하여 미운 물건이 날개를 의지하여 설 것이며 또 이미 정한 종말까지 진노가 황폐케 하는 자에게 쏟아지리라 하였느니라"

첫째, 7이레와,
둘째, 62이레와,
셋째, 1이레로 구분이 됩니다.

7이레는 예루살렘 성(城)이 중건되는 기간이고, 62이레가 되면 메시아가 와서 기름 부음을 받는 사건이 일어나고, 그리고 기름 부음 받은 왕이 끊어집니다. 그 후에 한 왕이 일어나서 1이레를 이루게 됩니다. 끊어진다는 것은 타살당한다는 말입니다. 기름 부음 받은 왕이 예수님이라고 한다면 예수님이 십자가에서 죽임당한 것을 말합니다. 그러고 난 후에 1이레 언약이 맺어져서 70이레가 완성되는 것입니다.

70이레가 시작되는 기점을 찾는 것이 중요합니다. 예수님이 진짜로 70이레를 성취하셨는지 살펴보아야 할 것 아닙니까? 예수님이 만약 예루살렘 성(城)을 중건하라는 영(令)이 난 후 69이레 즉 69×7년 = 483년 후에 기름 부음을 받아야 다니엘이 예언한 그 기름 부음 받은 왕이 맞는 것입니다.

만약에 안 맞으면 예수님은 성경이 말하는 메시아가 아닌 것입니다. 다른 메시아를 기다려야 합니다. 그럼 우리의 믿음도 헛것이 되고 맙니다. 우리가 믿는 성경 속의 그 예수도 가짜가 되고 마는 것입니다. 맞을까요? 안 맞을까요? 당연히 맞아야 하겠지요. 그래야 우리 구원도 확실한 것이 되니까요. 그럼 먼저 70이레의 시작인 7이레부터 살펴봅시다. 7이레는 예루살렘 성(城)을 중건하라는 영(令)이 날 때부터라고 했습니다. 다니엘 9장 25절을 봅시다.

단 9:25 "그러므로 너는 깨달아 알지니라 예루살렘을 중건하라는 영이 날 때부터 기름 부음을 받은 자 곧 왕이 일어나기까지 일곱 이레와 육십이 이레가 지날 것이요 그 때 곤란한 동안에 성(城)이 중건되어 거리와 해자가 이룰 것이며"

70이레의 시작이 7이레가 시작되는 예루살렘 성(城)을 중건하라는 영이 날 때부터입니다. 7이레(49년) 동안 성이 중건되고 거리와 해자가 이루어지게 됩니다. 성(城)이 중건되고 거리와 해자가 이루어진다는 것은 폐허가 된 도시가 보수되고 재건이 되어서 사람이 살 수 있는 도시로서의 기능이 정상적으로 돌아가게 된다는 것을 말합니다.

그럼 영이 언제 났는지를 가지고 예수님이 기름 부음 받는 시기를 따져보아야 합니다. 기름 부음을 받는다는 말은 왕(王)으로 추대된다는 것입니다.

두 가지 기름 부음이 있습니다. 먼저 하나님으로부터의 기름 부음입니다. 이는 세례 요한으로부터 세례를 받고 난 후 물에서 올라오실 때 하늘에서 음성이 나서 이는 내 사랑하는 아들이라고 합니다. 이는 하나님으로부터의 기름 부음을 받은 것입니다. 그리고 예루살렘에 입성하실 때 백성들로부터 '호산나 다윗의 자손이여 주의 이름으로 오시는 이여'라고 환호하면서 유대인의 왕으로 등극합니다.

그렇다면 예수님께서 요단강에서 세례를 받을 때와 예루살렘에 입성하는 것이 70이레 중에서 7이레와 62이레를 합한 69이레가 되는 것입니다. 나머지 1이레는 기름 부음 받은 왕이 끊어진다고 하였으니 예수님이 십자가에 죽고 난 후 시작이 되기 때문입니다. 그럼 예루살렘 입성을 역순으로 계산하여 거슬러 올라가면 62이레와 7이레의 기점을 알 수가 있는 것입니다.

62이레와 7이레를 알려면 먼저 이스라엘의 멸망 사건을 살펴보아야 합니다. 그래야 예루살렘 성을 중건하라는 영이 무엇인지를 알 수가 있습니다. 예루살렘이 언제 멸망당하였나요? 이스라엘은 바벨론으로부터 3차례 침공을 받고 완전히 멸망을 당했습니다.

1차 침공이 B.C 605년에 일어났습니다. 이 때 이미 이스라엘은 망한 것이나 다름없었습니다. 왜냐하면, 성전의 물건들을 모두 빼앗겼기 때문입니다. 성전 기명들을 이방인에게 빼앗겼다는 것은 유대인들의 신앙 자체가 완전히 사단에게 넘어갔다는 뜻입니다.

2차 침공은 B.C 597년에 일어났는데 이 때 대부분의 유대인들이 포로로 잡혀갑니다. 3차 침공은 B.C 586년에 일어났는데 이 때 예루살렘은 완전히 초토화가 되었습니다. 이 때 성전도 불타고 예루살렘 성도 완전히 불타버렸습니다.

3차 침공 때 똑똑하다고 생각되는 사람들은 대부분 바벨론으로 잡아갔습니다. 똑똑한 자들을 남겨두면 독립운동을 할까봐서입니다. 그래서 예루살렘에는 비루한 자들만 남겨두었던 것입니다. 바벨론의 느부갓네살 왕은 유대인 분산 정책을 편 것입니다. 바벨론은 타 종교를 인정하지 않았습니다. 그래서 식민지 민족들의 종교 말살 정책을 폈던 것입니다. 이스라엘의 여호와 신앙을 금지시킨 것입니다. 그래서 여호와 신앙의 근간인 성전을 불태워버린 것입니다.

바벨론은 모든 민족을 자기들 신앙으로 개종시키고자 하였습니다. 이 모습을 다니엘서에서 느부갓네살이 금 신상을 만들어 놓고 절하게 하는 것으로 말해주고 있습니다. 바벨론 신앙으로의 강제 개종은 마치 우리나라가 일제 강점기 때 일본이 우리나라 국민들을 창씨개명하고 신사참배를 하게 한 것과도 같습니다.

이스라엘을 멸망시킨 바벨론이 B.C 538년에 바사 왕 고레스에게 망합니다. 고레스는 바벨론을 무너뜨리고 나라 이름을 메대 바사라고 지었습니다. 고레스는 바벨론 왕 느부갓네살과 반대 정책을 폈습니다. 각 민족의 종교를 인정하였습니다.

바사 왕 고레스는 유화정책을 펴서 정복당한 백성들에게 종교의 자유를 주었습니다. B.C 537년에 고레스가 칙령을 내려서 유대인들을 예루살렘으로 돌아가게 하여서 허물어진 성전을 짓게 합니다. B.C 516년경에 스룹바벨과 예수아(여호수아)를 중심으로 하여 약 5만 명이 고토로 귀환하여서 성전을 재건합니다. 이 때 지어진 성전이 바로 스룹바벨 성전입니다.

하지만 이 때는 아직 예루살렘 도시가 정비되지 않았습니다. 성전만 지어졌지 예배는 드려지지 않았습니다. 성전 예배는 성전을 짓고 난 후 58년이 지난 B.C 457년 2차와 3차로 포로들이 귀환하여서 예루살렘 성(城)을 7이레 동안 재건하고 난 후부터 드려지게 되었습니다. 이 때가 바로 70이레가 시작되는 기점입니다.

70이레의 기점은 예루살렘 성을 중건하라는 영(令)이 날 때부터입니다. 성전(聖殿)이 아니고 성(城)입니다. 예루살렘 성을 중건하라는 영이 언제 나는가 하면 B.C 457년입니다. 이 때 왕이 누구였는가 하면 아닥사스다입니다. 아닥사스다 왕이 B.C 457년에 예루살렘 성을 중건하라는 영을 내렸습니다.

성전(聖殿)은 고레스가 지으라고 했고, 성(城)은 아닥사스다가 중건하라고 했습니다. 70이레의 기점은 성(城)을 중건하라는 칙령이 날 때라고 하였으니 아닥사스다 왕 7년 2차 포로 귀환 때인 B.C 457년이 되는 것입니다. 그럼 예루살렘 중건 영(令)을 살펴봅시다. 에스라 1장입니다.

에스라 1:1-4 "바사 왕 고레스 원년에 여호와께서 예레미야의 입으로 하신 말씀을 응하게 하시려고 바사 왕 고레스의 마음을 감동시키시매 저가 온 나라에 공포도 하고 조서도 내려 가로되 2. 바사 왕 고레스는 말하노니 하늘의 신 여호와께서 세상 만국으로 내게 주셨고 나를 명하사 유다 예루살렘에 전(殿)을 건축하라 하셨나니 3. 이스라엘의 하나님은 참 신이시라 너희 중에 무릇 그 백성 된 자는 다 유다 예루살렘으로 올라가서 거기 있는 **여호와의 전(殿)을 건축하라** 너희 하나님이 함께 하시기를 원하노라 4. 무릇 그 남아 있는 백성이 어느 곳에 우거하였든지 그곳 사람들이 마땅히 은과 금과 기타 물건과 짐승으로 도와주고 그 외에도 예루살렘 하나님의 전을 위하여 예물을 즐거이 드릴지니라 하였더라"

고레스 원년에 여호와의 전(殿)을 건축하라는 영을 내립니다. 고레스가 바벨론을 멸망시키고 난 후에 정책 수정을 대대적으로 하게 됩니다. 그것이 각 민족마다 종교를 회복하는 것으로 나타났습니다. 이 때가 대략 B.C 538년경입니다. 고레스는 유대인들에게 고토로 돌아가서 여호와의 전(殿)을 건축하라고 하였습니다. 이 일은 하나님께서 고레스의 마음을 감동시켜서 일어난 일입니다.

하나님께서 고레스의 마음을 감동하게 해서 유대인들에게 고토로 돌아가서 여호와의 성전을 건축하게 하신 것은 예레미야의 예언을 응하기 위함입니다. 일찍이 예레미야는 바벨론으로 포로로 잡혀갈 때 70년이 되면 돌아올 것이라고 하였습니다. 그 때가 되매 하나님이 고레스의 마음을 감동케 하여서 본국으로 돌아가라고 한 것입니다. 이것은 국가를 독립시켜준 것이 아니고 신앙을 회복시켜준 것입니다.

이것이 1차 귀환령입니다. 이 때 스룹바벨을 위시하여 약 5만 명이 예루살렘으로 올라갑니다. 성전 건축을 B.C. 536년경에 시작했는데 중간에 방해꾼 때문에 약 16년간 중단이 됩니다. 그러다가 4년 만인 B.C. 516년에 완공을 합니다. 약 20년 만에 우여곡절 가운데서 완공하였습니다.

이는 바벨론에 멸망당할 때 예루살렘 성전이 파괴된 후 약 70년 만에 다시 재건이 된 것입니다. 그러고 난 후 약 80년 후인 B.C. 458년에 아닥사스다 왕 재위 7년 때에 학사 에스라가 조서를 받게 됩니다. 에스라 7장을 봅시다.

> **에스라 7:1-13** "이 일 후 바사 왕 아닥사스다가 위에 있을 때에 에스라라 하는 자가 있으니라 저는 스라야의 아들이요 아사랴의 손자요 힐기야의 증손이요 2. 살룸의 현손이요 사독의 오대 손이요 아히둡의 육대 손이요 3. 아마랴의 칠대 손이요 아사랴의 팔대 손이요 므라욧의 구대 손이요 4. 스라히야의 십대 손이요 웃시엘의 십일대 손이요 북기의 십이대 손이요 5. 아비수아의 십삼대 손이요 비느하스의 십사대 손이요 엘르아살의 십오대 손이요 대제사장 아론의 십륙대 손이라 6. 에스라가 바벨론에서 올라왔으니 저는 이스라엘 하나님 여호와께 주신바 모세의 율법에 익숙한 학사로서 그 하나님 여호와의 도우심을 입으므로 왕에게 구하는 것은 다 받는 자더니 7. **아닥사스다 왕 칠 년에** 이스라엘 자손과

제사장들과 레위 사람들과 노래하는 자들과 문지기들과 느디님 사람들 중에 몇 사람이 예루살렘으로 올라올 때에 8. 이 에스라가 올라왔으니 왕의 칠년 오월이라 9. 정월 초 하루에 바벨론에서 길을 떠났고 하나님의 선한 손의 도우심을 입어 오월 초하루에 예루살렘에 이르니라 10. 에스라가 여호와의 율법을 연구하여 준행하며 율례와 규례를 이스라엘에게 가르치기로 결심하였었더라 11. 여호와의 계명의 말씀과 이스라엘에게 주신 율례의 학사인 학사 겸 제사장 **에스라에게 아닥사스다 왕이 내린 조서 초본은 아래와 같으니라** 12. 모든 왕의 왕 아닥사스다는 하늘의 하나님의 율법에 완전한 학사 겸 제사장 에스라에게 13. 조서하노니 우리나라에 있는 이스라엘 백성과 저희 제사장들과 레위 사람들 중에 예루살렘으로 올라갈 뜻이 있는 자는 누구든지 너와 함께 갈지어다 ~ 21. 나 곧 나 아닥사스다 왕이 강 서편 모든 고지기에게 조서를 내려 이르기를 하늘의 하나님의 율법의 학사 겸 제사장 에스라가 무릇 너희에게 구하는 것은 신속히 시행하되 22. 은 일백 달란트까지 밀은 일백 고르까지, 포도주는 일백 밧까지, 기름도 일백 밧까지 하고 소금은 정수 없이 하라 23. 무릇 하늘의 하나님의 전을 위하여 하늘의 하나님의 명하신 것은 삼가 행하라 어찌하여 진노가 왕과 왕자의 나라에 임하게 하랴 24. 내가 너희에게 이르노니 제사장들이나 레위 사람들이나 노래하는 자들이나 문지기들이나 느디님 사람들이나 혹 하나님의 전에서 일하는 자들에게 조공과 잡세와 부세를 받는 것이 불가하니라 하였노라 25. 에스라여 너는 네 손에 있는 네 하나님의 지혜를 따라 네 하나님의 율법을 아는 자로 유사와 재판관을 삼아 강 서편 모든 백성을 재판하게 하고 그 알지 못하는 자는 너희가 가르치라 26. 무릇 네 하나님의 명령과 왕의 명령을 준행치 아니하는 자는 속히 그 죄를 정하여 혹 죽이거나 정배하거나 가산을 적몰하거나 옥에 가둘지니라 하였더라"

아닥사스다 왕 재위 7년에 조서를 내립니다. 어느 날 에스라가 왕에게 80년 전에 예루살렘에 성전이 지어졌지만 도시가 정비되지 않고 성전에서 예배가 제대로 이루어지지 않고 있다고 합니다. 성전만 지었지 예배를 집례할 제사장들과 성전에서 수종들 사람들이 없었기 때문입니다.

에스라가 이 말을 하자 아닥사스다 왕이 온 나라에 명령을 내리게 됩니다. 예루살렘 도시를 축성할 재료들과 기술자들과 성전에서 예배할 제사장들과 수종들 레위인들을 보내라고 합니다. 이 때가 B.C. 457년 2차 귀환령입니다. 그 후 13년 후인 B.C 444년에 3차로 느헤미야를 위시하여 나머지 사람들을 보냅니다. 느헤미야가 합류한 후 예루살렘 성이 본격적으로 축성이 됩니다. 느헤미야 1-2장을 봅시다.

느 1:1-11 - 2:1-20 "하가랴의 아들 느헤미야의 말이라 아닥사스다 왕 제 이십년 기슬르월에 내가 수산궁에 있더니 2. 나의 한 형제 중 하나니가 두어 사람과 함께 유다에서 이르렀기로 내가 그 사로잡힘을 면하고 남아 있는 유다 사람과 예루살렘 형편을 물은즉 3. 저희가 내게 이르되 사로잡힘을 면하고 남은 자가 그 도에서 큰 환난을 만나고 능욕을 받으며 예루살렘성은 훼파되고 성문들은 소화되었다 하는지라 4. 내가 이 말을 듣고 앉아서 울고 수일 동안 슬퍼하며 하늘의 하나님 앞에 금식하며 기도하여 5. 가로되 하늘의 하나님 여호와 크고 두려우신 하나님이여 주를 사랑하고 주의 계명을 지키는 자에게 언약을 지키시며 긍휼을 베푸시는 주여 간구하나이다 6. 이제 종이 주의 종 이스라엘 자손을 위하여 주야로 기도하오며 이스라엘 자손의 주 앞에 범죄함을 자복하오니 주는 귀를 기울이시며 눈을 여시사 종의 기도를 들으시옵소서 나와 나의 아비 집이 범죄하여 7. 주를 향하여 심히 악을 행하여 주의 종 모세에게 주께서 명하신 계명과 율례와 규례를 지키지 아니하였나이다 8. 옛적에 주께서 주의 종 모세에게 명하여 가라사대 만일 너희가 범죄하면 내가 너희를 열국 중에 흩을 것이요 9. 만일 내게로 돌아와서 내 계명을 지켜 행하면 너희 쫓긴 자가 하늘 끝에 있을지라도 내가 거기서부터 모아 내 이름을 두려고 택한 곳에 돌아오게 하리라 하신 말씀을 이제 청컨대 기억하옵소서 10. 이들은 주께서 일찍 큰 권능과 강한 손으로 구속하신 주의 종이요 주의 백성이니이다 11. 주여 구하오니 귀를 기울이사 종의 기도와 주의 이름을 경외하기를 기뻐하는 종들의 기도를 들으시고 오늘날 종으로 형통하여 이 사람 앞에서 은혜를 입게 하옵소서 하였나니 그 때에 내가 왕의 술 관원이 되었었느니라 2:1. 아닥사스다왕 이십년 니산월에 왕의 앞에 술이 있기로 내가 들어 왕에게 드렸는데 이전에는 내가 왕의 앞에서 수색이 없었더니 2. 왕이 내게 이르시되 네가 병이 없거늘 어찌하여 얼굴에 수색이 있느냐 이는 필연 네 마음에 근심이 있음이로다 그 때에 내가 크게 두려워하여 3. 왕께 대답하되 왕은 만세수를 하옵소서 나의 열조의 묘실 있는 성읍이 이제까지 황무하고 성문이 소화되었사오니 내가 어찌 얼굴에 수색이 없사오리이까 4. 왕이 내게 이르시되 그러면 네가 무엇을 원하느냐 하시기로 내가 곧 하늘의 하나님께 묵도하고 5. 왕에게 고하되 왕이 만일 즐겨하시고 종이 왕의 목전에서 은혜를 얻었사오면 나를 유다 땅 나의 열조의 묘실 있는 성읍에

보내어 그 성을 중건하게 하옵소서 하였는데 6. 그 때에 왕후도 왕의 곁
에 앉았더라 왕이 내게 이르시되 네가 몇날에 행할 길이며 어느 때에
돌아오겠느냐 하고 왕이 나를 보내기를 즐겨하시기로 내가 기한을 정하
고 7. 내가 또 왕에게 아뢰되 왕이 만일 즐겨하시거든 강 서편 총독들에
게 내리시는 조서를 내게 주사 저희로 나를 용납하여 유다까지 통과하
게 하시고 8. 또 왕의 삼림 감독 아삽에게 조서를 내리사 저로 전에 속
한 영문의 문과 성곽과 나의 거할 집을 위하여 들보 재목을 주게 하옵소
서 하매 내 하나님의 선한 손이 나를 도우심으로 왕이 허락하고 9. 군대
장관과 마병을 보내어 나와 함께하게 하시기로 내가 강 서편에 있는 총
독들에게 이르러 왕의 조서를 전하였더니 10. 호론 사람 산발랏과 종 되
었던 암몬 사람 도비야가 이스라엘 자손을 흥왕케 하려는 사람이 왔다
함을 듣고 심히 근심하더라 11. 내가 예루살렘에 이르러 거한 지 삼일에
12. 내 하나님이 내 마음을 감화하사 예루살렘을 위하여 행하게 하신
일을 내가 아무 사람에게도 말하지 아니하고 밤에 일어나 두어 사람과
함께 나갈새 내가 탄 짐승 외에는 다른 짐승이 없더라 13. 그 밤에 골짜
기 문으로 나가서 용정으로 분문에 이르는 동안에 보니 예루살렘 성벽
이 다 무너졌고 성문은 소화되었더라 14. 앞으로 행하여 샘문과 왕의 못
에 이르러는 탄 짐승이 지나갈 곳이 없는지라 15. 그 밤에 시내를 좇아
올라가서 성벽을 살펴본 후에 돌이켜 골짜기 문으로 들어와서 돌아왔으
나 16. 방백들은 내가 어디 갔었으며 무엇을 하였는지 알지 못하였고 나
도 그 일을 유다 사람들에게나 제사장들에게나 귀인들에게나 방백들에
게나 그 외에 일하는 자들에게 고하지 아니하다가 17. 후에 저희에게 이
르기를 우리의 당한 곤경은 너희도 목도하는 바라 예루살렘이 황무하고
성문이 소화되었으니 자 예루살렘 성을 중건하여 다시 수치를 받지 말

자 하고 18. 또 저희에게 하나님의 선한 손이 나를 도우신 일과 왕이 내게 이른 말씀을 고하였더니 저희의 말이 일어나 건축하자 하고 모두 힘을 내어 이 선한 일을 하려 하매 19. 호론 사람 산발랏과 종이 되었던 암몬 사람 도비야와 아라비아 사람 게셈이 이 말을 듣고 우리를 업신여기고 비웃어 가로되 너희의 하는 일이 무엇이냐 왕을 배반코자 하느냐 하기로 20. 내가 대답하여 가로되 하늘의 하나님이 우리로 형통케 하시리니 그의 종 우리가 일어나 건축하려니와 오직 너희는 예루살렘에서 아무 기업도 없고 권리도 없고 명록도 없다 하였느니라"

느헤미야는 아닥사스다 왕의 술 맡은 관원장으로서 왕으로부터 신임을 받았습니다. 그런데 어느 날 '하나니'라는 형제로부터 예루살렘 소식을 듣게 됩니다. 앞서 1-2차로 예루살렘으로 귀환한 형제들이 성전을 짓고 예루살렘 성도 부분적으로 재건을 하였는데 원수들의 핍박으로 성문도 불타버리고 예루살렘 성도 훼파되었다고 합니다. 이에 느헤미야가 수심이 가득한 모습으로 왕 앞에서 시중을 들었습니다. 그 모습을 본 아닥사스다 왕이 느헤미야에게 묻습니다.

야, 너 무슨 일이 있느냐!
네 얼굴이 왜 그 모양이냐!
무슨 일인지 말해보라고 합니다.

이에 느헤미야가 흐느끼면서 예루살렘 소식을 전합니다. 1차로 올라간 형제들이 어렵게 성전을 재건하였지만 도시가 정비되지 않아서 성전의 기능이 제대로 돌아가지 않아서 2차로 올라간 형제들에 의해 겨우겨우 수습되는가 하였는데 이것마저도 원수들의 방해로 성문도 불타버리고 성도 훼파가 되어서 쑥대밭이 되었다고 합니다.

그러자 왕이 느헤미야에게 예루살렘에 올라가서 다시 재건하라고 합니다. 이 때가 3차 귀환령입니다. 2차로 올라간 에스라와 3차로 올라간 느헤미야가 합심하여서 7이레 즉 49년 동안 예루살렘 성을 재건합니다. 이 때 영적 대각성이 일어나고 엄청난 부흥 운동이 일어나게 됩니다.

아닥사스다 왕이 에스라에게 2차 포로 귀환을 허락한 때가 B.C 457년입니다. 아닥사스다 왕의 영이 난 후 에스라와 느헤미야의 주도하에 7이레가 지난 후 즉 49년 후인 408년에 예루살렘 성이 완전히 중건됩니다.

이 때 에스라와 느헤미야와 같은 선지자들이 일어나서 7이레 동안 부흥 운동을 일으켜서 무너졌던 성전 예배를 부활시키고 율법 신앙을 회복합니다. 이렇게 되어 70이레 중 첫 구분에 속한 7이레는 역사 속에서 그대로 성취가 되었습니다.

62이레의 시작과 영적 의미

예루살렘 성이 중건이 되고 난 후 62이레가 흐른다고 했습니다. 62이레가 흐르고 나면 기름 부음 받은 왕이 나타난다고 하였습니다. 그럼 예루살렘 성(城)이 중건된 BC 408년부터 62이레 즉 434년이 흘러야 합니다. 이 시기에 제국들의 흥망성쇠가 일어납니다. 메대 바사에서 헬라로, 헬라에서 로마로 바뀌게 됩니다.

로마가 세워지면서 B.C에서 A.D로 기원이 바뀝니다. 로마가 기독교를 국교로 공인하면서 예수님의 탄생을 기준으로 하여 기원을 바꿔버린 것입니다. 기원이 바뀌었다는 말은 세상(시대)이 바뀌었다는 말입니다. 이건 마치 예수 믿기 전에는 땅 사람이었는데 예수 믿고 난 후 하늘 사람이 된 것과 같습니다.

바뀐 기원을 서력 기원(西曆紀元)이라고 합니다. 과거에는 태음력(太陰曆)을 사용하였는데 기원이 바뀌면서 태양력(太陽曆)을 쓰게 되었습니다. 우리가 흔히 음력(陰曆)이라고 하는 것은 구약식 연호이고, 양력(陽曆)은 신약식 연호입니다. 음력은 달의 주기를 쓰고, 양력은 태양의 주기를 씁니다.

영적인 의미로 보면,

해는 하늘을 상징하고,
달은 땅을 상징합니다.

달은 육을 상징하고,
해는 영을 상징합니다.

달은 땅(육)의 역사를 말하고,
해는 하늘(영)의 역사를 말합니다.

B.C는 예수님이 오시기 전이고,
A.D는 예수님이 오신 후입니다.

예수님이 오시기 전을 구약이라고 하고,
예수님이 오신 후를 신약이라고 합니다.

이는 예수님을 기준으로 세상이 둘로 나누인다는 뜻입니다. 예수님이 오심으로 시대가 완전히 뒤바뀌게 된 것입니다. 예수님이 오심으로 역사는 끝나고 묵시로 접어든 것입니다. 이게 엄청난 사건인 것입니다. 구약은 땅의 역사라고 하고, 신약은 하늘 즉 묵시의 역사라고 합니다. 묵시란? 영적 세계라는 뜻입니다.

구약과 신약의 영적인 의미 하나를 살펴보고 갑시다.

구약은 시간을 삭제하면서 갑니다. 6000에서 시작하여서 0으로 끝이 납니다. 아담 시대가 6000이라고 한다면 예수님의 다시 오심이 0이 되는 것입니다.

참고로 각 시대별 기간을 대략적으로 살펴봅시다.

아담에서 노아까지가 1000년
노아부터 아브라함까지 1000년
아브라함부터 다윗까지 1000년
다윗부터 예수님 초림까지 1000년
예수님 초림에서 예수님 재림까지 2000년

육의 역사로 보면 아담에서 예수님 초림까지 4000년이고, 영의 역사로 보면 아브라함부터 예수님 재림까지 4000년이 되는 것입니다. 1000은 땅의 만수이고, 4는 고난의 수이므로 실제 인류 역사는 4000년이 되는 것입니다. 이건 마치 아브라함의 후손이 애굽에서 종살이하다가 사대 만에 약속의 땅으로 돌아가는 것과도 같은 것입니다.

구약은 마이너스 역사라고 한다면 신약을 플러스 역사입니다. 마이너스는 죽음으로 끝이 나고, 플러스는 영생으로 나아갑니다. 신약의 시간은 영적으로 영생으로 나아가는 것이므로 시간을 첨가하면서 진행이 되는 것입니다. 1에서 100으로, 100에서 1000으로, 1000에서 10000으로 갈수록 불어나는 것입니다.

구약은 삭제당하는 역사고 신약은 첨가하는 역사입니다. 삭제당한다는 것은 죽음 곧 소멸을 말하고, 첨가한다는 것은 영생으로 나아간다는 말입니다. 구약 신앙은 죽음으로 끝이 나는 것입니다. 구약은 옛 사람을 말하는데 옛 사람은 망하는 역사인 것입니다. 그래서 구약에서는 아무리 오래 살아도 '죽었더라! 죽었더라!'고 하는 것입니다. 그러나 신약의 신앙은 영생입니다. 주 안에서 살았더라고 하는 것입니다.

구약은 옛 언약입니다. 옛 언약은 율법 신앙입니다. 율법 신앙은 죽음으로 끝이 나는 것입니다. 신약은 새 언약입니다. 새 언약은 은혜입니다. 은혜는 영생으로 가게 되어 있습니다. 옛 언약인 율법 신앙은 갈수록 심령이 황폐해지고, 새 언약인 은혜 신앙은 갈수록 심령이 살아나고 흥왕해지는 것입니다.

율법 신앙은 자기 행함을 근본으로 하고 있기 때문에 육신의 쇠함에 따라서 점점 더 의욕이 상실되어가고 신앙이 짐스러워지는 것입니다. 젊어서 근력이 있을 땐 충성도 하고 열심도 내었지만 기운이 빠지면서 만사가 귀찮아집니다.

인간은 자기 몸뚱이가 신입니다. 몸 하나 챙기기가 힘든 것입니다. 그러니 자기 몸으로 행하여야 하는 율법 신앙은 점점 골골해져서 마지막엔 소망이 없고 죽음에 가두어서 불안과 두려움으로 살게 되는 것입니다.

그러나 새 언약의 은혜 신앙은 예수님의 피 뿌림으로 거저 주어지는 용서로 살아가기 때문에 살아갈수록 기쁘고 행복해집니다. 자기 근력이 떨어질수록 예수님 품에 안길 것을 생각하고 기뻐하는 것입니다. 죽음이 소망이 되는 것입니다. 이게 예수 안과 예수 밖의 차이입니다. 역사에 속한 사람과 묵시에 속한 사람의 차이인 것입니다.

62이레를 추적해 봅시다.

7이레가 B.C 408년에 끝이 났다고 했습니다. 그럼 B.C 408년부터는 62이레가 시작이 되는 것입니다. 62이레란 62주간이라고 했습니다. 그럼 62×7= 434년이 됩니다. 그렇다면 7이레의 끝인 408년에서 62이레가 지나면 434년이 됩니다. 그럼 408년에서 434년을 빼면 −26이 됩니다.

62이레 기간 중에 기원이 바뀌었다고 했습니다. 그래서 62이레의 끝은 A.D 26년이 되는 것입니다. −26은 기원후 연도인 것입니다. 그래서 62이레의 끝인 434년은 A.D 26년이 되는 것입니다. 예수님 오신 지 26년이란 말입니다.

이 연도가 왜 중요한가 하면 이 때가 예수님이 요단강에서 성령으로 기름 부음을 받는 사건과 연결되기 때문입니다. A.D 26년은 예수님의 공생애가 시작하는 때입니다. 이 때가 예수님이 요단강에서 세례 요한으로부터 세례를 받고 물에서 올라오실 때 하나님께서 이는 내 사랑하는 아들이라고 하면서 성령으로 기름 부음을 받으실 때입니다.

성경은 예수님이 공생애를 시작할 때를 예수님이 30세 때라고 했습니다. 예수님이 30세 때 요단강에서 기름 부음을 받았다고 합니다. 세상의 서력 기원으로 보면 예수님이 주후 26년에 요단강에서 성령으로 기름 부음을 받았다고 했습니다. 그럼 4년이 틀리게 됩니다. 이는 서력 기원을 예수님 탄생 기점으로 맞추지 않고 로마시 창건 기념일에 맞추었기 때문입니다.

기원전과 기원후로 나누는 것은 예수님이 오시기 전과 오시고 난 후로 나누는 것입니다. 그런데 4년의 오차를 두고 나누어졌습니다. 원칙적으로 하면 예수님이 탄생했을 때를 기준으로 서력 기원을 잡아야 합니다. 그런데 4년 후를 서력 기원의 시작으로 삼은 것은 로마시 창립 기념일을 기준으로 잡아 놓았기 때문입니다.

그 당시 로마가 세계를 정복하고 있었습니다. 기독교가 로마의 국교로 공인된 후 526년에 로마 황제 유스틴이 수도사 디오니시우스 엑시구우스에게 예수님의 탄생을 기점으로 기원을 바꾸라고 했습니다. 그런데 디오니스우스 엑시구우스가 로마시 창건일을 기원이 바뀐 기점으로 삼아 버린 것입니다.

로마시 창건일은 예수님이 탄생하시고 난 다음 4년 후입니다. 그래서 세상 역사는 기원전과 기원후를 예수님 탄생을 기준으로 하지 않고 4년이 지난 로마시 창립 기념일을 기준으로 서력 기원의 시작점으로 잡아서 사용하게 된 것입니다.

지금의 기원은 예수님의 탄생 시기보다 4년이 늦은 것입니다. 이렇게 계산하면 예수님이 요단강에서 기름 부음을 받은 때가 정확히 30세 때가 맞고 70이레 중 69이레가 되는 해가 되는 것입니다. 다니엘이 계시를 받을 때 예루살렘 성(城)을 중건하라는 영(令)이 날 때를 기점으로 7이레와 62이레가 지나서 거룩한 자가 기름 부음을 받는다고 하였습니다. 그 예언이 지금 예수님이 성령의 기름 부음을 받음으로써 이루어진 것입니다.

그럼 의문이 생기겠지요? 아니 아까는 예수님의 예루살렘 입성(入城)을 정점으로 한다고 하였잖아요. 예수님께서 성령의 기름 부음을 받은 것은 예수님이 30세 때이고 예루살렘 입성하는 때는 33세 때이니 3년의 차이가 생기잖아요. 어느 것을 기름 부음 받은 것으로 해야 하는지 의문이 들겠지요.

다니엘이 예언한 것은 거룩한 자가 기름 부음을 받는 것은 하나님으로부터 왕으로 인정받는 것을 말합니다. 예수님은 두 번 왕으로 인정받았습니다. 한 번은 하나님께로 받고 또 한 번은 사람으로부터 받았습니다. 왕으로 인정받는 것을 기름 부음을 받는다고 합니다.

예수님은 요단강에서 성령으로 기름 부음을 받을 때 이미 하나님으로부터 왕으로 인정을 받은 것입니다. 그렇기 때문에 69이레의 기점은 예수님이 요단강에서 성령으로 기름 부음을 받는 것이 맞는 것입니다. '그럼 예루살렘에 입성하실 때 백성들로부터 왕으로 인정받은 것은 무엇입니까?'라고 의문을 품을 수 있겠지요. 이는 역사와 묵시의 차이 때문입니다. 묵시 세계는 시간의 흐름이 없는 곳입니다. 묵시는 영원한 영생의 세계입니다. 이를 오늘날이라고 합니다.

예수님은 30세 때 성령의 기름 부음을 받음으로써 공생애가 시작되었습니다. 성령의 기름 부음을 받았다는 것은 묵시적 존재가 되었다는 뜻입니다. 우리가 성령으로 거듭났다고 하는 것은 묵시적 존재가 되었다는 말입니다. 예수님이 세례 요한에게 물세례를 받은 것은 죽음을 상징합니다. 사생애가 끝이 난 것입니다. 왜냐하면! 세례란 죽음을 의미하기 때문입니다.

그렇다면 예수님은 세례 요한에게 물세례를 받음으로써 역사 속에서의 예수는 죽은 것이 되는 것입니다. 그리고 물에서 올라오니 하늘로부터 성령의 기름 부음이 임합니다. 이는 성령으로 살아났다는 말입니다. 하늘의 사람으로 거듭났다는 뜻입니다. 이제 세상에 속한 사람이 아니고 하늘에 속한 사람이라는 뜻입니다. 세상에 속한 사람은 죽고 하늘로서 난 새로운 사람인 묵시적 존재가 된 것입니다.

이젠 예수님은 묵시에 속한 분이 된 것입니다. 예수님이 성령으로 기름 부음을 받은 후로는 역사 속에 있던 목수의 아들로서의 예수가 아니라 하나님의 아들로서 이스라엘의 메시아로서의 예수님인 것입니다. 이스라엘의 왕이란 말입니다.

예수님은 성령 세례를 받으신 후 3년 반 동안 사역을 합니다. 예수님이 성령으로 기름 부음을 받고 난 이후의 예수님이 살았던 역사적인 세월은 의미가 없어지는 것입니다. 3년을 살아도 하루이고 십 년을 살아도 하루인 것입니다. 묵시 안에서는 천년이 하루 같고 하루가 천년과 같은 것입니다. 왜냐하면! 묵시의 세계는 영생의 세계라서 시간 개념이 없기 때문입니다.

성령으로 거듭나면 새로운 피조물이 됩니다. 묵시적 존재가 된 것입니다. 지금 우리는 영생 안에 들어와 있는 것입니다. 나중에 하늘의 사람으로 거듭나는 것이 아니고 이미 하늘의 사람으로 거듭난 것입니다. 그래서 성도의 죽음을 잔다고 하는 것입니다. 잔다고 하는 것은 나중에 깨어날 것을 전제로 하는 말입니다. 예수님이 재림을 하시면 깨어나게 됩니다.

성도는 천국 안에서 살아가고 있는 것입니다. 오늘 죽어도 천국이고 20년 후에 죽어도 천국인 것입니다. 그러므로 우리가 세상에서 사는 것은 의미가 없는 것입니다. 의미 없다는 말은 아담 안에서 태어난 역사에 속한 몸뚱이는 의미가 없다는 말입니다. 그렇다고 아무렇게 막 살아도 된다는 뜻이 아닙니다. 바울이 삼층 천에 올라가서 자기를 보았습니다. 이미 자신은 천국에 가 있는 것입니다. 그러니 사나 죽으나 그리스도 안이기 때문에 묵시적인 존재로 살았던 것입니다.

예수님도 성령으로 기름 부음을 받음으로써 묵시적 존재가 되었습니다. 묵시적 존재에게는 항상 오늘이라고 했습니다. 그럼 예수님의 3년 반 공생애 기간은 구분할 필요가 없어지는 것입니다. 예수님께서 요단강에서 세례 요한으로부터 세례를 받을 때 역사는 끝이 난 것입니다. 예수님의 요단강 세례 속에는 이미 십자가의 죽음이 담겨 있는 것입니다. 3년 반 후에 일어나는 십자가에서 죽는 것은 요단강에서 이미 죽은 것을 확인하는 것입니다.

이건 마치 죄수가 사형 언도를 받으면 이미 죽은 목숨인 것과 같은 것입니다. 예수님은 요단강에서 이미 사형 언도를 받았고, 동시에 물에서 올라오실 때 영생하는 자로 기름 부음을 받아 이미 왕이 된 것입니다.

이걸 성도에게 적용하면 우리도 예수와 함께 죽었고 예수와 함께 살았습니다. 예수를 믿음으로 이미 영생을 받았습니다. 성도는 이미 영생하는 자입니다. 이미 영생을 품고 있기 때문에 죽어도 다시 살아나게 되는 것입니다. 성령으로 거듭나면 그 때부터 묵시적인 존재가 되는 것입니다.

묵시적 존재란 영적인 존재라는 뜻입니다. 그래서 성령으로 거듭나면 새로운 피조물이라고 하는 것입니다. 이미 예수 안에 있기 때문에 70년을 살다가 죽든지 지금 죽든지 상관이 없는 것입니다. 예수님께서 요단강에서 성령으로 기름 부음을 받는 순간 예수님은 역사에 속한 생애는 끝이 나고 역사와 상관없는 묵시적 생애가 시작이 된 것입니다.

예수님이 공생애 마지막 때에 예루살렘 성(城)에 입성하는 것은 요단강에서 성령으로 기름 부음을 받은 시간과 한 묶음 속에 있는 것이 되는 것입니다. 예수님이 요단강에서 기름 부음을 받은 것은 하나님으로부터 메시아 됨을 인정받는 것이라고 한다면 예루살렘에 왕으로 입성하는 것은 백성들로부터 왕으로 인정받고 등극하는 것입니다. 요단강에서 성령으로 기름 부음을 받은 것은 영적인 것이라고 한다면 예루살렘 입성으로 기름 부음 받는 것은 실제적인 것입니다.

이것은 성도가 성령으로 거듭나는 구원과 예수님의 재림으로 이루어지는 구원과 같은 것입니다. 성령으로 거듭나는 것은 영적인 것이고 예수님의 재림으로 구원을 받는 것은 실제적인 것입니다. 영적인 것과 실제적인 것은 동전의 앞면, 뒷면과 같이 하나인 것입니다. 영적으로 예수님은 요단강에서 이미 죽고 부활하신 것입니다. 묵시적 존재가 된 것입니다. 예수님의 3년 반 공생애는 묵시에 속한 일인 것입니다. 예수님은 예루살렘에 입성한 후 십자가에 죽임을 당하십니다. 그리고 부활하십니다. 이는 역사를 완성하신 것입니다.

1이레의 시작과 영적 의미

마지막 1이레입니다. 7이레는 예루살렘 성(城)이 중건되는 것으로 성취가 되었고, 62이레는 예수님이 요단강에서 기름 부음을 받고 예루살렘에 입성하는 것으로 성취가 되었습니다. 이렇게 되면 69이레가 성취가 된 것입니다. 이제 70이레 중 마지막 1이레가 남았습니다. 마지막 1이레는 언제 시작이 되는지를 살펴봅시다. 다시 다니엘서 9장을 봅시다.

단 9:26-27 "육십이 이레 후에 기름 부음을 받은 자가 끊어져 없어질 것이며 장차 한 왕의 백성이 와서 그 성읍과 성소를 훼파하려니와 그의 종말은 홍수에 엄몰됨 같을 것이며 또 끝까지 전쟁이 있으리니 황폐할 것이 작정되었느니라 27. 그가 장차 많은 사람으로 더불어 한 이레 동안의 언약을 굳게 정하겠고 그가 그 이레의 절반에 제사와 예물을 금지할 것이며 또 잔포하여 미운 물건이 날개를 의지하여 설 것이며 또 이미 정한 종말까지 진노가 황폐케 하는 자에게 쏟아지리라 하였느니라"

62이레가 지나고 나면 기름 부음을 받은 자가 끊어진다고 합니다. 그리곤 한 왕이 와서 성읍과 성소를 훼파하고 제사와 예물을 금하고 많은 사람으로 1이레 동안의 언약을 굳게 정한다고 합니다. 기름 부음 받은 자란 예수님이라고 했습니다. 기름 부음 받은 자가 끊어진다는 것은 예수님이 죽는다는 말입니다.

예수님이 십자가에서 죽고 나자 한 왕의 백성이 와서 성읍과 성소가 훼파되고 끝까지 전쟁이 일어난다고 합니다. 그리곤 그가 장차 많은 사람들과 1이레의 언약을 굳게 정한다고 합니다. 그리고 1이레의 절반에 제사와 예물을 금지한다고 합니다.

그럼 1이레를 앞두고 한 왕이 일어나 성소를 훼파하고 제사와 예물을 금하는 사건이 무엇을 뜻하는지에 대하여 살펴봅시다. 제사와 예물은 율법으로 드려지는 것입니다. 옛 언약에 속한 것입니다. 알다시피 예수님이 십자가에 죽으신 것은 의문에 쓴 증서를 도말키 위함입니다. 율법 아래서 짐승으로 드려지는 제사를 폐하신 것입니다.

예수님은 요단강에서 두 세례를 받았습니다. 물세례와 성령 세례입니다. 물세례는 옛 사람의 죽음이고, 성령 세례는 새 사람으로의 살아남입니다. 물세례로 사생애가 죽고, 성령 세례로 공생애가 시작이 된 것입니다.

영적인 의미로 보면 물세례로 죽음을 맞이한 것입니다. 이것은 기름 부음 받은 왕이 끊어짐과 같은 의미입니다. 그가 1이레 동안의 언약을 굳게 정한다고 합니다. 그리고 1이레의 절반에 제사와 예물을 금지하게 됩니다.

예수님은 요단강에서 물세례와 성령으로 기름 부음을 입고 공생애를 시작하여서 3년 반 동안 사역을 하였습니다. 그러다가 3년 반 후에 십자가에서 죽임을 당합니다. 십자가 사건은 3년 반 전에 요단강에서 물세례 받은 것이 실제화 되어서 나타난 것입니다.

1이레의 절반이 되면 제사와 예물을 금지한다고 하였습니다. 예수님은 공생애 기간 동안 율법적 제사를 폐하는 일을 하였습니다. 예수님은 요단강에서 성령으로 기름 부음을 받고 난 후 1이레의 절반인 전 3년 반에는 공생애 기간 동안 율법의 허구성을 고발하는 일을 하였습니다. 이게 유대인들에게 미움을 사서 3년 반 만에 죽임을 당한 것입니다.

예수님이 십자가에 죽으심으로 율법의 모든 제사는 끝이 났습니다. 그럼 1이레 절반인 후 3년 반부터는 율법 신앙이 폐하여지게 된 것입니다. 예수님의 죽음 이후에는 짐승의 제사와 예물은 금지되었습니다. 성령이 오신 후로는 율법적으로 드려지는 제사는 사라지게 되었습니다.

예수님께서 십자가에 죽으시고 새 언약을 세우셨습니다. 새 언약은 율법을 폐한 언약입니다. 새 언약 안에는 율법에 속한 성전도 없고 제사도 없고 예물도 없습니다. 그래서 율법적 예배가 드려지던 성전이 파괴가 된 것입니다. 시간과 공간 속에서 짐승으로 드려지던 육적인 제사의 시대가 끝이 난 것입니다. 새로운 시대가 열린 것입니다. 그러므로 1이레는 예수님의 십자가 사건과 연관이 있는 것입니다. 이건 잠시 후에 상세하게 살펴보겠습니다.

그럼 70이레가 주어진 배경을 먼저 살펴봅시다.

다니엘이 예레미야 서책을 읽다가 70년이 차면 이스라엘이 바벨론 포로에서 해방이 된다는 사실을 깨달았습니다. 이것은 마치 죄수가 형무소에 가두어졌다가 형기를 마치고 출소하는 것과 같은 것입니다. 하나님이 이스라엘을 바벨론에 포로로 보낸 것은 형무소에 보낸 것과 같은 것입니다.

그럼 이스라엘은 바벨론에서 포로 생활을 하면서 그들의 잘못을 깨닫고 회개하여야 합니다. 이 사실을 다니엘은 깨달았습니다. 그래서 다니엘은 이스라엘을 대표해서 이스라엘의 잘못을 용서해 달라고 금식하면서 회개하는 기도를 하게 됩니다. 그러자 가브리엘 천사가 하나님의 소식을 가지고 온 것입니다.

단 9:20-24 “내가 이같이 말하여 기도하며 내 죄와 및 내 백성 이스라엘의 죄를 자복하고 내 하나님의 거룩한 산을 위하여 내 하나님 여호와 앞에 간구할 때 21. 곧 내가 말하여 기도할 때에 이전 이상 중에 본 그 사람 가브리엘이 빨리 날아서 저녁 제사를 드릴 때즈음에 내게 이르더니 22. 내게 가르치며 내게 말하여 가로되 다니엘아 내가 이제 네게 지혜와 총명을 주려고 나왔나니 23. 곧 네가 기도를 시작할 즈음에 명령이 내렸으므로 이제 네게 고하러 왔느니라 너는 크게 은총을 입은 자라 그런즉 너는 이 일을 생각하고 그 이상을 깨달을지니라 24. 네 백성과 네 거룩한 성을 위하여 칠십 이레로 기한을 정하였나니 허물이 마치며 죄가 끝나며 죄악이 영속되며 영원한 의가 드러나며 이상과 예언이 응하며 또 지극히 거룩한 자가 기름 부음을 받으리라”

가브리엘은 이스라엘이 바벨론에서 해방되는 것에 그치지 않고 세상의 종말에 대한 소식을 알려준 것입니다. 그것이 70이레입니다. 70이레가 되면 6가지가 일어납니다.

허물이 마치며,
죄가 끝나며,
죄악이 영속되며,
영원한 의가 드러나며,
이상과 예언이 응하며,
또 지극히 거룩한 자가 기름 부음을 받게 된다는 것입니다.

이는 메시아를 통해서 하나님 나라가 이루어진다는 말입니다. 그러니까 세상 종말에 관한 이야기인 것입니다. 그러면서 70이레가 언제부터 시작이 되는지 그 기점을 알려줍니다.

단 9:25-27 "그러므로 너는 깨달아 알지니라, 예루살렘을 중건하라는 영이 날 때부터 기름 부음을 받은 자 곧 왕이 일어나기까지 일곱 이레와 육십이 이레가 지날 것이요, 그 때 곤란한 동안에 성이 중건되어 거리와 해자가 이룰 것이며 26. 육십이 이레 후에 기름 부음을 받은 자가 끊어져 없어질 것이며 장차 한 왕의 백성이 와서 그 성읍과 성소를 훼파하려니와 그의 종말은 홍수에 엄몰됨 같을 것이며 또 끝까지 전쟁이 있으리니 황폐할 것이 작정되었느니라 27. 그가 장차 많은 사람으로 더불어 한 이레 동안의 언약을 굳게 정하겠고 그가 그 이레의 절반에 제사와 예물을 금지할 것이며 또 잔포하여 미운 물건이 날개를 의지하여 설 것이며 또 이미 정한 종말까지 진노가 황폐케 하는 자에게 쏟아지리라 하였느니라"

70이레의 시작은 예루살렘을 중건하라는 영(令)이 날 때부터 시작이 된다고 합니다. 예루살렘을 중건하라는 말은 예루살렘 성(城)을 중건하라는 것입니다. 예루살렘 성은 바벨론 왕 느부갓네살이 2차 침공 때 완전히 불타서 폐허가 되었습니다. 그걸 복구하라는 영이 날 때가 70이레의 시작점이라는 것입니다.

예루살렘 성(城)을 중건하라는 영(令)이 날 때부터 기름 부음을 받은 자가 일어날 때까지 7이레와 62이레가 지난다고 합니다. 그런데 62이레 후에 기름 부음 받은 자가 끊어진다고 합니다. 그럼 한 왕과 그 백성들이 와서 성읍과 성소를 훼파할 것이라고 합니다. 그리고 성읍과 성소를 훼파한 그 왕이 많은 사람들과 1이레를 굳게 정하게 됩니다. 먼저 7이레와 62이레가 지나고 나면 한 왕이 기름 부음을 받는데 그 왕이 죽고 나면 마지막 1이레가 시작되는 것입니다.

70이레를 세 텀으로 나누어서 말하는 이유

그 의미를 살펴봅시다.

"이레"가 있고,
"이레"가 있고,
"이레"로 구분이 되어 있습니다.

70이레를 "3시대"로 구분하고 있습니다. 왜 그럴까요? 이는 각 시대마다 영적인 의미가 다르기 때문에 셋으로 나누어서 말해주고 있는 것입니다. 다니엘이 받은 70이레의 초점은 거룩한 자에게 맞추어져 있습니다. 거룩한 자가 기름 부음을 받는 것에 있습니다.

거룩한 자가 기름 부음을 받는다는 것은 왕으로 등극하는 것을 말합니다. 공개적으로 왕으로 등극한다는 뜻입니다. 만약에 기름 부음을 받은 거룩한 자가 예수님이라고 한다면 예수님이 공개적으로 왕으로 등극하는 때가 69이레가 되는 것입니다. 예수님이 공개적으로 이스라엘의 왕으로 등극하는 때가 언제입니까? 두 번 있었습니다.

첫째는 하나님에 의하여 일어났고,

둘째는 백성들로부터 일어났습니다.

첫 번째는, 예수님이 요단강에서 세례 요한으로부터 물세례를 받고 난 후에 물에서 올라오실 때 성령이 비둘기같이 예수님에게 임하면서 하나님께서 예수님이 하나님의 아들이라는 것을 공개적으로 알려주었습니다. 두 번째는, 예수님이 나귀를 타고 예루살렘으로 입성하실 때 백성들이 예수님을 향하여 "호산나 다윗의 자손이여 주의 이름으로 오시는 이스라엘의 왕으로 오시는 이여"라고 하면서 맞이할 때입니다.

예수님의 사생애와 공생애가 있습니다. 사생애는 육에 속하였고, 공생애는 영에 속하였습니다. 요단강에서 세례를 받으신 후 공생애가 시작이 된 후의 삶은 영에 속한 것이므로 몇 년을 살았든지 의미가 없습니다. 성령이 임한 후로는 묵시적 존재가 된 것입니다. 그러므로 요단강에서 하나님으로부터 왕으로 등극을 한 것이나 3년 후에 예루살렘에 입성을 하면서 백성들로부터 왕으로 등극을 한 것은 동일한 의미가 되는 것입니다.

그럼 예수님이 예루살렘에 입성하는 것은 7이레와 62이레가 지난 69이레의 정점(頂點)이 되는 것입니다. 그렇다면 예수님이 예루살렘성에 입성하는 것은 가브리엘이 70이레에서 말하는 거룩한 성을 위한 것임이 되는 것입니다. 다니엘 9장을 봅시다.

단 9:24 "네 백성과 네 거룩한 성을 위하여 칠십 이레로 기한을 정하였나니, 허물이 마치며 죄가 끝나며 죄악이 영속되며 영원한 의가 드러나며 이상과 예언이 응하며 또 지극히 거룩한 자가 기름 부음을 받으리라"

70이레는 "네 백성"과 "네 거룩한 성"을 위하여 70이레로 기한을 정하였다고 합니다. 이는 거룩한 성에서 일어날 일들을 말하고 있는 것입니다. 거룩한 성이란? 예루살렘을 말합니다. 예수님이 예루살렘에 입성한 것은 예루살렘을 사단의 권세로부터 해방하기 위함입니다.

육적으로는 세상 권세로부터 해방이지만,
영적으로는 죄와 사망의 권세로부터의 해방입니다.
언약적으로는 옛 언약인 율법으로부터의 해방입니다.

지금까지 예루살렘은 로마의 총독에게 지배당하고 있었습니다. 예루살렘이 이방인에게 짓밟히고 있다는 것은 마귀에게 사로잡혀 있다는 뜻입니다. 그래서 예수님이 이스라엘의 왕으로서 예루살렘 거민들을 마귀로부터 빼내시려고 예루살렘 성에 들어간 것입니다.

대제사장들과 서기관과 바리새인들이 마귀의 세력으로 있는 것입니다. 이들이 성전을 장사하는 강도의 소굴로 만들어 놓은 것입니다. 율법으로 백성들의 고혈을 빼 먹고 있었던 것입니다. 이를 목자가 양을 잡아먹는다고 합니다. 그래서 예수님이 강도들의 소굴로 변한 타락한 성전을 허물어 버리고 강도로부터 자기 백성들을 빼내는 일을 하신 것입니다. 그것이 십자가에서 율법의 요구를 완성하시고 자기 백성들을 율법의 요구로부터 자유케 하신 것으로 나타났습니다.

예수님이 예루살렘에 입성하신 것은
예루살렘의 허물을 위하고,
예루살렘의 죄를 사하기 위하여서이고,
예루살렘의 죄악을 영원히 속량시키기 위함이고,
예루살렘에 영원한 의를 주시기 위함입니다.
이렇게 되면 이상과 예언이 응하게 됩니다.

이상과 예언이 응한다는 것은 모든 언약이 이루어진다는 것입니다. 즉 창세전 언약이 완성되는 것입니다. 창세전 언약을 어떻게 이루시는가 하면 예수님이 십자가에 죽음으로써 하십니다. 자기 피로 구속하는 것입니다.

예수님이 나귀 새끼를 타고 예루살렘 성(城)에 입성할 때 백성들이 예수님을 호산나 다윗의 자손이여 하면서 주의 이름으로 오시는 이스라엘의 왕이라고 찬송한 것은 다니엘이 말하는 70이레 중에서 69이레 때 나타날 기름 부음을 받은 왕이 왔다는 뜻입니다. 본문을 자세히 보면 누구의 백성과 누구의 거룩한 성(城)이라고 합니까?

"네" 백성이라고 하고,
"네" 거룩한 성(城)이라고 합니다.

"내"가 아니고 "네"입니다.

여기서 "네"라는 말은 하나님으로부터 계시를 받고 있는 다니엘을 말하고 있는 것입니다. 문자대로 말하면 하나님께서 70이레 후에 다니엘을 기름 부어서 왕으로 삼고 그의 나라를 세워 주겠다는 말입니다. 그렇다면 다니엘이 앞으로 490년을 더 살아 있어야 합니다. 근데 다니엘은 포로생활 70년이 다 차고 난 후 이스라엘이 해방되어서 모두가 고향으로 귀환을 하는데도 돌아오지 않고 바벨론에서 살다가 죽었습니다.

그럼 70이레의 **'네 백성'**과 **'네 거룩한 성'**이라는 말에서의 **'네'**라는 말은 다니엘이 아니고 다른 누구를 지칭하고 있음이 됩니다. 다니엘은 누구를 상징하고 있다는 뜻이 되는 것입니다. 다니엘이 상징하는 인물이 누구인가요? 그건 다니엘의 기도를 보면 알 수 있습니다. 다니엘은 이스라엘을 대표해서 기도하고 있습니다. 다니엘은 언약의 후손을 대표하고 있는 겁니다. 언약의 후손을 대표하는 분은 예수님입니다. 그럼 다니엘은 예수님을 대신하고 있음이 됩니다. 그래서 다니엘을 일컬어 **"인자"**라고 하는 것입니다.

인자(人子)란? 문자대로라면 사람의 아들입니다. 인자는 묵시에 속한 자를 말합니다. 묵시에 속한 분이 세상에 존재하는 것을 말합니다. 하나님이 인간의 몸을 입고 오신 분을 말합니다. 다니엘을 **"인자"**라고 한 것은 예수님을 대신하여서 말하고 있는 것입니다. 다니엘이 온 이스라엘을 대신하여 회개하고 기도하였다는 것은 예수님이 자기 백성을 위하여 기도하고 계신 것을 말해주고 있는 것입니다.

예수님이 우리를 대신해서 기도하고 계십니다. 그러니 하나님이 다니엘에게 네 백성과 네 거룩한 성(城)을 위하여 70이레의 기한을 정한다는 것은 예수님의 백성과 예수님의 거룩한 성(城)을 위한 것이라는 뜻입니다. 하나님께서 69이레 후면 예수님의 나라를 세운다는 말입니다. 이 땅에 하나님 나라가 세워진다는 뜻입니다.

그래서 예수님이 세상에 오신 것을 천국이 임하였다고 하는 것입니다. 예수님께서 오심으로 이 땅에 하나님 나라가 세워진 것입니다. 그래서 69이레가 되면 죄 문제가 해결된다고 하는 것입니다. 예수님이 기름 부음을 받으면 자기 백성들의 구원이 이루어지게 되는 것입니다.

허물이 마치고,
죄가 끝나고,
죄악이 영속되며,
영원한 의가 드러나고,
이상과 예언이 모두 응하게 됩니다.

이건 모두가 죄와 관계된 영적인 것입니다. 영적이라 함은 죄와 관계된 이야기라는 뜻입니다. 그러니까 69이레가 되면 영적인 죄 문제가 해결되는 것입니다. 69이레가 되면 영적인 하나님 나라가 세워지게 되는 것입니다. 영적인 하나님 나라가 세워지면 1이레가 시작됩니다. 1이레는 영적인 것이 되는 것입니다. 1이레는 묵시적인 것입니다.

70이레 중 69이레는 역사적으로 나타나지만 69이레 후에 나타날 마지막 1이레는 기름 부음 받은 자가 끊어지면서 그와 함께 묵시 속으로 들어가게 되는 것입니다. 왜냐하면 70이레가 기름 부음 받은 자를 겨냥하고서 주어지는 것이기 때문입니다. 1이레 언약은 기름 부음 받은 자가 끊어지고 난 후에 이루어지기 때문입니다. 그래서 1이레는 묵시적으로 시작이 되는 것입니다.

기름 부음 받은 자가 끊어진다는 것은 예수님이 십자가에 죽으심을 말합니다. 예수님은 십자가에서 역사를 끝냈습니다. 십자가는 우리 옛 사람을 죽이는 곳입니다. 그럼 성도는 예수 그리스도와 함께 십자가에 못 박혀 죽은 자이므로 영적인 의미에서는 묵시적 존재가 된 것입니다. 예수님께서 부활하심으로서 묵시에 속한 분이 된 것입니다. 그러므로 영적인 의미에서는 예수님의 부활 후의 이 세상 역사는 묵시에 속한 것이 되는 것입니다.

예수님 부활 후 역사가 시간적으로 2천 년이 흘러왔다고 하여도 영적인 의미에서는 항상 오늘 날인 것입니다. 그러므로 1이레는 묵시적으로 이루어지게 되는 것입니다. 이 부분을 영적으로 이해가 되도록 설명드리겠습니다. 영적인 것이므로 잘 이해하시길 바랍니다. 누가복음 1장을 보면 예수님의 탄생 때 모습을 이야기해주고 있습니다.

눅 1:1-4 "우리 중에 이루어진 사실에 대하여 2. 처음부터 말씀의 목격자 되고 일군 된 자들의 전하여 준 그대로 내력을 저술하려고 붓을 든 사람이 많은지라 3. 그 모든 일을 근원부터 자세히 미루어 살핀 나도 데

오빌로 각하에게 차례대로 써 보내는 것이 좋은 줄 알았노니 4. 이는 각하로 그 배운 바의 확실함을 알게 하려 함이로다"

누가는 12제자가 아닙니다. 이방인입니다. 누가는 이방인 입장에서 예수님이 어떤 분인지를 자기가 경험한 그대로 증거를 해주고 있는 것입니다. 중요한 것은 누가는 예수님의 탄생 소식보다 세례 요한의 탄생 소식을 먼저 전하고 있습니다. 왜 그럴까요? 여기에 큰 비밀이 숨어 있는 것입니다. 그 비밀을 추적해 봅시다.

눅 1:5-17 "유대 왕 헤롯 때에 아비야 반열에 제사장 하나가 있으니 이
름은 사가랴요 그 아내는 아론의 자손이니 이름은 엘리사벳이라 6. 이
두 사람이 하나님 앞에 의인이니 주의 모든 계명과 규례대로 흠이 없
이 행하더라 7. 엘리사벳이 수태를 못하므로 저희가 무자하고 두 사람
의 나이 많더라 8. 마침 사가랴가 그 반열의 차례대로 제사장의 직무를
하나님 앞에 행할새 9. 제사장의 전례를 따라 제비를 뽑아 주의 성소에
들어가 분향하고 10. 모든 백성은 그 분향하는 시간에 밖에서 기도하더
니 11. 주의 사자가 저에게 나타나 향단 우편에 선지라 12. 사가랴가 보
고 놀라며 무서워하니 13. 천사가 일러 가로되 사가랴여 무서워 말라 너
의 간구함이 들린지라 네 아내 엘리사벳이 네게 아들을 낳아 주리니 그
이름을 요한이라 하라 14. 너도 기뻐하고 즐거워할 것이요 많은 사람도
그의 남을 기뻐하리니 15. 이는 저가 주 앞에 큰 자가 되며 포도주나 소
주를 마시지 아니하며 모태로부터 성령의 충만함을 입어 16. 이스라엘
자손을 주 곧 저희 하나님께로 많이 돌아오게 하겠음이니라 17. 저가 또
엘리야의 심령과 능력으로 주 앞에 앞서 가서 아비의 마음을 자식에게

거스르는 자를 의인의 슬기에 돌아오게 하고 주를 위하여 세운 백성을 예비하리라"

누가는 편지를 시작하면서 예수님보다 세례 요한의 탄생 소식을 먼저 전합니다. 세례 요한은 예수님보다 6개월 앞서 잉태가 되었습니다. 세례 요한과 예수님은 6개월 차이가 나는 것입니다. 당시 유대나라는 이방인이 왕으로 있었습니다. 그 사람이 헤롯입니다. 헤롯은 에돔 사람입니다. 에돔은 에서의 후손입니다.

에서는 야곱의 쌍둥이 형입니다. 야곱은 하나님의 사랑을 입고 태어났고, 에서는 하나님의 미움을 입고 태어났습니다. 하나님의 미움을 받는 후손이 하나님의 사랑을 입은 후손을 통치하고 있는 것입니다. 그러니까 하나님에게 미움을 받는 자가 하나님의 사랑을 받은 자를 다스리고 있는 것입니다. 이건 역설입니다. 예수님 초림 당시의 이스라엘은 역설적 구조 아래 놓여 있는 것입니다. 이는 죄 아래 놓여 있음을 상징하고 있습니다. 이를 **'흑암의 깊은 때'**라고 합니다.

창세기 1장의 창조 첫 날을 보면 혼돈과 공허와 흑암이 깊음 위에 있을 때에 빛이 옴으로 창조가 시작되는 것을 볼 수가 있습니다. 영적인 의미에서 예수님의 오심이 곧 창세기 1장의 창조 사건이 일어나는 때인 것입니다.

헤롯이 이스라엘을 다스리고 있을 때에 아론의 후손 중에 사가랴라는 제사장이 있었습니다. 아론의 가문은 제사장 가문입니다.

아론의 후손들은 제사장으로서 가문들끼리 24반열로 순서를 정하여서 성전을 돌보았습니다. 각 반열은 순서에 따라 1주일씩 성전에서 봉사하였습니다. 세례 요한의 아버지 사가랴는 아론의 가문 중에서 아비야의 반열에 속하여서 24반열 중 8번째 순서로서 당번을 서게 되었습니다.

사가랴는 아론 가문의 후손인 엘리사벳을 아내로 두었습니다. 그런데 그들에게 자식이 없었습니다. 사가랴는 자식을 달라고 기도했습니다. 그러던 차에 제사장의 순번에 따라 사가랴가 성전에서 분향을 하게 되었습니다. 그 때 주의 천사가 나타나서 사가랴의 아내인 엘리사벳에게 세례 요한이 잉태하는 수태고지를 알려주십니다.

세례 요한은 모태로부터 성령의 충만을 입고 태어나는데, 주의 백성들을 불러 모으는 일을 하고 주의 길을 예비하는 일을 하게 될 것이라고 합니다. 그러면서 그 이름을 요한으로 지으라고 알려주십니다. 그 후 6개월이 지났습니다. 누가복음 1장을 봅시다.

> **눅 1:26-38** "여섯째 달에 천사 가브리엘이 하나님의 보내심을 받들어 갈릴리 나사렛이란 동네에 가서 27. 다윗의 자손 요셉이라 하는 사람과 정혼한 처녀에게 이르니 그 처녀의 이름은 마리아라 28. 그에게 들어가 가로되 은혜를 받은 자여 평안할지어다 주께서 너와 함께하시도다 하니 29. 처녀가 그 말을 듣고 놀라 이런 인사가 어찌함인고 생각하매 30. 천사가 일러 가로되 마리아여 무서워 말라 네가 하나님께 은혜를 얻었느니라 31. 보라 네가 수태하여 아들을 낳으리니 그 이름을 예수라 하

라 32. 저가 큰 자가 되고 지극히 높으신 이의 아들이라 일컬을 것이요 주 하나님께서 그 조상 다윗의 위를 저에게 주시리니 33. 영원히 야곱의 집에 왕노릇 하실 것이며 그 나라가 무궁하리라 34. 마리아가 천사에게 말하되 나는 사내를 알지 못하니 어찌 이 일이 있으리이까 35. 천사가 대답하여 가로되 성령이 네게 임하시고 지극히 높으신 이의 능력이 너를 덮으시리니 이러므로 나실바 거룩한 자는 하나님의 아들이라 일컬으리라 36. 보라 네 친족 엘리사벳도 늙어서 아들을 배었느니라 본래 수태하지 못한다 하던 이가 이미 여섯 달이 되었나니 37. 대저 하나님의 모든 말씀은 능치 못하심이 없느니라 38. 마리아가 가로되 주의 계집종이오니 말씀대로 내게 이루어지이다 하매 천사가 떠나가니라"

엘리사벳이 세례 요한을 잉태한 지 6개월째가 되었습니다. 그 때에 동정녀인 마리아에게 천사가 나타나서 하나님의 아들을 성령의 능력으로 잉태하게 된다는 것을 알려줍니다. 그 이름을 예수라는 것도 알려주십니다.

지금부터 영적인 이야기이니까 잘 이해하시길 바랍니다.

세례 요한은 구약의 선지자로 율법의 마침이라고 하였습니다. 율법의 마침이란? 율법의 끝이라는 뜻입니다. 즉 세례 요한은 율법의 마지막 모습을 보여주고 있는 것입니다. 율법의 끝에 예수님이 오신 것입니다. 이건 마치 창조 6일과 같은 의미입니다. 창조 6일째에 하나님의 형상을 입은 사람이 창조가 됩니다.

창조 6일은 율법의 끝을 상징합니다. 일곱째 날은 모든 일을 마치고 안식하는 날입니다. 일곱째 날은 예수님께서 오심으로 율법의 마침이 되고 하나님의 안식이 주어지는 일이 일어나게 된다는 것을 예표적으로 알려주고 있는 것입니다. 세례 요한이 잉태한 지 여섯째 달에 하나님의 아들을 잉태한 마리아가 세례 요한을 잉태한 엘리사벳을 찾아갑니다.

> **눅 1:39-44** "이 때에 마리아가 일어나 빨리 산중에 가서 유대 한 동네에 이르러 40. 사가랴의 집에 들어가 엘리사벳에게 문안하니 41. 엘리사벳이 마리아의 문안함을 들으매 아이가 복중에서 뛰노는지라 엘리사벳이 성령의 충만함을 입어 42. 큰 소리로 불러 가로되 여자 중에 네가 복이 있으며 네 태중의 아이도 복이 있도다 43. 내 주의 모친이 내게 나아오니 이 어찌 된 일인고 44. 보라 네 문안하는 소리가 내 귀에 들릴 때에 아이가 내 복중에서 기쁨으로 뛰놀았도다"

엘리사벳과 마리아는 친족입니다. 친족이란? 같은 조상을 가지고 있다는 뜻입니다. 이건 마치 율법과 은혜가 같은 근원에서 나온 것과 같습니다. 구약과 신약은 같은 근원에서 나온 것입니다. 세례 요한은 율법을 상징하므로 엘리사벳은 구약을 상징하고, 예수님은 은혜를 상징하니까 마리아는 신약을 상징하게 되는 것입니다.

구약과 신약이 만난 것입니다. 율법과 은혜가 만난 것입니다. 율법은 옛 언약이고, 은혜는 새 언약입니다. 옛 언약과 새 언약은 짝입니다. 옛 언약은 새 언약이 오기까지 있다가 새 언약이 오면 자리를 비켜주어야 합니다. 옛 언약은 육이고, 새 언약은 영입니다.

70이레 중에서 69이레는 옛 언약에 속한 육이고, 1이레는 새 언약에 속한 은혜인 것입니다. 세례 요한은 69이레에 속하였고, 예수님은 1이레에 속하였습니다.

여섯째 달에 세례 요한과 예수님이 만난 것은 시대가 바뀌는 상황인 것입니다. 신구(新舊) 세대의 교체가 되는 일이 일어나게 된 것입니다. 옛 것과 새것으로 바뀌게 된 것입니다. 여섯째 달은 구약의 마지막 날을 상징하고 있습니다. 율법 시대가 끝이 나는 것을 말해주고 있는 것입니다.

예수님이 십자가에서 율법을 완성하셨습니다. 예수님이 십자가에서 여섯째 날을 끝내고 일곱째 날을 여신 것입니다. 일곱째 날은 안식의 날입니다. 예수님은 안식일의 주인입니다. 안식은 예수 그리스도가 와야 주어지게 되는 것입니다.

예수 그리스도가 여섯째 날인 구약의 마지막 날에 오셔서 십자가에서 율법의 요구를 완성하심으로써 69이레를 끝내신 것입니다. 그리고 부활하신 후에 마지막 남은 1이레는 묵시 안에서 이루어가시는 것입니다.

69이레와 1이레는 구조 자체가 다릅니다. 69이레는 역사이지만 1이레는 묵시입니다. 그래서 69이레는 기름 부음을 받은 한 왕이 일어나는 기점으로 하고 있지만, 1이레는 기름 부음을 받은 왕이 끊어지고 난 후에 시작하고 있는 것입니다. 엄밀히 말하면 69이레로 역사는 종말을 맞이한 것입니다. 영적으로 말하면 70이레가 완성이 된 것입니다. 70이레가 되면 어떤 일이 일어난다고 했나요?

허물이 마치고,
죄가 끝나고,
죄악이 영속되며,
영원한 의가 드러나고,
이상과 예언이 모두 응하게 된다고 하였습니다.

영적으로는 예수님께서 십자가에서 이 모두를 완성하셨습니다. 예수님께서 십자가에서 "다 이루었다"고 하신 것은 이를 두고 하신 말씀입니다.

예수님이 십자가에 죽어 주심으로 모든 허물이 가리워지게 되었습니다.

예수님이 십자가에 피를 흘려주심으로써 자기 백성들의 죄가 끝이 났습니다.

예수님이 십자가에 피를 흘려주심으로서 자기 백성들의 죄악이 영원히 속죄가 되었습니다.

예수님이 십자가에 피를 흘려주심으로써 자기 백성들에게 영원한 의가 주어졌습니다.

예수님이 십자가에 피를 흘려주심으로써 창세전 언약인 이상과 예언이 완성이 된 것입니다.

예수님의 십자가 사건은 69이레에 일어난 것입니다. 예수님의 십자가로 육의 시대는 끝이 나게 된 것입니다. 예수님이 부활하신 후에는 영의 시대가 열린 것입니다. 그러므로 기름 부음을 받은 왕이 끊어지고 난 후에 이루어지는 1이레는 영적인 것으로서 묵시적으로 일어나게 되는 것입니다.

성도의 인생도 마찬가지입니다. 구원이 율법에서 은혜로 나아가는 것으로 주어집니다. 율법의 사람이 예수님의 십자가를 통해서 죽고 성령의 오심으로 은혜의 사람으로 살아나게 된 것입니다.

69이레의 율법 아래 사람이 예수님과 함께 십자가에서 죽고, 성령의 오심으로 은혜 안에서 1이레가 시작이 된 것입니다. 새로운 피조물로 1이레를 역사 속에서 살아가게 되는 것입니다. 새로운 피조물로 창조가 된 새 사람은 역사에 살면서 역사에 속하지 아니한 사람으로 살아가게 되는 것입니다.

부활하신 예수님이 성도 안에 오심으로 새로운 시대가 열린 것입니다. 세상 임금은 쫓겨나고 예수님이 왕이 되신 것입니다. 예수님이 우리 안에 들어오는 것은 예수님이 예루살렘에 입성하는 것과 같은 것입니다. 성령이 오시기 전까지는 우리 안에 세상 임금이 통치하였습니다. 이건 마치 예수님이 오시기 전까지는 이방인 왕인 헤롯이 유대인을 다스린 것과 같습니다.

부활하신 예수님이 성령으로 오시면 그 사람은 자기 역사는 사라지게 됩니다. 역사적 존재에서 묵시적 존재로 바뀝니다. 그 때부터 예수님 역사로 편입이 되어서 하늘에 속한 새로운 피조물로서 영적 인생을 살아가게 되는 것입니다. 마치 사울이 다메섹에서 부활하신 예수님을 만나고 난 후 바울이 된 것과 같습니다. 율법 아래 있던 사울은 죽고, 은혜의 사람 바울로 거듭난 것입니다. 사울은 다메섹에서 새로운 피조물로 거듭난 것입니다.

사울에서 바울로!
율법에서 은혜로!
역사에서 묵시로!

옛 사람에서 새 사람으로 바뀌었습니다. 비록 육신을 입고 살아가지만 영적으로는 새 사람인 것입니다. 옛 사람은 역사에 속하였지만, 새 사람은 묵시에 속하였습니다. 모든 성도는 예수님이 찾아오시면 이런 변화의 사건이 일어나게 됩니다. 자기 족보는 삭제당하고 예수님 족보(族譜)로 편입이 되는 것입니다. 이걸 새로운 피조물로 거듭났다고 합니다.

성도는 아담의 족보에 있지 않고 예수의 족보에 있습니다. 조상(祖上)이 바뀐 것입니다. 구약 이스라엘이 죽으면 전부 열조(烈祖)로 돌아간다고 합니다. 열조로 돌아간다는 말은 조상이 있는 곳으로 간다는 말입니다. 성도들의 조상이 예수님이니까 성도는 죽으면 전부 예수님에게로 돌아가게 되는 것입니다. 예수님이 계신 낙원으로 가게 되는 것입니다.

성령으로 거듭난 성도는 더 이상 역사 속의 내가 아니고 예수 안에서 태어난 하늘의 새로운 피조물로 살아가게 되는 것입니다. 새로운 피조물로서의 나는 나를 위한 내가 아니고 예수를 위한 나로 살게 되는 것입니다. 그리스도의 몸에 지체로 살게 되는 것입니다. 이를 우리라고 합니다.

창세전에 하나님은 그리스도 예수 안에서 거룩한 무리를 구원하기로 하셨습니다. 거룩한 무리를 우리라고 합니다. 예수를 만나기 전에는 **'나'**로 살았습니다. 그러다가 예수를 만나고 난 후에는 나는 죽고 **'우리'**로 살아난 것입니다. **'나'는 역사에 속하였지만, '우리'는 묵시에 속하였습니다.**

성령으로 거듭나면 역사의 영향권에서 벗어나 묵시적 영향권 아래로 들어가게 된 것입니다. 예수 그리스도 안은 묵시의 영역입니다. 죽음에서 벗어난 영생의 세계인 것입니다. 그래서 예수 안에 있는 성도는 영적인 존재라고 하고 영생하는 자라고 하는 것입니다.

세상 쪽에서 보면 십자가에 달리면 죽은 것으로 보입니다. 하지만 묵시적으로 보면 십자가 너머는 영생의 세계입니다. 우리는 예수와 함께 십자가에 죽었습니다. 성도는 세상에 대하여 죽은 자입니다. 성도의 소속은 하늘입니다. 하늘에 시민권을 가지고 있습니다. 바울이 성령의 감동으로 삼층천에 가서 보았습니다. 삼층 천에 가니 자신이 거기 있는 것입니다. 바울은 육신으로 세상에서 정한 때까지 살았지만 영적으로는 이미 천국에서 예수님 품에서 안식하고 있었습니다. 삼층 천을 다녀오고 난 후 바울은 역사 속에서 묵시로 1이레를 산 것입니다.

1이레와 예수 그리스도

예수님의 공생애도 두 텀으로 되어 있습니다. 육체적인 사역과 영적인 사역이 있습니다. 육체적인 사역은 역사적인 것이고, 영적인 사역은 묵시적인 것입니다. 1이레를 예수님에게 적용하면 전 3년 반은 공생애 3년 반을 말하고, 후 3년 반은 십자가에 죽으시고 부활하신 후 성령으로의 사역을 말합니다. 성령 강림 후의 신약의 전 기간이 후 3년 반이 되는 것입니다. 이를 한 때와 두 때와 반 때라고 합니다. 또는 1,260일이라고 하고 마흔두 달이라고 합니다.

예수님은 십자가에 죽으신 것은 옛 언약을 완성하신 것입니다. 자기 몸으로 율법의 요구를 다 이루신 것입니다. 율법의 요구는 죄인은 죽는다는 것입니다. 그래서 예수님이 죽으신 것입니다. 자기 백성들의 죄 값을 대신하여서 대속 제물로 죽으신 것입니다. 예수님의 죽으심으로 자기 백성들에게 지워진 율법의 채무를 다 청산하신 것입니다. 이를 율법으로부터 해방시키셨다고 합니다. 창세전에 어린 양의 생명책에 녹명이 된 자들은 예수님의 죽으심으로 율법으로부터 자유케 된 것입니다.

십자가에 죽으신 예수님은 사흘 만에 부활하십니다. 그리고 성령으로 자기 백성들 속으로 오셨습니다. 오셔서 자기 피로 맺은 새 언약을 적용케 하십니다. 새 언약으로 살아가게 하시는 것입니다. 새 언약은 묵시에 속한 언약입니다. 영적이라는 뜻입니다. 그러므로 1이레 언약은 역사에 속한 언약이 아니고 묵시에 속한 언약인 것입니다. 역사에 속한 옛 언약은 예수님이 죽으심으로 끝이 난 것입니다.

더 이상 구약식으로 예배드리면 안 됩니다. 구약식으로 예배를 드리는 자에게 진노가 쏟아지게 되는 것입니다. 왜냐하면! 예수님의 죽음을 무가치하게 만들기 때문입니다. 그래서 1이레 언약을 맺는 왕은 포학한 왕으로 나타나는 것입니다. 왜냐하면! 율법 신앙을 심판하는 분이시기 때문입니다.

이건 마치 성전 안에서 장사하는 자들을 다 내어 쫓으시고 율법으로 강도짓을 하던 자들에게 독사의 자식들이라고 외치면서 지옥에 들어가라고 저주를 끌어 부으신 것과도 같은 것입니다. 부활하신 예수님은 율법주의자들에게는 광포한 왕으로 보이게 되는 것입니다.

예수님은 자기 백성들에게는 구원주가 되지만 적그리스도 세력들에게는 심판주가 되는 것입니다. 성전에서 이익을 얻던 자들에게는 예수님은 성소를 훼파하는 적그리스도이고 잔포한 미운 왕인 것입니다. 예수님은 자기 백성에게는 인자한 왕이지만 적그리스도 세력들에게는 잔포한 왕인 것입니다.

적그리스도 세력이 누구인가요? 예수님의 피를 부정하게 여기는 자입니다. 즉 새 언약으로 살지 않는 자들을 말합니다. 예수 그리스도의 의를 믿음으로 살지 않고 자기 의로 살고자 하는 자들입니다.

지금 식으로 말하면 인본주의자들입니다.

하나님의 은혜를 훼손하는 자들은 모두가 진멸 대상이 되는 것입니다. 이런 자들은 이미 영적으로 죽었습니다. 하나님의 진노가 그들 머리 위에 머물고 있는 것입니다. 그래서 하나님 말씀대로 살지 않으면 불안해하고 두려워하는 것입니다.

예수님은 묵시 속에 있는 성도에게는 구원주이지만, 역사 속에 있는 자에게는 포학한 왕이 되는 것입니다. 유대인에게는 예수님은 율법적인 제사와 예물을 금지시키는 포악한 왕인 것입니다. 이게 비밀인 것입니다.

예수님은 성도에게는 그리스도이지만, 유대인들에게는 성전을 훼파하는 잔포한 미운 물건인 것입니다. 유대인에게는 예수님은 적그리스도인 것입니다. 지금도 율법주의자들에게는 예수님은 적그리스도로 보이는 것입니다.

예수님은 구원주이면서 심판주입니다. 구원받은 성도들에게는 자비로운 하나님이지만, 구원받지 못하는 적그리스도 세력에게는 심판하는 하나님입니다. 그러므로 70이레는 육적 해석과 영적 해석이 있는 것입니다. 다른 말로 역사적 해석과 묵시적 해석이 있는 것입니다. 지금까지 묵시적 해석을 살펴보았습니다. 그럼 이제부터 역사적 해석으로 살펴봅시다.

70이레의 역사적 해석

역사적 해석은 육적 이스라엘에게 적용되는 것입니다. 이들에게는 1이레가 7년 환란기로 나타나는 것입니다. 육적 이스라엘은 영적 이스라엘의 예표로 있는 것입니다. 영적 이스라엘에게는 묵시적이지만, 육적 이스라엘에게는 역사적으로 나타나게 되는 것입니다. 육적 이스라엘에게는 문자적으로 69이레 후에 기름 부은 자가 끊어지고 난 후 한참을 지난 후에 한 왕이 나타나서 1이레의 언약을 맺게 됩니다. 이 왕은 적그리스도인 것입니다.

육적 이스라엘은 예수 그리스도를 믿지 않는 자들입니다. 왜냐하면 예수 그리스도는 영적 이스라엘의 왕이기 때문입니다. 육적 이스라엘에게 왕은 육적으로 와야 하는 것입니다. 그가 평화의 왕처럼 와서 1이레의 언약을 맺게 되는 것입니다. 이 때 육적 이스라엘은 그를 메시아로 영접하게 됩니다. 그런데 3년 반이 지나면 본색을 드러내고 자기가 하나님이라고 합니다. 이 때 육적 이스라엘이 속은 것을 알고 회개하게 되는 것입니다.

초림은 재림의 그림자입니다.

재림 때가 되면 초림 때와 같은 영적 상황이 될 것입니다. 초림 때 성령 강림으로 큰 회개의 역사가 일어났습니다. 재림 때에도 동일한 역사가 일어날 것입니다. 이를 스가랴 12장에서 예언을 하였습니다. 재림 때에는 스가랴 12장의 예언처럼 은총과 간구하는 영을 부어주시는 것입니다.

이럴 때 오순절 성령 강림 때 사도들이 너희가 죽인 이 예수를 하나님이 살리셔서 주와 그리스도로 세우셨다고 합니다. 그러자 **'어찌할꼬'** 하면서 큰 회개의 일이 일어난 것과 같이 예수님의 재림 때에도 늦은 비 성령이 부어지면, 두 증인들이 베드로와 요한처럼 너희가 예수를 죽였다고 외치면 육적 이스라엘과 교회 안에 육적 교인들에게도 큰 회개의 역사가 일어나게 될 것입니다.

이러면 육적 이스라엘이 늦은 비 성령으로 예수를 주와 그리스도로 믿게 되는 것입니다. 초림 때 오순절 성령을 받은 후 유대인들 중에서 예수를 믿는 자들이 극심한 핍박을 받았듯이, 재림 때도 늦은 비 성령을 받은 육적 이스라엘이 예수를 믿는다는 죄목으로 적그리스도 세력에게 극심한 핍박을 받게 되는 것입니다.

이것을 마태복음 24장에서 말하는 전무후무한 큰 환란이라고 하는 것입니다. 이 때 많은 성도들이 죽임을 당하게 될 것입니다. 두 증인들은 죽임을 당하고 사흘 반 후에 부활하여서 하늘로 올라가게 됩니다. 이 때가 예수님이 재림하는 날인 것입니다. 이렇게 될 때 마지막 1이레가 역사적으로 이루어지게 되는 것입니다.

육적 이스라엘은 하나님의 백성은 절대로 망하지 않는다는 것을 보여주는 예표로 두신 것입니다. 그래서 지금 육적 이스라엘이 제3성전을 짓고 구약적 제사와 예물을 드리는 제사를 드리고자 준비 중인 것으로 나타나고 있는 것입니다.

두 증인들이 짐승 제사를 준비하는 성전에 들어가서 이게 아니라고 쓸어버리다가 죽임을 당하게 될 것입니다. 이건 마치 초림 때 예수님이 성전을 척결하다가 유대인들에게 죽임을 당한 것과 같습니다. 그러므로 종말에도 두 증인들이 유대인들이 세운 성전에 들어가서 이건 아니라고 외치다가 죽임을 당하게 되는 것입니다. 이것을 요한계시록 6장에서 천상에 있는 성도들이 빨리 심판해 달라고 하자 하나님이 잠시 쉬라고 하면서 저 아래 있는 너희 동무들도 너희들처럼 죽임을 당하여야 한다고 말씀하신 것입니다.

1이레를 역사적으로 해석하는 분들이 있는데 이들을 세대주의라고 합니다. 세대주의가 말하는 것은 일견 맞는 것도 있습니다. 육적 이스라엘이 대 환란기 때 큰 회개가 일어난다는 말은 맞습니다. 그러나 1이레가 시작이 되면 예수님이 공중에 재림하여서 이방인 교회는 휴거하고 7년 혼인 잔치 한다는 것은 비성경적인 것이라 동의할 수가 없는 것입니다.

육적 이스라엘이 회개하자면 초림 때 12사도들처럼 예수님의 십자가 도를 전하는 종들이 있어야 합니다. 복음을 전하는 자들이 있어야 하는 것입니다. 그래서 이방인 교회가 있어야 하는 것입니다. 이들이 욕단의 후손입니다. 욕단의 후손이 이방인 교회로 있는 것입니다. 이들이 벨렉의 후손인 육적 이스라엘에게 복음을 전해 주어야 합니다. 그래야 복음을 듣고 회개하게 되는 것입니다.

초림 때 12사도들은 유대인들에게 예수 그리스도의 부활의 도를 전하다가 유대인들로부터 죽임을 당하였습니다. 종말에도 마찬가지입니다. 두 증인들이 12사도들처럼 유대인들에게 예수 그리스도의 부활의 도를 전해야 합니다. 이러할 때 유대인들 중에서 회개하는 자들이 일어나게 되는 것입니다. 이들이 바로 각 지파 속에서 12,000명씩 인 맞는 자들로서 144,000명으로 나타나는 것입니다.

여기서 잠깐!
육적 이스라엘과 영적 이스라엘에 대하여 살펴보고 갑시다.

창세기 10장을 봅시다.

창 10:21-32 "셈은 에벨 온 자손의 조상이요 야벳의 형이라 그에게도
자녀가 출생하였으니 22. 셈의 아들은 엘람과 앗수르와 아르박삿과 룻
과 아람이요 23. 아람의 아들은 우스와 훌과 게델과 마스며 24. 아르박
삿은 셀라를 낳고 셀라는 에벨을 낳았으며 25. 에벨은 두 아들을 낳고
하나의 이름을 벨렉이라 하였으니 그 때에 세상이 나뉘었음이요 벨렉
의 아우의 이름은 욕단이며 26. 욕단은 알모닷과 셀렙과 하살마웹과 예
라와 27. 하도람과 우살과 디글라와 28. 오발과 아비마엘과 스바와 29.
오빌과 하윌라와 요밥을 낳았으니 이들은 다 욕단의 아들이며 30. 그들
의 거하는 곳은 메사에서부터 스발로 가는 길의 동편 산이었더라 31. 이

들은 셈의 자손이라 그 족속과 방언과 지방과 나라대로였더라 32. 이들은 노아 자손의 족속들이요 그 세계와 나라대로라 홍수 후에 이들에게서 땅의 열국 백성이 나뉘었더라"

노아의 아들 중에 셈이 있습니다. 셈은 여호와를 찬양하는 자로 세움을 입었습니다. 야벳은 창대케 되어 셈의 장막에 거하게 될 것이라고 노아가 자식들에게 예언하였습니다. 이 예언이 어떻게 역사 속에서 이루어지는지를 살펴봅시다. 셈의 후손 중에 에벨이 있습니다. 에벨이 벨렉과 욕단이라는 두 아들을 낳았습니다. 벨렉이 형이고 욕단이 아우입니다.

'에벨'이라는 이름의 뜻이 '강을 건너온 자'라는 뜻입니다. 강을 건너온 자를 **'히브리인'**이라고 합니다. 그러니까 에벨은 히브리인의 조상이 되는 것입니다. 에벨의 두 아들인 벨렉도 히브리인이고 욕단도 히브리인인 것입니다. 벨렉과 욕단의 시대에 세상이 나누이게 됩니다.

벨렉은 서쪽으로 향하고,
욕단은 동쪽으로 향합니다.

벨렉은 서쪽 히브리인 조상이 되고,
욕단은 동쪽 히브리인 조상이 되는 것입니다.

서쪽 히브리인 조상인 벨렉은 니므롯과 합세하여 바벨탑을 쌓게 됩니다. 바벨탑 사건으로 온 세상에 언어가 나누이게 됩니다. 이건 복음의 타락을 말합니다. 하지만 동쪽 히브리인 조상인 욕단은 바벨탑 사건에 동참하지 않았습니다. 이들은 혼합된 언어가 아닌 아라랏산에서 사용하던 순수한 언어를 가지고 동편 산으로 이동을 한 것입니다. 이는 순수한 복음을 가지고 있다는 뜻입니다.

벨렉의 후손에게서 아브라함이 나옵니다. 아브라함은 육적 이스라엘의 조상이 됩니다. 성경의 역사는 먼저 표면적으로 나타나는 아브라함의 후손으로 생겨난 육적 이스라엘 중심으로 펼쳐집니다. 그리고 나중에 영에 속한 이면적 유대인들이 나타나게 되는 것입니다. 여기서 중요한 것은 벨렉의 후손은 드러난 민족으로 살아가게 되고, 욕단의 후손은 감추어져서 살아가게 된다는 것입니다.

쉬운 말로 하나님이 욕단의 후손은 감추어 놓은 것입니다. 욕단의 후손은 영적 이스라엘과 같은 것입니다. 이들은 마치 엘리야 시대에 은혜로 남겨진 7,000명과 같이 남겨진 자들인 것입니다. 정한 때가 되면 이들을 사용하시게 됩니다.

벨렉의 후손인 아브라함을 통해 생겨난 육적 이스라엘은 드러난 하나님의 백성으로 나타납니다. 하지만 욕단의 후손은 철저하게 감추어진 민족으로 살아가고 있는 것입니다. 이들은 이방인으로 살고 있는 것입니다. 이들은 감추어진 히브리인으로서 영적 이스라엘을 상징하게 되는 것입니다.

드러난 육적 이스라엘은 예수를 죽이고 온 세계에 흩어져 디아스

포라가 됩니다. 이들은 예수를 거부하였습니다. 그런데 이방인과 같이 동쪽에 사는 욕단의 후손인 감추어진 히브리인들은 예수를 영접합니다. 이들이 이방인 중에 영생 얻기로 작정이 된 자들인 것입니다. 이들은 마치 엘리야 시대에 은혜로 남겨진 7,000명과 같은 자들입니다.

이 시대 온 세계에서 가장 예수를 잘 믿는 민족이 있습니다. 이들이 누구인가 하면 동쪽 끝에 사는 욕단의 후손들인 것입니다. 그 욕단의 후손 중에 대한민국이 있는 것입니다.

복음적인 의미에서 대한민국은 전 세계에서 가장 예수를 잘 믿는 민족으로 서 있습니다. 그래서 조심스럽게 이 시대 한국에서 예수를 믿는 자들을 일컬어 감추어진 영적 히브리인인 욕단의 후손이라고 하는 것입니다. 이들이 영적 이스라엘이 되는 것입니다.

물론 한국교회 안에도 육적 신자가 있고 영적 신자가 있습니다. 하지만 온 세상이라는 큰 틀에서 볼 때 신앙이 가장 열심인 한국을 욕단의 후손인 영적 히브리인이라고 하는 것입니다. 지정학적으로 보면 하나님께서 벨렉의 후손과 욕단의 후손을 양끝단에 배치해 두신 것입니다. 두 민족이 땅 끝에 있는 것입니다.

서쪽 끝에는 벨렉의 후손인 육적 이스라엘을 배치해 두셨고,
동쪽 끝에는 욕단의 후손인 영적 이스라엘을 배치해 두셨습니다.

육적 이스라엘은 해가 지는 유럽에 배치해 두셨고,

영적 이스라엘은 해가 뜨는 아시아에 배치해 두신 것입니다.

유럽이라는 말은 해가 진다는 뜻이고, 아시아는 해가 뜬다는 뜻입니다. 하나님께서 마지막 흑암의 때에 빛을 발하게 하시려고 영적 이스라엘을 상징하는 욕단의 후손은 동편 해 돋는 곳으로 숨겨 놓은 것입니다. 장차 큰 환란이 일어나기 전에 해 돋는 데로부터 천사들이 일어나 인치는 작업이 일어나게 됩니다. 그 때 벨렉의 후손 중에서 해 돋는 데로부터 온 천사들인 욕단의 후손들로부터 복음을 듣고 예수를 메시아로 영접하게 되는 늦은 비 성령의 인침의 역사가 일어나게 될 것입니다. 이 때가 바로 스가랴 12장에서 예언이 된 은총과 간구의 영이 부어지는 때이고, 요한계시록 7장의 해 돋는 데로부터 천사들이 와서 이스라엘의 각 지파 속에서 12,000명씩 인치는 역사가 일어나게 되는 것입니다.

예수님이 초림 때 유대교 속에서 12제자들을 불러냈듯이 재림 때에도 이스라엘 속에서 빼내심을 입게 되는 자들이 일어나게 되는데 이들을 총칭하여 각 지파 속에서 빼내심을 입은 12,000명이라고 하는 것입니다. 이들은 144,000명이라고 합니다. 144,000명은 충만한 수로서 온 세상의 이스라엘을 상징하기도 합니다.

요한계시록에서 아시아의 일곱 교회의 사자를 천사라고 합니다. 왜 아시아 일곱 교회의 사자들에게 성령의 말씀을 주셨을까요? 일곱 교회의 사자들이 외치는 말씀을 뭐라고 하던가요? 성령이 교회들에게 하시는 말씀이라고 합니다.

이는 마지막 때 아시아에 있는 욕단의 후손들로부터 전해지는 말씀이, 종말에 인치는 성령이 교회들에게 하시는 말씀이 되는 것입니다. 오순절 성령 강림으로 제자들이 성령의 말씀으로 인치는 일을 하였듯이 종말에도 늦은 비 성령의 역사가 일어나면 욕단의 후손들 중에서 일어나는 두 증인들이 다시 오실 예수님의 소식을 전할 때 인침의 역사가 일어나게 될 것입니다.

하나님께서 동방의 해 돋는 데 감추어진 욕단의 후손을 준비해 두었습니다. 벨렉은 니므롯과 하나가 되어서 바벨탑을 쌓아서 언어를 잃어버렸지만, 욕단은 니므롯을 떠나 옴으로써 아라랏 산에서 배워온 언어를 그대로 유지하고 있습니다. 즉 순수한 복음을 가지고 있다는 뜻입니다.

마지막 때 온 세상이 적그리스도 세력과 하나가 되어서 종교 통합으로 '모든 종교는 구원이 있다'라고 하는 혼합주의 말을 전하지만, 욕단의 후손들은 그들과 하나 되지 않고 오직 예수 그리스도의 십자가 이외에는 구원이 없다는 순수한 복음을 외치게 될 것입니다.

지금은 온 세상이 배도의 물결이 쓰나미처럼 교회를 덮치고 있습니다. 예수 이외에도 구원이 있다고 하는 WCC 종교 통합 사상을 받아들이고 있습니다. 그래서 요한계시록 18장에서는 타락한 교회를 음녀 바벨론이라고 하면서 각종 더러운 영들이 모인 귀신의 처소라고 하는 것입니다.

종말은 동방의 역사입니다. 그래서 이 마지막 때에 동방의 끝단에 있는 대한민국에게 창세전 언약이라는 순수한 복음을 주신 것입니다. 갑자기 대한민국을 온 세계에서 주류 국가로 만들어 주신 것은 마지막 때 증거해야 할 복음이 있기 때문입니다.

두 예수가 있습니다.

초림으로 오신 예수가 있고 재림으로 오시는 예수가 있습니다. 초림으로 오신 예수님 소식은 육적 이스라엘인 벨렉의 후손들이 전하게 하셨고, 재림으로 오시는 예수님 소식은 영적 이스라엘인 욕단의 후손들이 전하게 하신 것입니다. 초림으로 오신 예수님 소식은 서쪽 히브리인들을 통해서 복음이 서쪽에서 동쪽으로 동진하면서 동쪽 끝으로 전해졌습니다. 그러나 다시 오시는 예수님의 재림복음은 동쪽에서 서쪽 끝으로 전해지게 됩니다.

이 시대 하나님께서 갑자기 한국을 온 세계에 중심 국가로 만드신 것은 다시 오실 예수님의 소식을 서쪽에 있는 형제들에게 전해주라고 하신 것입니다. 이렇게 되면 벨렉의 후손인 육적 이스라엘이 영적인 후손인 욕단의 후손들이 전하는 복음을 듣고 회개하게 되는 것입니다. 이렇게 될 때 온 이스라엘이 구원을 받게 되는 것입니다.

이렇게 될 때 노아가 예언한 야벳(유럽)은 창대케 하여 셈(아시아)의 장막에 거하게 된다는 예언이 성취가 되는 것입니다. 서쪽 끝단에 있는 육적 이스라엘과 동쪽 끝단에 있는 영적 이스라엘은 예수 안에서 하나가 되는 것입니다. 이건 마치 야곱의 아들들이 꿈을 가진 요셉을 팔아버렸는데 그 요셉을 통하여서 기근에서 살아나게 된 것과도 같은 것입니다.

하나님은 추수하기 석 달 전에 기근을 보내신다고 하였습니다. 이 시대는 말씀의 기근을 당하는 시기입니다. 이러한 때에 이방인처럼 버려졌던 욕단의 후손으로 하여금 말씀으로 기근을 당한 벨렉의 후손들을 살려내는 일들이 일어나게 되는 것입니다. 이러한 상태를 사도 바울은 로마서 11장에서 참감람나무 비유를 통해서 잘려 나간 원 가지들이 이방인들의 충만한 수가 차면 다시 접붙임을 당하게 될 것이라고 알려주었습니다.

육적 히브리인과 영적 히브리인은 70이레를 해석하는 것에도 차이가 나는 것입니다. 육적 히브리인들은 70이레를 육적 이스라엘에게 포커스를 맞추어서 해석을 하고, 영적 히브리인들은 70이레를 영적 이스라엘에게 포커스를 맞추어서 해석을 하는 것입니다.

세대주의자들은 육적 히브리인과 같이 성경을 문자적으로 해석을 하여서 70이레 역시 육적 이스라엘의 회복에 맞추어서 해석을 하고 있는 것입니다. 세대주의자들의 해석은 영적 이스라엘이 해석하는 것과는 다르지만 누구는 맞고 누구는 틀렸다고 하지 말고 그래도 예수님의 재림에 포커스를 맞추어서 말하고 있다는 것에 위로를 받아야 할 것입니다. 때가 되면 하나님께 온전한 해석을 받을 때가 올 것입니다. 그 때를 기다려 봅시다. 그래서 서두에 세대주의 해석도 일견 옳은 것이 있으니 배척하지 말고 받아들이라고 한 것입니다.

다시 본론으로 돌아가서 나머지 1이레에 대하여 더 살펴봅시다.

예수님이 죽으심으로 5가지가 성취되었습니다.

첫째로, 허물이 마치며
둘째로, 죄가 끝나며
셋째로, 죄악이 영속되며
넷째로, 영원한 의(義)가 드러나며
다섯째로, 이상과 예언이 응한다고 했습니다.

70이레가 담고 있는 5가지를 예수님이 십자가에서 다 완성하셨습니다. 이상과 예언이 다 응하였습니다. 물론 영적으로 말입니다. 예수 안에 있는 성도는 영적으로 천국에 와 있는 것입니다. 부활하신 예수님이 성도 안에 천국을 몰고 왔기 때문입니다. 예수 안에 있는 성도는 결코 정죄함이 없습니다. 성도는 하나님 집에 들어갈 하나님의 의(義)를 받았습니다. 예수 안에 있는 자는 더 이상 죄의 종이 아니고 아들인 것입니다. 아들은 영원히 아버지 집에 거합니다.

이러면 영적인 의미에서 보면 이상과 예언이 다 응한 상태가 되는 것입니다. 성도는 흑암의 나라에서 빛의 나라로 이미 옮겨졌습니다. 이미 영생을 받았습니다. 그러므로 성도의 죽음을 죽음이라 하지 않고 침상에서 안식을 누린다고 하는 것입니다. 이사야 57장을 봅시다.

사 57:1-2 “의인이 죽을지라도 마음에 두는 자가 없고 자비한 자들이 취하여 감을 입을지라도 그 의인은 화액 전에 취하여 감을 입은 것인 줄로 깨닫는 자가 없도다 2. 그는 평안에 들어갔나니 무릇 정로로 행하는 자는 자기들의 침상에서 편히 쉬느니라”

의인의 죽음은 평안의 세계에 들어간 것입니다. 즉 평화(평강)의 나라로 간 것입니다. 이는 천국을 말합니다.

여기서 잠깐. 천국과 낙원에 대하여 잠깐 알아보고 갑시다. 천국은 글자 그대로 하늘나라입니다. 하늘나라는 하늘에 있는 나라입니다. 하늘나라를 다른 말로 하나님 나라라고 합니다. 그러나 낙원은 하늘나라와 다른 개념입니다.

예수님이 십자가에 달리셔서 우편 강도에게 네가 오늘 밤 나와 함께 낙원에 있으리라고 하십니다. 예수님이 낙원에 가신다고 하셨습니다. 성도들이 예수를 믿다가 죽으면 가는 곳이 낙원입니다.

낙원은 에덴동산을 말합니다. 엄밀히 말하면 낙원인 에덴동산은 하늘나라 즉 하나님 나라, 천국이 아닙니다. 이는 장차 이루어지는 천년왕국을 뜻합니다. 예수님이 재림하실 때 몰고 오는 나라인 것입니다. 예수님이 재림하실 때 흰 옷 입은 무리들을 데리고 오십니다. 이들은 앞서간 믿음의 선진들입니다. 이들이 예수님과 함께 낙원에 있는 것입니다.

천년왕국은 하나님 나라를 예표하는 것이므로 영적인 의미로 보면 동의어라고 볼 수가 있습니다. 세례 요한이 예수님을 보고 보라 천국이 가까이 왔다고 한 것은 예수님이 영적인 하나님 나라를 몰고 오신 분이기 때문입니다.

천년왕국은 창조 7일의 일곱째 날과 같은 것입니다. 창조 7일은 역사 속의 날입니다. 저녁에서 아침으로 진행이 되는 첫째 날부터 여섯째 날이 예수님의 초림부터 예수님의 재림의 날이라고 한다면, 저녁에서 아침이라는 시간이 정지된 일곱째 날 안식일은 예수님의 재림으로 이루어지는 천년왕국과 같은 것입니다.

천년왕국은 역사 속의 하나님 나라입니다. 엄밀히 말하면 하나님 나라인 천국을 예표하는 나라인 것입니다. 천년왕국이 끝나면 영생으로 나아갈 자와 영벌로 나아갈 자들의 백보좌 심판이 일어나게 됩니다. 천년왕국이 끝나면 낙원에 있던 성도들은 역사 밖에 있는 영원한 하나님 나라로 나아가게 되는 것입니다.

천년왕국은 실상인 천국을 예표하는 그림자입니다. 지금 우리 안에 이루어진 하나님 나라는 영적인 것으로 그림자이고 나중에 가게 되는 하나님 나라의 실상인 것입니다. 역사 속 하나님 나라는 그림자이고 역사 밖 하나님 나라는 실상인 것입니다. 그림자와 실상을 잘 이해하시길 바랍니다.

영적으로 성도는 이미 천국에서 안식을 누리고 있는 것입니다. 그래서 새 언약 안에서는 하나님 나라는 먹고 마시는 물질적 가치로 살아가는 곳이 아니고 성령 안에서 의와 평강과 희락을 누리는 곳이라고 하는 것입니다. 물질적 가치로 살면 평강을 누리지 못하지만 영적 가치인 그의 나라와 그의 의 안에서 살아가면 성령 안에서 의와 평강과 희락을 누리게 되는 것입니다.

성경은 구원을 삼 시제로 말하고 있습니다.

과거 시제로는 '구원을 받았다'라고 하고,
현재 시제로는 '구원을 이루라'고 하고,
미래 시제로는 '구원을 이룰 것이다'라고 합니다.

이것은 예수님의 삼직과 연관이 있습니다.
예수님은 선지자이고 제사장이고 왕이십니다.

선지자직은 육체적으로 사역하셨고,
제사장직은 성령으로 사역을 하고 계시며,
왕직은 장차 재림하시면 이루어지게 되는 것입니다.

선지자적 사역은 육체적으로 십자가에서 다 이루었습니다.
이는 과거 사역입니다.

제사장적 사역은 부활하신 후 성령으로 성도 안에 오셔서
현재 행하시고 있는 것입니다.

이는 현재 사역입니다.

왕적 사역은 장차 재림을 하시면 천년왕국에서 하시게 됩니다.
이는 미래 사역입니다.

예수님은 이제도 계시고 전에도 계시고 장차 오실 분입니다. 그러므로 예수 안에 거하는 성도는 구원의 삼 시제로 살아가고 있는 것입니다.

구원을 이미 받았고,
구원을 현재 이루어가고 있으며,
장차 구원을 이루게 될 것입니다.

이는 구원이 미완성이고 미완료라는 뜻이 아닙니다. 예수 안에 있으면 영적으로는 이미 완성이 된 것과 같은 것입니다. 그러므로 성령이 임하면 성도 안에 하나님 나라가 이루어졌다고 하는 것입니다. 로마서 8장을 봅시다.

> **롬 8:29-30** "하나님이 미리 아신 자들로 또한 그 아들의 형상을 본받게 하기 위하여 미리 정하셨으니 이는 그로 많은 형제 중에서 맏아들이 되게 하려 하심이니라 30. 또 미리 정하신 그들을 또한 부르시고 부르신 그들을 또한 의롭다 하시고 의롭다 하신 그들을 또한 영화롭게 하셨느니라"

성도의 구원은 창세전에 계획이 된 것입니다. 창세전 언약은 드라마의 시나리오와 같습니다. 드라마가 만들어지기 전에 먼저 시나리오를 씁니다. 시나리오 속에는 드라마 전체 내용이 포함되어 있는 것입니다. 이건 마치 일곱 인으로 인봉한 책을 어린 양 되신 예수 그리스도가 하나씩 떼는 것과 같습니다. 어린 양이 인을 하나씩 뗄 때마다 말들이 뛰고 각양의 사건들이 벌어지게 되는 것입니다.

이 세상 역사는 드라마와 같습니다. 하나님이 창세전에 언약이라는 드라마의 시나리오를 쓰셨습니다. 이를 창세전 언약이라고 하는 것입니다. 하나님이 역사 속에서 구원을 이루어 가는데 미리 아신 자를 부르신다고 합니다. 미리 아심은 창세전입니다. 그리고 부르심은 역사 속에서 이루어집니다. 부르신 자들을 의롭다 하십니다. 이는 현재 속에서 이루어지고 있는 것입니다. 그리고 의롭다 하신 자들을 영화롭게 하십니다. 영화롭게 하심은 미래입니다.

장차 예수님이 재림을 하시면 변화된 몸으로 영광의 나라에서 하나님의 아들로 영화롭게 살아가게 되는 것입니다. 그러므로 미리 아심과 부르심과 의롭다 하심과 영화롭게 하심은 역사 속에는 진행형으로 나타나지만 영적인 의미에서는 다 이루어진 것과 같은 것입니다. 그래서 성도는 미래에 이루어질 사건을 현재 속에서 미리 맛보고 있는 것입니다. 이를 성령이 성도 안에 하나님 나라를 몰고 와서 예수님의 통치 아래 살아가게 하신 것입니다.

이를 신학적으로 **'이미와 아직'**이라고 하는 것입니다. 이미 구원받았지만 아직은 아니라고 하는 것입니다. 그렇다고 미완료나 미완성이 아닙니다. 이미 완성이 되었습니다. 그래서 성도가 죽으면 침상에서 쉰다고 하는 것입니다. 성도는 이미 구원받았습니다. 성경이 구원을 삼 시제로 말하는 것은 시작과 끝이 있는 역사 속에서 점진적으로 이루어지는 것이기 때문입니다. 역사의 타임라인으로 말하고 있는 것입니다.

성령으로 거듭난 자는 하늘나라 소속입니다. 하늘나라 백성으로서 세상 나라에 살고 있는 것입니다. 이미 하나님 백성입니다. 하나님 백성으로 살아가라고 성령으로 거듭나게 하시고 성령 안에서 하나님 나라의 가치관인 의와 평강과 희락을 누리도록 하신 것입니다.

미래 천국은 현재 천국으로 살아가는 자들에게 주어지는 것입니다. 현재 천국이 없으면 미래 천국도 없는 것입니다. 현재 천국은 미래 천국에 들어갈 자들에게 보증으로 주어진 것입니다. 그러므로 현재 천국으로 살아가야 하는 것입니다.

현재 천국은 영적인 것으로서 먹고 마시는 물질적 가치로 사는 것이 아니고 영적인 성령 안에서 의와 평강과 희락으로 살아가는 것입니다. 영적인 의미로 보면 성도 안에는 예수님이 이미 재림을 하신 것입니다. 그러니까 천국이 성도들 안에 이루어졌다고 말하는 것입니다. 이것이 믿어져야 1이레의 언약을 받은 자가 되는 것입니다.

예수님께서 십자가에서 율법을 완성하셨습니다. 예수 안에 있는 사람은 새로운 피조물입니다. 새로운 피조물은 율법으로 제사와 예물을 드릴 필요가 없습니다. 이런 것 안 한다고 해서 정죄당하지 않습니다. 왜냐하면! 예수님이 자기 몸으로 단번에 율법의 요구를 다 이루셨기 때문입니다.

허물이 마치고!
죄악이 영속되고!
영원한 의를 주셨습니다.

하나님 앞에 나아갈 영원한 의는 인간의 종교적 열심과 노력으로 얻어지는 것이 아닙니다. 예수님의 피 흘리심으로 주어졌습니다. 그러므로 예수님의 피로 구속받은 성도는 예수님의 의로 하나님께 당당히 나아가게 되는 것입니다. 마치 야곱이 장자의 옷을 입고 **'아버지의 맏아들 에서로소이다'**라고 나아간 것과 같이, 성도들도 예수 그리스도의 의(義)로 옷을 입고 하나님 앞에 **'아버지의 맏아들 예수로소이다'**라고 나아가게 되는 것입니다.

그래서 요한계시록 14장에서 시온산에 서 있는 구원을 받은 144,000명의 이마에 어린 양의 이름이 적혀 있다고 하는 것입니다. 이마에 어린 양의 이름이 적혀 있다는 것은 다 어린 양에게 속한 자라는 뜻입니다. 우리는 어린 양 되신 예수 그리스도를 앞세우고 당당하게 하나님 나라에 입성하는 것입니다. 성도는 자기 행함으로 하나님께 나아가지를 않고 예수님의 피로 용서받은 것을 들고 나아가는 것입니다. 이런 사람이 바로 새로운 피조물인 것입니다.

새로운 피조물은 새 언약으로 살아갑니다. 옛 언약은 짐승의 피로 나아갔지만, 새 언약은 예수님의 피로 나아갑니다. 새 언약은 예수님의 피로 맺은 언약입니다. 예수님의 죽음으로 맺은 것입니다. 육체로 오신 예수님은 역사에 속하였다고 하면 부활하신 예수님은 묵시에 속하였습니다. 십자가에 죽으신 예수님은 성령의 능력으로 부활하셨습니다. 성도 역시 성령 안에서 새로운 사람으로 부활하였습니다. 그러므로 성령으로 거듭나게 되면 묵시적 존재가 되는 것입니다. 묵시적이라 함은 영적이라는 뜻입니다. 성도는 영적으로 천국 백성인 것입니다.

천국은 묵시의 나라이므로 성도 또한 묵시적 존재가 되는 것입니다. 예수 안에 있는 성도는 1이레의 언약을 받은 묵시적 존재입니다. 왜냐하면 성도 안에 오신 예수님이 묵시에 속하였기 때문입니다. 묵시에 속한 성도는 죄가 없습니다.

허물이 마치고,
죄가 끝나고,
죄악이 영원히 속죄가 되었고,
영원한 의를 받았기 때문에 이상과 예언이 응한 것이 되는 것입니다.

그러므로 그리스도 예수 안에 있는 자는 결코 정죄함이 없다고 하는 것입니다. 죄와 사망의 법을 생명의 성령의 법이 해방을 시켜주신 것입니다. 창세전 언약으로 말하면 거룩하고 흠이 없어진 것입니다. 창세전 언약대로 예수님 피로 구속 곧 죄사함을 받아 의롭게 된 것입니다.

성도는 역사 속에 묵시적 존재로 살아가고 있는 것입니다. 이건 마치 부활하신 예수님이 성도 안에서 영적으로 살아가고 있는 것과 같습니다. 그러므로 예수 그리스도 안에서 살아가는 성도에게는 창세전 언약인 이상과 예언이 다 응한 것이 되는 것입니다.

예수님의 십자가 사건으로 69이레가 완성이 된 것입니다. 69이레가 되면 어찌 된다고 하셨나요? 기름 부음 받은 자가 끊어진다고 했습니다. 기름 부음 받은 자가 끊어지고 나면 한 왕이 와서 성소를 훼파한다고 하였습니다. 이 말은 예수님의 십자가로 시간과 공간에 속한 성전 시대는 끝이 났다는 뜻입니다. 예수님이 성소를 훼파시킨 것입니다. 이제는 더 이상 보이는 성전은 없어진 것입니다.

예수님이 보이는 성전을 허물어 버리고 보이지 않는 성전을 성도들 안에 세우신 것입니다. 이제는 짐승의 피로 드리던 성전 시대는 끝났습니다. 구약식 신앙이 끝이 났습니다. 이제는 새 언약적 예배를 드려야 합니다. 새 언약적 예배란 예수 그리스도를 믿음으로 하나님께 나아가는 것입니다. 이를 신령과 진정으로 예배를 드린다고 합니다. 하나님은 이제는 구약적 제사는 안 받습니다. 예수 그리스도가 자기 피로 맺은 새 언약적 제사만 받으십니다.

예수님의 십자가 사건 이후의 역사는 아무런 의미가 없는 것입니다. 지구의 종말이 언제가 되든지 간에 세상 역사는 이미 69이레로 끝이 난 것입니다. 지금은 1이레 안에 들어가 있는 것입니다. 지금 예수님이 십자가에서 죽은 지 2024년입니다. 하지만 영적으로는 1이레에 포함되어 있는 것입니다. 그러니 성도에게는 1이레는 역사가 아니고 묵시인 것입니다. 묵시적으로 2024년이라는 세월은 1이레에 속한 것입니다.

주께서 하루가 천 년 같고 천 년이 하루 같다고 했습니다. 이는 묵시적인 말입니다. 예수님 안에서는 천 년도 하루 같고, 하루도 천 년 같은 것입니다. 천 년이란? 묵시적 기간을 말하는 것이므로 창세 전이란 말과도 같은 것입니다. 이렇게 되면 '나'라는 존재는 비록 역사 속에서 2024년이라는 세월 속에서 살고 있지만 묵시적으로는 이미 창세전에 있었던 것이 되는 것입니다.

1이레 속에는 신약의 역사가 다 담겨 있는 것입니다. 그래서 1이레는 기름 부음을 받은 자가 끊어지고 난 후에 맺어지는 것입니다. 예수님이 기름 부음을 받은 자로서 십자가에서 끊어지면서 마귀의 머리를 깨트렸습니다. 죄와 사망의 권세를 깨트렸습니다.

아담 이래로 죽음이 지배하던 죄인의 역사는 예수 그리스도 안에서는 없는 것입니다. 그러므로 1이레의 언약인 새 언약은 역사적인 언약이 아니고 묵시적 언약인 것입니다. 이렇게 되면 70이레로 정한 세상의 역사는 69이레로 마감이 되는 것입니다.

그럼 역사 전체를 왜 70이레로 말하고 있는지 살펴봅시다.

70이레를 왜 3구분으로 분리하여서 말씀하실까요? 이는 70이레가 담고 있는 의미가 있기 때문입니다. 성경이 말하는 7이라는 숫자 의미부터 알아봅시다. 하나님은 천지창조를 7일 만에 했습니다. 이러면 하나님의 시간은 7일 이후는 없는 것입니다. 그래서 7일로 창조의 완성을 말해주고 있는 것입니다.

역사가 7일 주기(週期)로 순환(順換)이 되는 것은 아무리 많은 세월과 시간도 결국은 7일 속에 포함이 된 것이라는 뜻입니다. 이 세상 역사를 하나님은 세상을 창조한 틀인 7일 속에 담아 놓은 것입니다. 주기가 수백 년 수천 년이 지나도 7일 주기로 돌아가는 것은 하나님 앞에선 7일이란 뜻입니다.

창조 7일을 구분하면 둘이 됩니다.

첫째 날부터 여섯째 날까지는 **'저녁이 되며 아침이 되니'**라는 식으로 전개가 됩니다. 그런데 일곱째 날 안식의 날은 저녁에서 아침으로 진행되지 않고 스톱이 됩니다. 왜 진행이 안 됩니까? 다 만들었기 때문입니다. 더 만들 것이 없기 때문에 다 만들고 쉬는 안식의 세계가 되는 것입니다. 그러므로 일곱째 날을 여호와의 안식일이라고 하는 것입니다. 누구의 안식일인가 하면 여호와의 안식일입니다. 하나님이 모든 일을 마치고 쉬는 것입니다.

이걸 예수님의 구속사로 보면 예수님의 십자가 이후에는 역사적 의미가 사라지는 것도 예수님이 십자가에서 다 이루셨기 때문입니다. 예수님이 십자가에 6시간을 달려 있었습니다. 6시간은 창조 6일과 같은 것입니다. 예수님이 십자가의 6시간 동안에 창조 6일을 완성하신 것입니다. 6시간 후에 무덤에 들어가신 것은 일곱째 날 안식하신 것과 같습니다. 왜냐하면 죽음을 안식이라고 하기 때문입니다.

이걸 성도에게 적용해 봅시다. 성도는 예수와 함께 죽었고 예수와 함께 살아난 자입니다. 옛 사람은 예수님과 함께 십자가에서 죽었고 예수님이 부활하실 때 새 사람으로 살아난 것입니다. 그래서 성도를 새로운 피조물이라고 하는 것입니다. 새로운 피조물은 일곱째 날에 속한 자입니다. 일곱째 날은 안식하는 날입니다.

예수 그리스도 안은 안식하는 세계이지 일하는 세계가 아닙니다. 예수를 믿는다고 하면서 '뭘 하여야 합니까'라고 묻는 사람들은 예수님이 십자가에서 다 이루셨다는 것이 믿어지지 않기 때문에 자꾸만 자기 쪽에서 뭔가 하여야 한다고 생각을 하는 것입니다. 이건 법이 살아 있기 때문입니다. 자기 안에 법이 살아 있으면 안식을 할 수가 없습니다. 그러므로 자꾸만 자기 쪽에서 안식할 것을 만들어내는 것입니다.

알미니안 계통의 인간의 착함을 의라고 하는 인본주의 성화주의자들이 여기에 속하였습니다. 이 사람들은 예수님이 십자가에서 다 이루신 것이 안 믿어지는 것입니다. 그러니 자기가 말씀을 지켜서 구원을 이루어가고 거룩해져야 한다고 하는 것입니다. **아니~ 예수님이 십자가에서 다 이루셨다고 하잖아요. 그런데 뭘 해야 합니까?라고 묻습니까? 묻기를!**

안 믿어지니까 안식하지 못하고 계속하여 종처럼 일하겠다고 하는 것입니다. 불안하니까 자유의지를 발동해서 하나님의 은혜 안에 거하여야 구원에서 짤려나가지 않고 보존이 된다고 하는 것입니다. 알미니안주의자들은 구원이 취소될 수도 있다고 합니다. 이건 성경을 문자적으로 인본주의로 해석하기 때문에 그러는 겁니다.

창세전 언약은 인간이 끼어들 틈이 없습니다. 창세전 언약은 아버지와 아들 간에 맺은 언약입니다. 새 언약도 마찬가지입니다. 예수님과 아버지 간에 맺은 언약입니다. 창세전 언약이 새 언약 안에서 완성이 된 것입니다. 창세전에 예수 안에서 구원해 주시겠다고 약속을 하신 것입니다.

창세전 언약은 은혜덩어리입니다. 인간의 의가 끼어들 틈이 없습니다. 그냥 믿어지는 것으로 살면 되는데, 그게 안 되니 자꾸만 '목사님, 어떻게 살면 됩니까?'라고 묻는 것입니다. '그냥 성령이 인도하는 데로 사세요!'라고 하면, '어떻게 하면 성령이 인도하는 대로 사는 것입니까?'라고 방법론을 말하는 것입니다.

예수 믿는 데에는 방법이 없습니다. 어떤 비결이 없습니다. 자기 안에서 안 믿어지는 것은 아무리 밖에서 가르쳐 줘도 알 수가 없습니다. 성령이 인도하는 게 없으니까 자기 쪽에서 방법을 강구하는 것입니다. 성도는 반드시 성령이 인도하십니다. 성령의 인도를 받는 성도는 누가 시키지 않아도 스스로 알아서 하게 되어 있습니다. 성도는 법으로 살지 않고 은혜로 살아갑니다. 법은 방법을 말하고 이렇게 하라 저렇게 하라고 요구하지만, 은혜는 요구하지 않습니다. 스스로 자발적으로 하게 되어 있기 때문입니다.

우스갯소리로, 신앙은 강요할 필요가 없습니다. 교회 오라는 소리도 하지 말고, 충성하라는 말도 하지 말고, 연보하라는 소리도 하지 마세요. 이런 말을 하면 꼭 '그럼 내 마음대로 살아도 되겠네'라고 말하는 사람들이 있습니다.

성도는 그리스도의 종입니다. 종은 자기 주권이 없습니다. 그렇기 때문에 내 마음대로 살 수가 없는 것입니다. 자기 맘대로 막 살고 싶어도 막 살아지지가 않는 것입니다. 왜냐하면 예수님이 우리 안에서 간섭을 하시기 때문입니다. 내 맘대로 살라고 구원시킨 것이 아닙니다. 그런 구원은 없습니다. 우리는 애초 창세전 언약을 위해서 생겨났기 때문에 내 마음대로 산다는 것이 성립되지 않는 것입니다.

아니~ 사도행전 1장 8절에 그러잖아요. 성령이 임하면 땅 끝까지 내 증인이 된다고… 예수님 증인 시키려고 성령을 보내 주신 겁니다. 성령 받은 사람은 예수님의 십자가를 증거하게 되어 있습니다. 아무것도 안하고 놀러 다니는 사람은 그 안에 성령이 없는 사람입니다. 성령이 없으니까 자기 육신이 편한 대로 살고자 하는 것입니다. 성도는 자기 육신이 편한 대로 사는 자가 아니고 그리스도의 종입니다. 그리스도의 종은 그리스도를 위하여 살게 되어 있습니다.

성령은 성도를 예수님의 운명 속으로 밀어넣으시고 끌고 다니십니다. 그게 히브리서 11장의 사람들입니다. 히브리서 11장의 주어는 '믿음으로'입니다. 믿음이 각 사람을 이렇게 저렇게 사용하신 것입니다. 히브리서 11장의 사람들은 모두가 예수님의 삶을 선취적으로 사셨습니다. 믿음이 장차 오실 메시아의 삶을 미리 맛보게 하신 것입니다. 그래서 그들을 하늘에 구름같이 둘러싼 허다한 증인들이라고 하는 것입니다.

다시 묵시에 대해서 살펴봅시다.

예수 안에 있는 사람은 묵시적 존재입니다. 묵시적 존재는 오늘로 사는 자입니다. 이를 오늘 날이라고 합니다. 오늘 날이란? 묵시적 의미입니다. 오늘 날을 다른 말로 하면 영원이고 영생인 것입니다. 묵시는 안식의 세계입니다. 안식이 되려면 모든 일에 마침이 되어야 합니다. 우리에게 적용하면 죄악이 영속되고, 영원한 의를 받아서, 영생하는 자가 되어야 한단 말입니다.

신앙생활은 우리가 더 이상 할 일이 없는 것으로 사는 것입니다. 우리가 할 일이 없다는 것은 우리가 거룩해지거나 의를 만들 필요가 없다는 말입니다. 내가 더 이상 말씀에 순종하여야 하는 법이 없어야 안식을 할 수가 있는 것입니다. 모든 일이 마침이 되려면 창세전 언약이 완성되어야 합니다. 왜냐하면! 역사라는 무대가 창세전 언약을 위하여 만들어졌기 때문입니다.

창세전 언약이 무엇인가요? 자기 백성을 예수님 피로 거룩하고 흠이 없게 한다는 것입니다. 예수 그리스도의 피로 거룩하게 된 자들을 하나님의 아들이라고 하고 이들은 그 은혜의 영광을 세세토록 찬미하게 되는 것입니다. 이러한 일들이 이미 성도 안에서 영적으로 이루어진 것입니다. 성도는 그리스도 예수 안에서 거룩하고 흠이 없고 허물이 마치며 죄가 끝나며 죄악이 영속되며 영원한 의가 드러나며 이상과 예언이 응한 것입니다.

70이레가 끝나면 어찌 된다고 했습니까?

허물이 마치고,
죄가 끝나고,
죄악이 영속되며,
영원한 의가 드러나고,
이상과 예언이 모두 응하게 된다고 했습니다.

그런데 지금 이스라엘은 어떤 처지에 놓였습니까? 남의 나라 밑에 포로로 잡혀 가 있습니다. 왜 포로로 잡혀가 있습니까? 죄 때문입니다. 죄 문제가 해결되면 포로에서 해방이 됩니다. 포로에서 해방이 된다는 것은 곧 죄가 사해진다는 뜻입니다. 성경에서 이렇게 죄가 사해지고 포로(종)에서 해방되는 것을 희년이라고 합니다. 희년이 되면 전부 원래의 상태로 돌아가게 됩니다.

이스라엘은 원래 종이라는 제도가 없습니다. 가나안 땅은 모두에게 골고루 분배해 주었습니다. 각자가 하나님으로부터 받은 땅에서 농사짓고 살면 됩니다. 그러면 남에게 종이 될 이유가 없는 것입니다. 그런데 뜻하지 않게 종이 되는 경우가 발생하는 것입니다. 어떤 사정에 의하여 빚을 지거나 가산을 탕진할 수가 있습니다.

요즘 말로 노름을 해서 빚을 지거나, 게을러서 농사를 짓지 않거나, 사업에 실패해서 빚을 지거나, 병이 들어서 가산을 저당 잡힌다거나 해서 부득불 남의 집에 팔려 가는 일들이 생겨난 것입니다. 그럼 남의 집에서 종살이를 해야 하는 것입니다.

이건 하나님께서 처음에 주신 원칙과 어긋나는 것입니다. 하나님은 공평하게 해 주었는데, 인간들이 잘못해서 주인과 종이라는 신분의 벽이 생기게 된 것입니다. 이렇게 죄로 인하여 형성된 불합리한 관계를 청산해 주는 것이 희년 제도입니다. 희년이 되면 무조건 종에서 자유인으로 풀어 주어야 하는 것입니다. 땅도 돌려주고, 사람도 풀어 주어야 하는 것입니다.

희년은 수고하고 무거운 짐을 벗어버리고 쉬는 안식의 세계와 같은 것입니다. 희년은 7년 안식년을 7번 한 후에 주어집니다. 그러니 이스라엘은 7단위로 계속하여서 안식이 이루어지는 것입니다. 이는 하나님께서 창조 7일째 안식하신 것을 세상에 남기기 위해서 이스라엘 백성들 속에 7단위로 쉬는 제도를 주신 것입니다.

7일은 "안식일"로 쉬게 하고,
7년이 되면 "안식년"이라고 해서 쉬게 하고,
7안식년을 7번째는 "희년"으로 쉬게 하신 것입니다.

하나님은 7에 속한 날은 쉬게 하였습니다. 이는 여호와의 안식에 동참케 하려는 것입니다. 안식일이나, 안식년이나, 희년에 일하면 이스라엘 중에서 끊어지게 될 것이라고 경고하였습니다. 왜 그런가 하면 7에 속한 날은 여호와의 안식에 속한 날이기 때문입니다.

이러한 것들을 지키게 함으로써 이스라엘은 이스라엘을 위한 이스라엘이 아니고 여호와를 위한 이스라엘이라는 것을 알려주고 있는 것입니다. 너희는 너희 것이 아니고 하나님 것이란 말입니다. 그래서 품꾼이라고 하는 것입니다. 품꾼은 주인이 쉬면 같이 쉬어야 합니다. 그러니 여호와가 안식하는 절기에는 일하지 말라고 하신 것입니다.

7일 안식일은 인간을 쉬게 하고, 7년 안식년에는 땅을 쉬게 하였습니다. 그래서 안식년이 되면 땅에 씨를 파종하지 못하게 하신 것입니다. 안식일에는 일하지 못하게 하고, 안식년에는 농사를 짓지 못하게 한 것입니다.

이것은 너희는 너희의 수고와 노력으로 사는 자가 아니고 하나님의 은혜로 산다는 것을 알게 하기 위함인 것입니다. 은물 교육을 하신 것입니다. 가나안은 어떤 땅이라고 했나요? 약속으로 주어진 은혜의 땅입니다. 그래서 가나안은 애굽과 같지 아니 하는 땅이라고 하신 것입니다. 신명기 11장을 봅시다.

> **신 11:10-12** "네가 들어가 얻으려 하는 땅은 네가 나온 애굽 땅과 같지 아니하니 거기서는 너희가 파종한 후에 발로 물대기를 채소 밭에 댐과 같이 하였거니와 11. 너희가 건너가서 얻을 땅은 산과 골짜기가 있어서 하늘에서 내리는 비를 흡수하는 땅이요 12. 네 하나님 여호와께서 권고하시는 땅이라 세초부터 세말까지 네 하나님 여호와의 눈이 항상 그 위에 있느니라"

애굽은 자기 힘으로 농사를 짓는 곳입니다. 자기가 필요할 때 물을 길어서 농사를 지었습니다. 그러나 가나안은 애굽처럼 물을 저축할 수가 없는 곳입니다. 하늘에서 내리는 비로써만 농사를 지을 수가 있는 것입니다. 이것은 하나님이 농사를 지어주신다는 것입니다. 이를 은혜라고 합니다.

가나안 땅에서 살려면 철저하게 하나님을 믿는 믿음이 있어야만 합니다. 믿음이 없으면 살 수가 없는 것입니다. 가나안 땅에서는 자기 노력으로 살고자 하는 자는 다 쫓겨나게 됩니다. 그런 자는 땅이 토해 내게 되어 있는 것입니다. 그래서 하나님은 그 땅의 성질에 맞지 않는 자는 쫓아내서 땅을 안식하게 만들겠다고 하셨습니다.

가나안 땅은 하나님이 주인입니다. 이스라엘은 하나님의 품꾼입니다. 품꾼은 욕심을 부리면 안 됩니다. 그냥 주인이 주는 대로 먹고 살아야 하는 것입니다. 그래서 가나안 땅은 자기 노력으로 살고자 하는 자들은 다 쫓아낸 것입니다. 가나안 땅은 하나님의 은혜를 머금고 있는 은혜의 땅인 것입니다. 은혜를 모르고 살면 땅이 탄식을 하게 됩니다. 성도가 가나안 땅입니다. 하나님의 은혜로 살아가는 자들입니다. 탐욕을 부리면 성령이 탄식을 하게 되는 것입니다.

예수님이 너희들은 그의 나라와 그의 구하고 살라고 하셨습니다. 무엇을 먹을까! 무엇을 마실까! 무엇을 입을까! 염려하지 말라고 하셨습니다. 한마디로 먹고 살아갈 염려를 하지 말라는 것입니다. 왜 염려하지 말라고 합니까? 주인이 알아서 먹여 살린다는 말입니다. 하나님이 다 알아서 해준다고 합니다. 우리는 품꾼이기 때문입니다.

신약에서는 성도의 심령이 가나안 땅입니다. 예수님이 성도의 주인입니다. 그러므로 먹고 사는 문제로 걱정하지 말고 예수님이 몰고 온 하나님 나라가 우리 안에서 이루어지도록 그의 나라와 그의 의를 구하라고 하는 것입니다. 그러면 먹고 입고 마실 것을 다 주시겠다고 합니다. 너희에게 이러한 것들이 있어야 할 줄을 아버지께서 이미 다 알고 계신다고 합니다. 그러니 염려하지 말라고 하는 것입니다.

그런데 우리 육신은 이걸 못 믿고 자기 노력으로 모으고자 합니다. 그러면 하나님은 우리가 모은 것을 힘으로 삼지 못하도록 자꾸만 흔드는 것입니다. 돈을 좀 모으려고 하면 자꾸만 어떤 사건들이 터져서 모으지 못하게 하는 것입니다. 그걸 모으면 하나님을 떠나기 때문입니다. 하지만 인간들은 미련하고 고집이 있어서 또 모읍니다. 그럼 하나님이 또 흔들어 버립니다.

이런 악순환 속에서 살면서 야! 내가 참으로 지독하게 하나님 말씀을 안 듣는 인간이라는 것을 깨닫게 되는 것입니다. 은혜로 마음을 붙잡아 두지 않으면 우리 마음은 안식이 사라지고 근심 걱정에 사로잡히게 되어 있습니다. 마음이 일곱째 날 안식이 되어야 하는데 먹고 입고 마시는 염려 때문에 첫째 날부터 여섯째 날로 수고하며 살아가게 되는 것입니다.

그의 나라와 그의 의를 구하면 일곱째 날로 늘 낮으로 안식하면서 살게 되는데, 무엇을 먹을까 무엇을 마실까 무엇을 입을까로 살면 저녁에서 아침으로 진행이 되는 첫째 날부터 여섯째 날로 살아가기 때문에 염려와 근심 걱정이라는 밤으로 살게 되는 것입니다.

이스라엘이 가나안에서 그렇게 살았던 것입니다. 하나님을 믿지 않고 가나안 원주민들처럼 자신들의 힘으로 살고자 안식년에도 파종을 하고 땅을 안식하지 못하게 한 것입니다. 결국 가나안에서 쫓겨나 바벨론에 포로로 잡혀가서 종노릇하게 된 것입니다.

하나님은 불순종하는 이스라엘을 가나안에서 쫓아내고 그 땅을 안식하게 하신 것입니다. 하나님은 은혜를 모르는 자들을 그 땅에서 살 자격이 없다고 하시면서 쫓아냈습니다. 이스라엘을 쫓아내고는 땅을 쉬게 하신 것입니다. 성경을 봅시다.

> **대하 36:20-21** "무릇 칼에서 벗어난 자를 저가 바벨론으로 사로잡아가매 무리가 거기서 갈대아 왕과 그 자손의 노예가 되어 바사국이 주재할 때까지 이르니라 21. 이에 토지가 황무하여 안식년을 누림같이 안식하여 칠십년을 지내었으니 여호와께서 예레미야의 입으로 하신 말씀이 응하였더라"

> **레 26:43** "그들이 나의 법도를 싫어하며 나의 규례를 멸시하였으므로 그 땅을 떠나서 사람이 없을 때에 땅이 황폐하여 안식을 누릴 것이요 그들은 자기 죄악으로 형벌을 순히 받으리라"

이스라엘이 바벨론에서 70년 동안 형벌을 받는 동안 땅은 안식을 누리게 된 것입니다. 안식년은 7년마다 돌아옵니다. 이건 이스라엘이 범죄치 않고 가나안 땅에서 살고 있을 때 이야기입니다. 그러나 지금은 이스라엘이 범죄해서 70년 동안 포로로 이방의 객이 되어서 가나안 땅은 주인 없이 비어 있는 상태입니다. 그러니 땅 입장에선 매년 안식년이 되는 것입니다. 그 땅에 농사지을 사람이 없으니 매년 안식하고 있는 것입니다.

이스라엘이 가나안에서 쫓겨나서 70년 동안 포로생활을 하였으니 원칙적으로는 7년마다 쉬게 하던 땅을 매년 70년 동안 쉬게 한 것입니다. 이러면 가나안 땅은 안식년을 70번 맞이한 것과 같아지는 것입니다. 70년 동안 땅이 안식한 것은 70이레와 같은 것이 되는 것입니다. 왜냐하면! 70번은 원칙적으로 안식을 하려면 7년마다 돌아와야 하기 때문입니다.

그런데 7년마다 돌아올 것을 매년 70년 동안 하였습니다. 70년 동안 7년 텀으로 돌아가야 할 것을 70년 만에 다 해치웠으니까 70이레가 되는 것입니다. 가나안 땅은 70년 동안 매년 안식년과 같이 비어 있었습니다. 70이레 동안 비어 있었던 것입니다. 7년 단위로 안식해야 할 것을 매년 70번을 했으니 70이레와 같은 것입니다.

그럼 죄로부터 영원히 속죄되는 것을 왜 70이레로 작정하셨는지를 살펴봅시다.

레 26:27-33 "너희가 이같이 될지라도 내게 청종치 아니하고 내게 대항할진대 28. 내가 진노로 너희에게 대항하되 **너희 죄를 인하여 칠 배나 더 징책하리니** 29. 너희가 아들의 고기를 먹을 것이요 딸의 고기를 먹을 것이며 30. 내가 너희의 산당을 헐며 너희의 태양 주상을 찍어 넘기며 너희 시체를 파상한 우상 위에 던지고 내 마음이 너희를 싫어할 것이며 31. 내가 **너희 성읍으로 황폐케 하고 너희 성소들로 황량케 할 것이요** 너희의 향기로운 향을 흠향치 아니하고 32. **그 땅을 황무케 하리니** 거기 거하는 너희 대적들이 그것을 인하여 놀랄 것이며 33. **내가 너희를 열방 중에 흩을 것이요** 내가 칼을 빼어 너희를 따르게 하리니 너희의 땅이 황무하며 너희의 성읍이 황폐하리라"

이스라엘이 범죄하면 7배나 징치한다고 했습니다. 이스라엘이 범죄해서 바벨론에서 70년 포로로 잡혀있었습니다. 70년 포로를 7배를 가하면 490년이 됩니다. 490년은 이레로 계산하면 70이레입니다. 70년을 7배 징치를 하면 70이레가 되는 것입니다.

70이레가 되면 죄악이 영속된다고 했습니다. 즉 포로생활이 끝난다는 말입니다. 이스라엘은 예표인 민족입니다. 구약의 육적 이스라엘은 신약의 성도들을 예표하고 있습니다. 이스라엘이 죄로 인하여 바벨론에서 70년 동안 포로생활을 한 것은 성도가 죄와 사망 가운데 갇힌 것을 예표하고 있는 것입니다.

육적 이스라엘은 70년이 지나면 바벨론 포로에서 회복이 되지만, 영적 이스라엘은 70이레가 되면 죄와 사망의 권세로부터 완전히 회복이 되는 것입니다. 이렇게 되면 70이레 속에는 창세전 언약이 성취가 되는 온 세상의 역사를 함축하고 있음이 되는 것입니다. 그래서 다니엘서에서 장차 세상에 일어나는 제국이 예수님의 십자가 사건이 일어나는 기점으로 하는 제국들까지만 말하고 있는 것입니다.

제국의 흥망성쇠

예수님이 초림으로 오셨을 때 이스라엘을 지배하던 나라가 어디인가요? 로마입니다.
예수님은 로마가 지배할 때 오셨습니다.
다니엘 2장입니다.

단 2:27-45 "다니엘이 왕 앞에 대답하여 가로되 왕의 물으신바 은밀한 것은 박사나 술객이나 박수나 점장이가 능히 왕께 보일 수 없으되 28. 오직 은밀한 것을 나타내실 자는 하늘에 계신 하나님이시라 그가 느부갓네살 왕에게 후일에 될 일을 알게 하셨나이다 왕의 꿈 곧 왕이 침상에서 뇌 속으로 받은 이상은 이러하니이다 29. 왕이여 왕이 침상에 나아가서 장래 일을 생각하실 때에 은밀한 것을 나타내시는 이가 장래 일을 왕에게 알게 하셨사오며 30. 내게 이 은밀한 것을 나타내심은 내 지혜가 다른 인생보다 나은 것이 아니라 오직 그 해석을 왕에게 알려서 왕의 마음으로 생각하던 것을 왕으로 알게 하려 하심이니이다 31. 왕이여 왕이 한 큰 신상을 보셨나이다 그 신상이 왕의 앞에 섰는데 크고 광채가 특심하며 그 모양이 심히 두려우니 32. 그 우상의 머리는 정금이요 가슴과 팔들은 은이요 배와 넓적다리는 놋이요 33. 그 종아리는 철이요 그 발은 얼마는 철이요 얼마는 진흙이었나이다 34. 또 왕이 보신즉 사람의 손으로 하지 아니하고 뜨인 돌이 신상의 철과 진흙의 발을 쳐서 부숴뜨리매 35. 때에 철과 진흙과 놋과 은과 금이 다 부숴져 여름 타작마당의

겨같이 되어 바람에 불려 간곳이 없었고 우상을 친 돌은 태산을 이루어 온 세계에 가득하였었나이다 36. 그 꿈이 이러한즉 내가 이제 그 해석을 왕 앞에 진술하리이다 37. 왕이여 왕은 열 왕의 왕이시라 하늘의 하나님이 나라와 권세와 능력과 영광을 왕에게 주셨고 38. 인생들과 들짐승과 공중의 새들, 어느 곳에 있는 것을 무론하고 그것들을 왕의 손에 붙이사 다 다스리게 하셨으니 왕은 곧 그 금 머리니이다 39. 왕의 후에 왕만 못한 다른 나라가 일어날 것이요 셋째로 또 놋 같은 나라가 일어나서 온 세계를 다스릴 것이며 40. 넷째 나라는 강하기가 철 같으리니 철은 모든 물건을 부숴뜨리고 이기는 것이라 철이 모든 것을 부수는 것같이 그 나라가 뭇 나라를 부숴뜨리고 빻을 것이며 41. 왕께서 그 발과 발가락이 얼마는 토기장이의 진흙이요 얼마는 철인 것을 보셨은즉 그 나라가 나누일 것이며 왕께서 철과 진흙이 섞인 것을 보셨은즉 그 나라가 철의 든든함이 있을 것이나 42. 그 발가락이 얼마는 철이요 얼마는 진흙인즉 그 나라가 얼마는 든든하고 얼마는 부숴질만 할 것이며 43. 왕께서 철과 진흙이 섞인 것을 보셨은즉 그들이 다른 인종과 서로 섞일 것이나 피차에 합하지 아니함이 철과 진흙이 합하지 않음과 같으리이다 44. 이 열 왕의 때에 하늘의 하나님이 한 나라를 세우시리니 이것은 영원히 망하지도 아니할 것이요 그 국권이 다른 백성에게로 돌아가지도 아니할 것이요 도리어 이 모든 나라를 쳐서 멸하고 영원히 설 것이라 45. 왕이 사람의 손으로 아니하고 산에서 뜨인 돌이 철과 놋과 진흙과 은과 금을 부숴뜨린 것을 보신 것은 크신 하나님이 장래 일을 왕께 알게 하신 것이라 이 꿈이 참되고 이 해석이 확실하니이다"

느부갓네살이 꿈에서 큰 신상을 보았습니다.

머리는 정금이고,
가슴과 팔은 은이고,
배와 넓적다리는 놋이고,
종아리는 철이고,
발은 얼마는 철이고 얼마는 진흙인 것입니다.

이러한 때에 갑자기 하늘에서 뜨인 돌이 나타나서 그 신상의 발을 쳐서 박살을 내는 것입니다. 그리고는 하나님이 영원히 망하지 않는 영원한 나라를 세우겠다고 하십니다. 하늘로서 온 뜨인 돌이 세운 나라는 영원한 나라가 된다고 합니다.

느부갓네살은 자신이 꿈을 꾸고서도 해석할 수가 없었습니다. 왜냐하면! 하나님의 예언이고 계시이기 때문입니다. 그래서 느부갓네살이 온 나라에 조서를 내려서 박사나 술객이나 박수나 점쟁이들에게 자기가 꾼 꿈을 해석하라고 합니다. 요즘 말로 목사나 신학자나 교수들에게 해석하라고 한 것입니다. 그런데 그 누구도 그 꿈을 해석하지 못하는 것입니다. 육에 속한 자들이 어찌 하늘에 속한 일들을 해석하겠어요. 당연히 못하지요.

이 때 다니엘이 느부갓네살 왕에게 나아가서 해석을 해줍니다. 느부갓네살 왕이 본 우상은 장차 이 세상에 나타날 큰 제국이라고 합니다. 앞으로 하나님께서 이 세상에 나타나게 할 나라들인데 곧 장래에 될 일이라는 것입니다. 이는 곧 예언이고 계시인 것입니다. 그래서 이건 아무나 해석할 수가 없고 오직 하나님으로부터 은혜를 입은 사람만이 해석할 수가 있다고 하는 것입니다. 요즘 식으로 말하면 성령을 받은 사람만이 해석을 할 수 있다는 말입니다.

그럼 다니엘이 해석한 신상의 비밀을 봅시다.

앞으로 나타날 제국들을 금과 은과 놋과 철과 그리고 철과 흙이 섞인 나라가 일어나게 될 것이라고 합니다. 이는 장차 일어날 제국들을 금속성으로 말해주고 있는 것입니다. 한 나라가 일어서고 망하고 또 한 나라가 일어서고 망하고를 반복하게 될 것이라고 합니다. 이러한 일이 하늘에서 뜨인 돌이 나타날 때까지 일어나게 된다고 하는 것입니다.

금(金)으로 된 나라가 망하면, 은(銀)으로 된 나라가 세워지고,
은(銀)으로 된 나라가 망하면, 놋으로 된 나라가 세워지고,
놋으로 된 나라가 세워지면, 철로 된 나라가 세워지고,
철로 된 나라 속에서 철과 진흙으로 부스러기 같은 나라들이 세워진다고 합니다.

그럼 그 나라들을 살펴봅시다.

정금으로 된 머리의 나라는 느부갓네살 왕이 다스리는 "바벨론"을 말하고,
은으로 된 가슴과 팔의 나라는 "메대 바사"를 말하고,
놋으로 된 배와 넓적다리의 나라는 "헬라"를 말하고,

철로 된 종아리의 나라는 "로마"를 말하고,
철과 진흙으로 섞인 발의 나라들은 로마에서 파생된 여러 나라들을 말합니다.

철은 로마이고 진흙은 분봉국가와 같은 것입니다. 성격상으로 보면 진흙의 나라들은 로마제국에서의 분봉국가와 같은 것입니다. 이렇게 되면 로마가 세상의 마지막 제국이 되는 것입니다. 로마 이후의 나라들은 모두가 로마의 속국과 같은 것으로서 로마의 연속선상에 있는 나라들이 되는 것입니다. 예수님의 재림 때까지 일어나는 나라들은 모두가 로마와 같은 것입니다.

하나님이 세상에 일어날 제국들을 금속성으로 된 신상으로 말해주고 있는 것은 세상의 성격을 말해주고 있는 것입니다. 재미있는 것은 갈수록 가치가 떨어지는 것입니다. 가치는 떨어지는데 그 대신에 강도는 더 강해집니다.

이것은 세상 역사는 진행이 될수록 죄악이 더욱더 강력해진다는 것입니다. 즉 인간들이 더 악해진다는 뜻입니다. 그도 그럴 것이 마귀가 자기의 때가 얼마 남지 않은 것을 알고 인간들을 강포하게 만들어서 하나님이 만들어 놓은 세상을 망가뜨리는 것입니다. 이러한 때에 하늘에서 뜨인 돌이 나타나서 심판을 하십니다.

이건 마치 노아 시대처럼 죄악이 관영해지자 하나님이 심판을 단행하신 것과 같은 뜻입니다. 중요한 것은 강한 제국도 예수님이 오심으로 끝이 난다는 것입니다. 예수님이 재림을 하시면 이 세상도 끝장이 나는 것입니다. 70이레적인 의미로 본다면 로마가 세상의 마지막 제국인 것입니다. 왜냐하면! 예수님이 오심으로서 세상 역사는 사실상 종말을 맞이하였기 때문입니다. 예수님의 초림은 구약의 종말인 것입니다. 육의 시대를 끝낸 것입니다.

오순절 성령 강림 이후는 영의 시대가 열린 것입니다. 영적 이스라엘의 시대가 열린 것입니다. 즉 이방인 시대가 열린 것입니다. 이제부터는 성령으로 하나님의 백성들이 생겨나는 시대가 된 것입니다. 그래서 역사 속의 제국은 예수님 초림 당시의 로마 제국으로 끝이 나는 것입니다. 69이레가 완성이 된 것입니다. 1이레는 기름 부음 받은 자가 끊어지고 난 후 이어지게 됩니다. 이렇게 되면 1이레는 묵시 속의 이레가 되는 것입니다.

느부갓네살의 꿈이 역사 속에서 어떻게 성취가 되었는지를 살펴봅시다. 느부갓네살의 꿈대로 금 나라를 상징하는 바벨론은 고레스에게 무너집니다. 고레스는 금 나라인 바벨론을 무너뜨리고 은 나라인 메대와 바사(페르시아) 제국을 세웁니다. 그러다가 이 메대와 바사 제국도 알렉산더대왕에게 정복당하고 맙니다. 알렉산더는 메대 바사를 무너뜨리고 놋 나라를 세우고 그 이름을 헬라(그리스)라고 합니다. 그리고 영원할 것 같던 헬라도 철의 나라인 로마에게 무너지고 맙니다.

세상 역사는 이름만 바뀌는 것입니다. 그 본질은 모두가 같습니다. 모두가 적그리스도 국가들인 것입니다. 이것은 이 세상 자체가 하나님을 대적한다는 것입니다. 하나님은 마귀에게 이 세상을 넘겨주었습니다. 정한 기간 동안 다스리도록 하신 것입니다. 때가 다하여지면 철거하실 것입니다.

마귀는 자기 때가 얼마 남지 않은 것을 알고 점점 더 흉포해지고 하나님을 대적하게 되는 것입니다. 그래서 세상에 일어나는 제국들은 갈수록 흉악한 모습으로 나타나고 있는 것입니다. 가장 강한 모습으로 나타난 나라가 로마입니다.

로마가 이스라엘을 식민지로 삼은 것은 마귀가 하나님의 교회를 장악한 것과 같은 것입니다. 로마가 이스라엘을 식민 지배를 할 때 예수님이 오셨습니다. 정치적으로는 로마가 이스라엘을 지배하고 있었습니다. 종교적으로는 율법주의가 백성들의 고혈을 짜 먹고 있었습니다. 영적으로 보면 율법주의자가 로마인 것입니다.

예수님이 율법 아래 놓여 신음하던 백성들을 해방시켜 주신 것입니다. 그것이 성전을 무너뜨리는 것으로 나타난 것입니다. 율법을 잡은 자들에게 있어 성전의 붕괴는 로마가 무너지는 것과 같은 것입니다. 예수님이 오심으로서 세상 역사는 종말을 맞은 것과 같은 것이므로 예수님이 오셨을 때의 로마는 세상 끝에 국가와 같아지는 것입니다.

이렇게 되면 영적인 의미로 보면 예수님 십자가 사건 이후의 세상은 의미가 없는 것입니다. 이미 심판을 당하였기 때문입니다. 나타나는 세상 국가들은 로마에서 나타나는 조무래기들과 같은 것입니다. 있으나 마나 한 것들입니다. 그래서 진흙이라고 하는 것입니다. 하지만 뜨인 돌이신 예수님이 세운 나라는 허물이 마치고, 죄가 끝나고, 죄악이 영속되고, 영원한 의가 드러나고, 이상과 예언이 모두 응하게 되는 영원하고 영원하고 영원한 나라가 되는 것입니다.

예수님이 세운 나라는 영적인 하나님 나라입니다. 영적인 하나님 나라는 마귀의 권세가 미치지 못하는 곳입니다. 예수님께서 세운 하나님 나라는 역사 속의 나라가 아니고 영원에 속한 묵시 속의 나라인 것입니다. 이름하여 성도들 안에 성령으로 세워지는 영적인 나라인 것입니다. 그러므로 기름 부음을 받은 자가 끊어지고 난 후의 1이레는 영적인 것이 되는 것입니다.

1이레의 역사적 의미와 묵시적 의미

70이레가 세 텀으로 되어 있습니다. 7이레와 69이레와 1이레로 되어 있습니다. 7이레와 69이레는 역사적으로 진행되어 왔습니다. 기름 부음을 받은 왕이 끊어지는 것까진 역사적으로 딱 맞았습니다. 그럼 나머지 1이레도 역사적으로 이루어져야 하는 것입니다. 그런데 1이레는 역사적으로 일어나지 않은 것입니다.

연속적으로 이어져야 할 1이레가 역사 속에서 사라진 것입니다. 69이레까지는 역사적으로 쭉 흘러가다가 1이레가 공중으로 붕 떠버린 것입니다. 만약 1이레가 69이레처럼 역사적으로 쭉 연속적으로 이어져 갔으면 지금 이 세상은 없는 것입니다. 1이레를 산술적으로 계산하면 예수님이 죽고 난 후 7년 만에 끝장이 났어야 하기 때문입니다. 그런데 2000여 년이 흐르고 있는 것입니다. 1이레가 사라진 것입니다. 역사적으로 해석이 불가능해지고 만 것입니다.

이를 억지로 해석하다가 보니까 세대주의 해석이 나온 것입니다. 장차 적그리스도가 나타나서 육적 이스라엘과 언약을 맺는데 그것이 7년 대 환란이라는 것입니다. 7년 대 환란이 오면 이방인 교회는 휴거하여 공중에서 어린 양의 혼인 잔치를 벌이고, 땅에서는 육적 이스라엘이 적그리스도와 7년 언약을 맺고, 그 절반이 되면 적그리스도가 언약을 파기하고 이스라엘을 핍박한다는 것입니다. 7년 환란 후에 예수님이 지상으로 강림하여서 천년왕국이 이루어지게 된다고 하는 것입니다.

그들의 논리대로라면 교회는 7년 전에 휴거하고 없습니다. 그렇게 되면 7년 환란에 나타나는 적그리스도는 이방인 교회인 우리와는 아무런 상관이 없는 것입니다. 왜냐하면 적그리스도가 육적 이스라엘과 1이레의 언약을 맺는다고 하였기 때문입니다. 그럼 7년 환란은 이방인 교회인 우리와는 상관이 없어지는 것입니다. 그럼 666이니 환란이니 신경 쓸 필요가 없는 것입니다. 왜냐하면 7년 전에 올라가게 되는 것이기 때문입니다.

자기들이 말해도 이건 좀 아닌 것 같으니까 새로운 학설을 만들어내는 것입니다. 이 모순을 빠져나가려고 7년 전에 휴거하는 교회는 잘 믿는 성도들만 올라가고 믿음이 없는 자들은 남아서 7년 환란을 통과하면서 목베임을 당하게 된다는 것입니다. 새로운 용어를 만들어서 이들을 **'환란기 성도'**라고 하는 것입니다.

세대주의 학설을 따르려면 교회는 7년 전에 휴거되어야 하는 것입니다. 믿음이 좋고 나쁨의 기준은 어떤 것인지는 모르겠지만 암튼 잘 믿어야 합니다. 그래야 환란 전에 올라가기 때문입니다. 그 무시무시한 환란을 어찌 통과한단 말입니까? 그러니 죽기 살기로 잘 믿어야 하는 것입니다. 그 믿음의 기준이 무엇인지는 모르겠지만 말입니다? 과연 그러할까요?

이는 모두가 1이레를 몰라서 억지로 끼워 맞추기식 해석을 하기 때문입니다. 1이레는 새 언약에 속한 것인데 자꾸만 옛 언약에서 찾고자 하니 안 보이는 것입니다. 묵시에 속한 것인데 역사에서 찾고자 하니 안 찾아지는 것입니다. 1이레는 육에게는 꽁꽁 숨겨져 있는 것입니다.

이건 마치 부활하신 예수님은 불신자들에게만 포착이 되지 않는 것과 같은 것입니다. 부활하시어 성령으로 오신 예수님은 육에게 감추어져 있습니다. 부활의 주님은 성령으로 거듭난 성도들만 알 수가 있는 것입니다. 1이레가 그러한 것입니다. 왜냐하면 1이레는 성령으로 일하시는 예수님과 관련이 있기 때문입니다.

1이레는 영에게만 열려 있습니다. 영적 성도들만이 1이레의 비밀을 알 수가 있습니다. 이건 마치 금 신상의 비밀을 육에 속한 술객들이 풀지 못하고 영에 속한 다니엘이 풀었듯이 지금도 묵시에 속한 1이레는 영에 속한 성도만이 풀 수가 있는 것입니다. 성령으로 거듭난 영에 속한 성도는 1이레를 묵시적으로 알고 있는 것입니다.

다시 말합니다. 69이레까지가 역사 속의 나라이고, 1이레는 묵시 속에서의 예수님의 나라인 것입니다. 하나님은 1이레를 통하여서 창조 7일을 말해주고 있는 것입니다. 부활하신 예수님은 지금 창조 7일 동안처럼 일하고 계시는 것입니다. 자기 백성들을 흑암에서 빛으로 불러내고 있는 것입니다. 창세기 1장의 일을 하시고 계신 것입니다. 이제 엿새가 차면 7일 안식의 세계가 오고 그러면 1이레가 완성이 되고 천년왕국이 끝나면 이 세상은 불타버리고 하늘의 영원한 천국에서 살아가게 되는 것입니다.

그리고 다니엘이 이 세상 제국의 끝을 로마로 말하는 것은 예수님이 오시면 세상 임금이 쫓겨나기 때문입니다. 이걸 우리 성도에게 적용하면 우리가 예수를 믿는 순간 세상 임금인 마귀는 쫓겨나기 때문입니다. 마귀가 쫓겨난다는 것은 주권을 상실했다는 뜻입니다. 지금까지 우리를 장악하고 죄와 사망으로 괴롭히던 마귀는 주권을 잃어버리고 대신 예수님이 우리 안에서 보좌로 임하셔서 나를 다스리게 되는 것입니다. 이제 성도 안에 영원한 나라가 세워진 것입니다. 예수님이 우리 안에 하늘에 뜨인 돌처럼 오셔서 나를 장악하고 있던 금 신상과 같은 우상의 나라를 멸하신 것입니다.

70이레를 세 텀 속에 담아 놓은 영적 의미

마지막으로 왜 70이레를 세 묶음으로 구분해서 말하고 있는지 영적인 의미로 살펴봅시다.

첫째 묶음은 7이레입니다.

7이레는 포로로 잡혀갔던 이스라엘이 해방하는 시기입니다. 이는 복역의 때가 끝이 났다는 뜻입니다. 즉 죄가 사해졌다는 말입니다. 형기를 다 마치고 원래의 상태로 돌아간 것입니다. 그래서 7이레 때는 불타버린 성이 중건되고 성전 신앙이 회복하게 된 것입니다.

이건 이스라엘의 역사를 7이레 속에 담아 놓은 것입니다. 출애굽 후 가나안에 정착하면서부터 시작된 이스라엘의 역사를 7이레 속에 축소시켜 놓은 것입니다. 그래서 불탔던 성전도 새로 짓게 하고 포로생활 때 중지되었던 성전 예배도 부활한 것입니다. 7이레의 역사는 제 2의 출애굽과 같은 것입니다.

7이레 속에는 이중적 의미가 담겨 있습니다.

역사적 의미와 영적 의미 두 가지가 담겨 있는 것입니다. 영적 의미로서는 하나님은 반드시 자기 백성들을 찾아낸다는 것을 보여주고 있는 것입니다. 육적인 의미로는 죄로 인하여 버려짐을 당하였다가 정한 때가 되어서 용서해 주신 것입니다. 잃어버렸던 신앙을 회복시켜준다는 뜻에서 불타버렸던 성과 성전도 짓게 한 것입니다. 그리고 성전 예배도 부활시켜 주신 것입니다. 7이레는 영적인 의미에서의 좋은 회복인 것입니다.

그러나 62이레는 7이레와 성격이 다릅니다. 7이레는 하나님께서 잃어버린 자들은 반드시 찾아내신다는 의미를 담고 있다고 한다면, 62이레는 하나님의 은혜를 모르는 율법 신앙은 반드시 망한다는 것을 말해주고자 함입니다. 7이레는 하나님의 은혜로 허물어진 신앙을 회복한 것입니다.

그럼 회복된 신앙 속에는 하나님의 은혜성이 녹아져 있어야 합니다. 그런데 7이레 후에 일어난 신앙의 부흥은 62이레를 거치면서 외식으로 흐르고 맙니다. 이스라엘이 포로에서 해방되어 회복한 신앙이 율법 신앙입니다. 에스라, 느헤미야서를 보면 7이레 후에 신앙부흥 운동이 일어납니다. 이 때 성전 신앙을 부활합니다. 부활된 성전 신앙은 율법 신앙인 것입니다. 율법이 뭔가요? 갈라디아서와 로마서를 봅시다.

> **갈 3:19** “그런즉 율법은 무엇이냐 범법함을 인하여 더한 것이라 천사들로 말미암아 중보의 손을 빌어 베푸신 것인데 약속하신 자손이 오시기까지 있을 것이라”

율법이 뭐냐? 범법함으로 인하여 더하여진 것이라고 합니다. 무슨 말인고 하니 죄를 짓지 않았으면 줄 필요가 없는 것인데 죄를 지었기 때문에 율법이 주어진 것이라는 뜻입니다. 역설적으로 말하면 죄를 짓지 않았으면 율법을 주시지 않았다는 말입니다. 그래서 율법은 죄 때문에 더하여진 것이라고 하는 것입니다. 로마서를 봅시다.

롬 3:19-20 "우리가 알거니와 무릇 율법이 말하는 바는 율법 아래 있는 자들에게 말하는 것이니 이는 모든 입을 막고 온 세상으로 하나님의 심판 아래 있게 하려 함이니라 20. 그러므로 율법의 행위로 그의 앞에 의롭다 하심을 얻을 육체가 없나니 율법으로는 죄를 깨달음이니라"

롬 4:15 "율법은 진노를 이루게 하나니 율법이 없는 곳에는 범함도 없느니라"

하나님은 율법으로 무슨 일을 합니까? 인간의 입을 막고 하나님의 심판 아래 가두는 일을 한다고 합니다. 인간들이 난 잘못이 없다고 하니까 하나님이 율법을 주어서 **'넌 이렇게 틀린 놈이야'**라고 고발하여서 **'그 입 다물라!'** 한마디로 주둥이를 닫게 한다는 것입니다. 그래서 죄를 깨달으라고 율법을 주셨다고 하는 것입니다. 그러므로 율법이 있는 곳에는 하나님의 진노가 늘 머물러 있는 것입니다.

한마디로 말해서 율법 붙잡으면 죽는다는 말입니다. 이걸 역사 속에서 보여주어야 하는 것입니다. 그래서 7이레는 은혜로 무너진 성전을 회복하고 잃어버린 율법 신앙을 회복시켜 주신 것입니다. 그리고 62이레 동안에는 왜 율법으로는 안 되는지를 고발하는 기간으로 두신 것입니다. 또한 62이레는 예수님의 초림 이후 이방인의 때와 같습니다. 온 세상에 복음이 편만하게 퍼져 나가 예수 그리스도를 거부하는 자들은 심판 아래 가두는 기간과 같은 것입니다.

영적으로 이스라엘의 역사는 바벨론에서 70년 만에 해방된 것으로 끝이 난 것과 같습니다. 그 이후에 나타나는 이스라엘의 역사는 인간의 행함을 바탕으로 하는 율법은 하나님의 진노가 임한다는 것을 보여주기 위한 역사인 것입니다. 그래서 이스라엘의 회복이 끝난 7이레가 62이레 속으로 흡수가 되어서 예수님이 오실 때까지 율법 신앙으로 지속이 된 것입니다.

율법 신앙이 나중에 예수님을 죽이는 것으로 나타납니다. 율법 신앙이 세상 권세와 결탁하여서 예수를 십자가에 죽임으로서 율법과 세상이 동시에 하나님으로부터 진노 받아야 하는 것을 보여주신 것입니다. 그래서 성전도 축소판으로 짓게 한 것입니다.

스룹바벨이 지은 성전은 과거 솔로몬이 지은 성전과는 비교될 수 없을 정도로 초라했습니다. 그래서 스룹바벨이 성전을 지을 때 과거 솔로몬 성전을 기억하고 있던 사람들이 초라한 성전을 보고서 통곡을 한 것입니다. 너무도 초라하기 때문에 억장이 무너진 것입니다. 초라하게 짓게 한 것은 어차피 무너질 것이기 때문입니다. 무너진다는 것을 보여주기 위해서 샘플로 짓게 한 것입니다.

예수님이 성전에서 나오시고 감람산에서 제자들과 이야기하셨습니다. 그 때 제자들이 성전을 자랑했습니다. 이에 예수님께서 너희가 자랑하는 저 성전은 때가 이르면 돌 하나도 돌 위에 덧놓이지 아니하고 다 무너지게 될 것이라고 말씀하셨습니다. 왜 화려한 성전을 무너뜨립니까? 참 성전이 아니기 때문입니다. 가짜이기 때문입니다.

그래서 예수님께서 십자가를 지시기 전 마지막 한 주간 동안 예루살렘에 계시면서 성전 정화작업을 하신 것입니다. 예수님이 말씀하신 대로 성전은 돌 하나도 돌 위에 덧놓이지 않고 다 무너졌습니다. 예수님이 죽으시고 70년 후에 로마의 디도 장군에 의해서 완전히 불타버리고 만 것입니다. 이는 바벨론에 의하여 솔로몬 성전이 불탄 것과 같은 의미인 것입니다.

스룹바벨이 지은 성전은 아파트 모델하우스와 같이 철거될 것을 보여주기 위해서 지은 것입니다. 다니엘이 이걸 알았기 때문에 포로들이 귀환할 때 예루살렘으로 돌아오지 않았던 것입니다. 이젠 건물로 된 성전은 의미가 없다는 것을 알았기 때문입니다. 그러므로 다니엘은 예루살렘으로 돌아오지 않고 바벨론에서 생을 마감한 것입니다.

예루살렘으로 돌아가나 바벨론에 있으나 의미가 없기 때문입니다. 왜냐하면! 어차피 70이레가 되면 역사는 끝장나기 때문입니다. 그러니 구태여 예루살렘으로 귀환하여서 성전 예배에 동참할 이유가 없었던 것입니다. 그래서 다니엘은 귀환하지 않고 바벨론에 남아서 여생을 맞이한 것입니다. 다니엘은 70이레를 통하여서 이미 역사의 종말을 내다보고 있었던 것입니다.

다니엘은 예수님이 오시면 새로운 시대가 열린다는 것을 알았던 것입니다. 예수님이 맺을 1이레의 새 언약 시대가 열리면 성전은 무너진다는 것을 안 것입니다. 제사와 예물로 드려지던 성전 시대는 끝난다는 것을 안 것입니다. 그러니 예루살렘에 올라가 성전 예배를 드릴 이유가 없었던 것입니다. 다니엘은 70이레의 비밀을 알았던 것입니다. 예수님에 의해서 새로운 시대가 열리고 새로운 예배가 드려지게 될 것이라는 것을 안 것입니다.

예수님이 수가성 여자에게 말씀하셨습니다. 수가성 여자가 예수님에 의해 죄가 고발당하자 제사를 지내야 한다면서 장소를 묻습니다. 그리심산 성전에서 드려야 하는지 아니면 예루살렘 성전에서 드려야 하는지 예배할 장소를 알려 달라고 합니다. 그러자 예수님께서 그럴 필요가 없다고 했습니다.

이제는 신령과 진정으로 예배하는 때가 온다고 하였습니다. 언제 이런 일들이 일어났는가요? 오순절 성령 강림으로 일어났습니다. 다니엘은 미리 성령 안에서 신령과 진정으로 예배를 드리고 살았던 것입니다.

두 번째 묶음인 62이레의 영적 의미를 살펴봅시다.

7이레는 이스라엘의 역사를 축소시킨 것이라고 한다면, 62이레는 세상을 축소시켜 놓은 것입니다. 62이레 속에는 이스라엘이나 이방인이나 구별이 없어졌습니다. 왜냐하면 이 시대는 하나님으로부터의 계시 단절 시대이기 때문입니다. 계시가 단절이 되었다는 것은 사사 시대의 마지막처럼 왕이 없으므로 자기 소견대로 행하였더라는 시대와 같아진 것입니다.

이스라엘은 계시의 민족입니다. 이스라엘은 하나님의 계시로 하나님의 백성으로 살 수가 있었습니다. 하나님은 때를 따라서 선지자들을 보내서 하나님의 뜻을 알려주었습니다. 그런데 62이레의 기간 동안에는 선지자를 보내지 않은 것입니다.

하나님은 말라기 선지자를 끝으로 400년 동안 선지자를 보내지 않았습니다. 선지자가 없다는 것은 하나님의 계시가 단절되었다는 뜻입니다. 영적 암흑기란 말입니다. 마치 창세기 1장 2절의 모습처럼 땅이 공허하고 흑암이 깊음 위에 있는 것과 같은 것입니다. 계시가 없으면 이방인과 똑같아지는 것입니다.

70이레 중 첫 묶음인 7이레가 408년에 끝났다고 했습니다. 그리고 예수님이 오시기 전까지 이스라엘은 400년 동안 계시가 단절되었습니다. 그렇다면 62이레는 영적으로 암흑기인 것입니다. 그래서 62이레 끝에 예수님이 빛으로 오신 것입니다. 예수님이 오셨을 때의 영적 상태가 흑암이었던 것입니다. 그래서 흑암에 앉은 백성들에게 빛이 비추기 시작하였다고 하는 것입니다.

마 4:16 “흑암에 앉은 백성이 큰 빛을 보았고 사망의 땅과 그늘에 앉은 자들에게 빛이 비취었도다 하였느니라”

흑암에 앉은 백성에게 빛이 비췬 것은 죽었던 자들에게 생명의 바람이 불기 시작한 것입니다. 죽었던 자들이 살아나게 된 것입니다. 예수님이 선지자가 되어서 하나님의 말씀을 전하신 것입니다. 이는 그동안 숨어 계시던 하나님이 얼굴을 내민 것입니다. 이를 누가복음에서 희년의 해라고 했습니다. 누가복음 4장을 봅시다.

눅 4:18-21 “주의 성령이 내게 임하셨으니 이는 가난한 자에게 복음을 전하게 하시려고 내게 기름을 부으시고 나를 보내사 포로 된 자에게 자유를, 눈먼 자에게 다시 보게 함을 전파하며 눌린 자를 자유케 하고 19. 주의 은혜의 해를 전파하게 하려 하심이라 하였더라 20. 책을 덮어 그 맡은 자에게 주시고 앉으시니 회당에 있는 자들이 다 주목하여 보더라 21. 이에 예수께서 저희에게 말씀하시되 이 글이 오늘날 너희 귀에 응하였느니라”

예수님이 요단강에서 세례를 받으신 후에 물에서 올라오실 때 하늘 문이 열립니다. 그리고 성령이 임하십니다. 이를 주의 성령이 내게 임하셨으니라고 합니다. 하늘이 열렸다는 것은 그동안 잠궈 놓았던 문을 열어주신 것입니다. 아담의 범죄로 굳게 닫힌 에덴동산의 문이 열린 것과 같은 것입니다. 예수님의 죽음으로 여신 것입니다. 예수님께서 성령으로 기름 부음을 받고 난 후에 하늘의 말씀을 증거하기 시작합니다. 그 첫 마디가 주의 은혜의 해를 전파한다고 하셨습니다.

은혜의 해란? 희년을 말합니다. 이제 모두가 원 상태로 돌아가게 되었다는 것입니다. 하나님과 온전한 관계로 돌아가게 되었다는 것입니다. 예수님께서 백성들의 마음을 하나님께로 돌이키는 일을 하신 것입니다. 예루살렘에 입성하시면서 내가 바로 너희를 모든 죄로부터 자유케 할 기름 부음을 받은 왕이라고 하십니다.

언제 죄와 사망의 권세로부터 해방이 됩니까? 예수님이 십자가에 죽으심 이후로부터입니다. 예수님이 십자가에 죽으시고 난 후 성령강림이 일어난 후 새 언약의 능력이 시작될 때입니다. 이것은 바로 창세전 언약에서 예수님의 피로 구속 곧 죄사함을 받게 하여서 거룩하고 흠이 없게 하신다는 내용인 것입니다.

세 번째 묶음인 1이레의 영적 의미를 살펴봅시다.

다니엘 9장을 봅시다.

단 9:26-27 "육십이 이레 후에 기름 부음을 받은 자가 끊어져 없어질 것이며 장차 한 왕의 백성이 와서 그 성읍과 성소를 훼파하려니와 그의 종말은 홍수에 엄몰됨 같을 것이며 또 끝까지 전쟁이 있으리니 황폐할 것이 작정되었느니라 27. 그가 장차 많은 사람으로 더불어 한 이레 동안의 언약을 굳게 정하겠고 그가 그 이레의 절반에 제사와 예물을 금지할 것이며 또 잔포하여 미운 물건이 날개를 의지하여 설 것이며 또 이미 정한 종말까지 진노가 황폐케 하는 자에게 쏟아지리라 하였느니라"

7이레와 62이레 후에 기름 부음 받은 자가 끊어진다고 합니다. 기름 부음 받은 자가 누구인가요? 예수님입니다. 예수님은 사생애와 공생애가 있습니다. 예수님께서 공생애를 시작하면서 기름 부음을 받습니다.

요단강에서 세례 요한으로부터 세례를 받습니다. 예수님이 세례 요한에게 세례를 베풀라고 합니다. 그러자 세례 요한이 무슨 말을 하십니까? **"내가 주님으로부터 세례를 받아야지 내가 어떻게 주님에게 세례를 줄 수가 있겠습니까?"**라고 거절을 합니다. 이에 예수님이 **"야 이놈아 니가 나에게 세례를 주어야 하나님의 의가 이루어지는 것이 아니냐!"**라고 하면서 세례를 베풀라고 하십니다. 그러자 세례 요한에 예수님에게 물세례를 베풀었습니다. 이게 무슨 말인고 하니 예수님은 지금 구약의 이스라엘을 대표로 서 있는 것입니다. 구약 이스라엘은 하나님의 백성을 상징하므로 하나님의 백성들을 대표하고 서 있는 것입니다.

알다시피 7이레를 지나고 62이레를 지나왔습니다. 69이레 마지막 순간입니다. 하나님의 은혜로 7이레 동안 잃어버린 신앙을 회복시켜 주었습니다. 그리고 62이레를 시작합니다. 62이레 동안 이스라엘은 하나님의 은혜는 다 잃어버리고 빈 껍데기만 남았습니다. 예수님이 오셔서 이스라엘의 신앙을 한마디로 외식이라고 하였습니다. '이 백성이 입술로는 나를 존경하나 마음은 내게서 멀도다'라고 하셨습니다.

• 이는 하나님과 상관없는 삶을 살고 있다는 뜻입니다. 성전이 외식

으로 가득했습니다. 이를 예수님은 강도의 굴혈이라고 하였습니다. 하나님의 백성들이 하나님과 화목하고 기도하는 집이 장사꾼의 소굴이 되고 강도들이 우글거리는 소굴이 되고 만 것입니다.

법 잡은 자들은 율법으로 백성들의 고혈을 짜 먹고 있는 것입니다. 하나님의 은혜와 사랑은 눈을 씻고 찾아보려야 찾을 수가 없는 것입니다. 영적 상태가 과거 바벨론으로 포로로 잡혀갈 때와 같아진 것입니다.

국가적으로는 로마의 식민지로 있고, 정치적으로는 이방인인 에돔의 후손인 헤롯이 유대인의 왕으로 있고, 종교적으로는 율법 신앙으로 외식으로 가득한 것입니다. 하나님의 성전이 이방인의 놀이터가 된 것입니다. 종말론적으로 말하면 더러운 음녀가 된 것입니다. 이제 하나님의 심판만 남은 것입니다.

예수님이 심판받아야 할 이스라엘을 대표로 서 있는 것입니다. 예수님이 세례 요한으로부터 받을 물세례는 심판의 세례인 것입니다. 이스라엘을 대신하여 받는 것이므로 대속의 세례가 되는 것입니다. 예수 그리스도의 죽음이 우리의 죄를 대속하는 것이므로 예수님의 물세례가 자기 백성들을 위한 대속의 세례가 되는 것입니다. 그래서 세례 요한의 물세례를 회개의 세례라고 하는 것입니다.

이를 다니엘의 70이레에서는 허물이 마치고 죄가 끝나고 죄악이 영속되면 영원한 의가 드러난다고 하는 것입니다. 그래서 예수님이 세례 요한에게 **'네가 나에게 세례를 주어야 하나님의 의가 이루어진다'**고 말씀하신 것입니다. 하나님의 의는 예수 그리스도의 대속으로 주어지는 것입니다. 이건 창세전에 언약하신 것입니다. 예수님이 세례요한으로부터 물세례를 받는 것은 자기 백성들의 죄를 대신하는 죽음의 세례인 것입니다.

예수님이 물에서 올라오실 때 하늘로부터 성령이 임합니다. 그리고 이는 내 사랑하는 아들이라는 하나님의 음성이 들립니다. 성령이 임하고 하나님의 음성이 들린 것은 이 예수는 이제부터 하늘에 속한 자라는 것입니다. 그러니까 예수님의 공생애는 하나님의 아들로서 행하는 하늘나라 즉 묵시적 생애가 되는 것입니다.

세례 요한으로부터 받은 물세례는 죽음의 세례입니다, 이것은 영적인 것입니다. 이것이 3년 반 후에 십자가에서 실제 사건으로 이루어지게 되었습니다. 요단강에서의 물세례는 영적인 죽음이라고 한다면 3년 반 후에 일어난 십자가의 죽음은 실제적인 죽음인 것입니다.

69이레가 지난 후 기름 부음을 받은 자가 끊어지고 난 후에 이어지는 1이레는 예수님의 공생애 시작부터 이루어지는 것입니다. 영적인 의미에서 세례 요한으로부터 죽음의 세례인 물세례를 받고 난 후부터 시작되는 예수님의 공생애는 마지막 1이레의 시작이 되는 것입니다. 예수님은 공생애 시작 후 3년 반 후에 십자가에서 죽으셨습니다. 십자가에 죽으신 후부터가 1이레의 절반이 되는 것입니다. 즉 물세례로 공생애를 시작하신 것은 1이레의 전 3년 반이고, 십자가에 죽으신 후는 1이레의 후반인 후 3년 반이 되는 것입니다.

신약의 전 시대가 후 3년 반 시대인 것입니다. 그래서 요한계시록에서는 한 때와 두 때와 반 때라고 하고, 1,260일이라고도 하고, 마흔두 달이라고도 하는 것입니다. 한 때와 두 때와 반 때나, 1,260일이나, 마흔두 달은 다 같은 기간입니다. 한 때와 두 때와 반 때는 역사를 운행하는 하나님의 때를 말하고, 1,260일은 낮의 시간으로 복음이 증거되는 시기를 말하고, 마흔두 달은 밤의 시간으로 마귀가 방해하는 시기를 말합니다. 신약의 전 기간은 복음이 증거되는 곳에 마귀도 함께 발악을 하였습니다. 마귀가 발악하는 때도 얼마 남지 않았습니다. 예수님이 재림하시면 다 끝장이 나게 됩니다.

1이레는 묵시적인 것입니다. 그래서 7이레와 62이레는 역사적으로 나타나다가 마지막 1이레는 역사 속에서 사라지고 없는 것입니다. 69이레가 역사 속에서 일어나다가 1이레를 남겨두고서는 사라져 버린 것입니다. 역사적으로 보면 2000년 동안 없어진 것입니다.

다시 설명합니다. 예수님의 공생애는 엄밀히 따지면 3년 반 사역으로 마쳤습니다. 요단강에서 죽음을 상징하는 물세례를 받았습니다. 그리고 부활을 상징하는 성령세례도 받았습니다. 죽음과 부활 사건이 요단강에서 동시적으로 일어난 것입니다. 물 속에 잠길 때는 죽음이고 물에서 올라오실 때는 부활인 것입니다. 예수님은 물세례와 성령세례를 받고 난 후에는 묵시에 속한 날을 사신 것입니다. 3년 반 동안 천국 복음을 전하시고 유대인들로부터 죽임을 당하셨습니다.

예수님은 유월절에 최후의 만찬을 하시면서 제자들에게 자신의 죽음의 의미를 알려주십니다. 떡과 포도주를 가지고 새 언약을 맺습니다. 예수님의 죽음으로 옛 언약이 폐하여지고 새 언약의 시대가 열린 것입니다. 그동안 짐승으로 제사를 드리던 시대는 끝이 난 것입니다. 성령이 임하자 육적 성전 제사 시대는 끝이 났습니다. 구약의 종말을 맞이한 것입니다.

이렇게 되면 성전 제사를 고집하는 유대인들 입장에서는 예수님은 성전을 훼파하는 적그리스도가 되는 것입니다. 유대인에게는 예수님은 가증한 미운 물건과 같은 것입니다. 유대인에게는 예수님은 이단이고 마귀인 것입니다. 지금도 육적 이스라엘은 예수님을 이단이라고 합니다. 그래서 예수 믿는 자들을 핍박하고 있는 것입니다.

1이레의 절반이 되면 제사와 예물을 금지하게 될 것이라고 하였습니다. 예수님이 세례 요한으로부터 물세례를 받은 지 3년 반 후에 십자가에서 죽으셨습니다. 십자가에 죽으신 것은 성전 제사를 폐하신 것입니다. 그리고 성령이 임하고 난 후부터는 새로운 시대가 열립니다. 신령과 진정으로 예배하는 시대가 열린 것입니다. 이 때로부터 남은 반 이레가 시작이 되는 것입니다. 1이레의 전 3년 반은 요단강 세례로부터 십자가에 죽으심까지이고, 1이레의 후 3년 반은 성령강림 이후부터 시작이 되는 것입니다.

중요하니 다시 설명합니다. 성령 강림 후부터는 신약 시대입니다. 예수님의 피로 맺은 새 언약 시대인 것입니다. 짐승의 제사가 폐하여진 것입니다. 1이레의 절반인 신약 시대에는 짐승으로 드려지는 제사와 예물의 시대는 끝이 난 것입니다.

만약에 짐승으로 제사를 지내면 그자는 예수님의 죽으심을 헛되게 하는 자로서 하나님에게서 끊어진 자가 되는 것입니다. 예수님의 피를 부정한 것으로 여기는 자는 하나님으로부터 진노를 당하게 됩니다. 그래서 성령 강림 이후 성전 신앙 즉 율법 신앙을 고수하는 자들에게는 영적으로 진노가 쏟아지게 되는 것입니다.

예수님의 공생애 시작 후 3년 반 후에 일어난, 예수님이 십자가에 죽으신 것은 1이레의 절반이 되는 것입니다. 1이레의 시작은 요단강에서 세례를 받고 물에서 올라와 성령으로 세례를 받을 때이고, 1이레의 절반은 공생애 3년 반 후에 십자가에서 죽으심으로 시작이 된 것입니다. 이렇게 되면 예수님의 십자가 사건 후에 시작이 되는 신약의 전 시대 즉 예수님이 재림하시기 전까지는 1이레의 절반인 후 삼년 반이 되는 것입니다.

지금 우리가 후 삼년 반을 살고 있는 것입니다. 이것을 요한계시록에서는 세 가지 의미로 말합니다. **1,260일이라고도 하고, 마흔두 달이라고도 하고, 한 때와 두 때와 반 때라고 하였습니다.** 1,260일은 태양력으로 말하고, 마흔두 달은 태음력을 말합니다. 한 때와 두 때와 반 때는 하나님의 정한 때를 말합니다. 구원을 받은 빛의 아들들에게는 낮의 시간으로 1,260일이지만, 구원받지 못한 어둠의 아들들에게는 밤의 시간으로 마흔두 달인 것입니다.

1이레는 예수님이 십자가에 죽고 난 후 맺어지는 것입니다. 그렇기 때문에 예수님의 피 안에서 70이레가 종결되는 것입니다. 예수님의 십자가 이후 시대는 물리적으로 흐르는 역사는 의미가 없는 것입니다. 성령으로 거듭난 성도에게는 그렇다는 말입니다. 성령으로 거듭난 자는 하늘(하나님 나라)에 속한 자입니다. 하나님 나라는 물리적인 시간이 필요가 없는 곳입니다.

세상은 여전히 시간의 흐름 속에 있지만 하늘에 속한 하나님의 백성들에게는 하루가 천 년 같고 천 년이 하루 같은 묵시적 시간을 살고 있는 것입니다. 이걸 오늘 날이라고 하는 것입니다. 오늘 날이란? 묵시적인 날입니다. 성도는 이미 천국에서 살고 있는 것입니다. 이를 성령 안에서라고 합니다.

성령 안은 묵시의 세계입니다. 그래서 성령이 임하기 전에는 제자들이 두려워서 벌벌 떨고 숨어서 지냈지만, 성령이 임하고 나자 죽음을 두려워하지 않고 당당하게 예수 그리스도의 부활의 도를 전할 수 있었던 것입니다. 이는 이미 그 속에 하나님 나라가 임하였기 때문입니다. 죽음 바깥의 묵시의 사람으로 살았던 것입니다. 오늘 죽어도 천국이고 50년 후에 죽어도 천국인 것입니다.

성령으로 거듭난 성도는 잉여의 삶을 살아가고 있는 것입니다. 하늘에 속한 자로서 세상에 존재하고 있기 때문입니다. 비유가 적절한지 모르겠지만, 이건 마치 대한민국이 월드컵 4강전을 끝내고 친선경기하는 것과 같습니다. 메인 경기가 끝나고 뒤풀이하는 것과 같은 것입니다. 이미 게임이 끝났다는 뜻입니다. 성령으로 거듭난 성도는 역사 속에서의 메인 경기를 다 치르고 난 후 묵시 세계로 살고 있는 것입니다.

사도 바울은 삼층 천을 보고 온 후 가치관이 바뀌었습니다. 사나 죽으나 그리스도 안에 있으므로 죽어도 좋고 살아도 좋다고 했습니다. 바울은 묵시적 존재로 산 것입니다. 그러니 사나 죽으나 괜찮은 것입니다. 역사 속에서 일어나는 일들은 큰 의미가 없는 것입니다. 살아도 이미 영생 안에서 살고, 죽어도 영생 안에서 죽기 때문에 사나 죽으나 의미가 없는 것입니다.

앞서서 세상에 일어날 제국은 로마로 끝이 났다고 했습니다. 그래서 예수님이 오신 이후의 세상을 일컬어 종말론적 세상이라고 하는 것입니다. 종말론적이란 말은 이미 사형선고를 받고 난 후 감옥에서 사는 것과 같습니다. 살아도 산 목숨이 아닌 것입니다. 집행 날짜만 남아 있는 것입니다. 사형 선고와 함께 그 사람은 죽은 목숨인 것입니다. 이와 같이 로마 시대 이후의 이 세상은 영적으로 보면 죽음을 기다리고 있는 사형수와 같은 역사라고 할 수가 있는 것입니다.

1이레는 묵시 속에서 일어나는 것이라고 하였습니다. 그래서 1이레의 절반인 성령 강림 후의 역사는 이방인들이 구원받는 시대로 열린 것입니다. 이방인들이 구원받는 것은 영적인 것입니다. 묵시적 사건인 것입니다. 1이레의 절반인 신약의 역사는 온 세상에 흩어져 있는 창세전에 어린 양의 생명책에 녹명이 된 자들을 찾아내는 시기인 것입니다.

창세전에 어린 양의 생명책에 녹명이 된 자들은 성령으로 거듭나는 영적인 이스라엘인 것입니다. 이들을 사도 바울은 이면적 유대인이라고 했습니다. 이면적 유대인은 성령으로 거듭난 신약 시대의 성도들을 말합니다. 1이레의 반은 예수님께서 영적 이스라엘을 회복하는 시기로 둔 것입니다.

1이레의 반이 되면 제사와 예물을 폐한다고 하셨습니다. 이는 율법 신앙을 폐하였다는 말입니다. 이방인은 율법으로 나오지 않습니다. 은혜로 구원이 주어집니다. 만약에 율법으로 나아오는 자는 진멸 대상인 것입니다. 자기 행함에 의미를 두는 자에게는 황폐케 할 진노가 쏟아집니다. 이들은 예수님이 십자가에서 다 이루신 것을 믿지 않기 때문에 예수님이 친히 전쟁을 벌이는 것입니다.

예수님이 십자가 사건 이후에 예루살렘 성전을 초토화시켰듯이 율법 신앙은 예수님이 적으로 간주하고 진멸하시는 것입니다. 정한 종말까지 진노가 황폐케 한 자들에게 쏟아지게 되는 것입니다. 한마디로 예수님이 십자가에서 다 이루심을 믿지 않는 자에겐 저주를 끌어 붓겠다는 것입니다. 성령 강림 이후 율법적 신앙생활을 하게 되면 영혼이 곤고함을 당하게 됩니다. 율법 신앙은 안식이 없습니다. 늘 수고하고 무거운 짐인 것입니다. 이는 영적으로 진노를 당한 것과 같은 것입니다.

성도는 1이레의 언약 안에 있기 때문에 율법으로부터 자유한 자가 되었습니다. 결코 정죄당하지 않는 영역으로 옮겨진 것입니다. 그래서 성령으로 거듭난 성도는 그 어떤 것으로도 그리스도의 사랑에서 끊어질 수가 없다고 하는 것입니다. 그러니 율법주의자들이 성화 안 한다고 소리치더라도 흔들리지 마시길 바랍니다. 왜냐하면! 성도는 자기 몸으로 살아가는 역사에 속한 자가 아니고 예수 그리스도 안에서 살아가는 묵시적인 존재이기 때문입니다.

예수님을 영접하여 새로운 피조물이 되면 육신으로서 살아가는 세상에서의 나머지 인생은 별 의미가 없어지는 것입니다. 이건 대충대충 살라는 것이 아닙니다. 이미 천국 안에 들어왔기 때문에 쫓기지 말고 살라는 것입니다.

이건 마치 바울이 삼층 천에서 자기를 보고 난 후 살아가는 삶과 같은 것입니다. 바울은 삼층 천을 보고 난 후 자신은 세상 사람 아닌 것으로 살았습니다. 세상 가치에 휘둘리지 않고 산 것입니다. 삼층 천에 가 있는 자신을 보았기 때문에 그날 그날 주어진 환경에 순응하면서 감사하고 살았던 것입니다.

우리의 삶도 그래야 합니다. 예수 안에 있는 자는 언약 안에서 자신을 보기 때문에 사나 죽으나 그리스도 안에 있으므로 염려치 않는 것입니다. 오늘 죽으나 내일 죽으나 신경 안 씁니다. 죽으면 어쩔까 겁내지도 않습니다. 왜냐하면! 이미 영생이라는 묵시 안에서 살고 있기 때문입니다.

이건 객기를 부리라는 말이 아닙니다. 미래 천국을 현재로 살아가라는 것입니다. 자신은 이미 예수님과 함께 십자가에서 죽었고 예수 그리스도 안에서 살고 있다는 것이 믿어지기 때문에 세상과 타협하지 않고 담대하게 살아가는 것입니다.

세대주의와 7년 대환란의 의미

이제 마지막으로 세대주의자들이 말하는 7년 대 환란은 어떤 의미인지를 살펴봅시다. 육적 이스라엘은 표면적 유대인으로서 예표의 민족입니다. 무슨 말인고 하니 하나님이 육적 이스라엘을 가지고 하나님의 일하심을 보여주고 있는 것입니다. 그러므로 육적 이스라엘은 표상적으로 역사가 다하는 날까지 하나님의 백성으로 존재하고 있어야 하는 것입니다.

여기서 말하는 하나님의 백성이라 함은 하나님의 일하심을 보여주기 위한 배우와 같은 것입니다. 드라마에 출연한 배우는 시나리오 속의 인물을 보여주기 위한 그림자입니다. 실제 인물이 아니고 실제 인물을 흉내 내는 캐릭터인 것입니다. 지금 저 팔레스타인에 있는 육적 이스라엘은 드라마 속의 인물을 표현해 내는 재연 배우와 같은 것입니다.

하나님께서 역사 속에서 찍어가는 창세전 언약이라는 드라마 속의 실제 인물은 육적 이스라엘이 아니고 영적 이스라엘인 것입니다. 영적 이스라엘이란 성령으로 거듭난 자들을 말합니다. 바울은 이들을 이면적 유대인이라고 했습니다. 그래서 성령으로 거듭난 자들을 하늘로부터 난 자라고 하는 것입니다. 하늘로서 났다는 것은 하늘에 속한 자라는 뜻입니다. 하나님은 육적 이스라엘을 가지고 영적 이스라엘인 신약의 성도들에게 말해주고 있는 것입니다.

알다시피 육적 이스라엘은 예수님을 죽인 죄로 2000년 동안 온 세계에 흩어져서 짐승 취급을 당하며 살았습니다. 말할 수 없는 환란을 겪었습니다. 유대인들이 예수님을 십자가에 죽이면서 자신들의 죄값을 자기 자손들에게 돌리라고 큰 소리를 쳤습니다. 하나님은 그들의 원대로 그 후손들에게 돌려주었습니다.

그것이 2000년 동안 온 세계에 흩어져서 디아스포라로 살았던 것입니다. 흩어진 이스라엘은 유리방황하면서 아침이면 저녁이 왔으면 좋겠다고 하고, 저녁이면 아침이 왔으면 좋겠다고 하면서 하루 하루를 죽음의 터널을 지나오면서 살았습니다.

사도 바울은 이 모습을 로마서 11장에서 참감람나무 비유로 말했습니다. 하나님이 불순종하는 원 가지들을 잘라냈다고 합니다. 잘려나간 자들은 바벨론 포로와 같은 삶을 살게 된 것입니다. 그리고 잘려 나간 그 자리에 이방인인 돌감람나무를 접붙인 것입니다.

원 가지는 육적 이스라엘을 말하고 돌감람나무는 이방인을 말합니다. 말로는 이방인이지 실제로는 욕단의 후손으로서 잃어버려진 자들처럼 있는 감추어진 자들입니다. 이들은 창세전에 어린 양의 생명책에 녹명이 된 자들로서 정한 때까지 버려진 자들로 살고 있는 것입니다. 엘리야 시대에 은혜로 남겨진 7,000명과 같은 자들입니다.

이건 마치 아브라함의 후손들이 애굽에서 400년 동안 종살이한 것과 같습니다. 이스라엘 백성들은 애굽에서 400년 동안 버려진 자들로 살았습니다. 하지만 그들 속에는 아브라함 언약이 심겨져 있었습니다. 이건 마치 창세전 언약이 심겨진 이방인과 같은 것입니다. 정한 때가 되면 하나님께서 찾아내시는 것입니다. 그래서 사도 바울은 이스라엘의 버려짐은 이방인의 충만한 수가 채워지기까지 이스라엘이 완악했다고 하였던 것입니다.

이방인의 충만한 수가 다 채워지면 하나님께서 잘려 나간 원 가지를 다시 접붙인다고 하셨습니다. 이는 배도한 이스라엘을 돌이키게 하신다는 뜻입니다. 그래서 하나님은 2000년 동안 나라 없이 유리방황하던 이스라엘을 고토로 불러들이는 일을 하신 것입니다.

그것이 1948년 이스라엘의 회복으로 나타난 것입니다. 이는 마지막 1이레를 역사적 사건으로 보여주기 위한 것입니다. 육적 사건으로 보여주려면 육적 이스라엘이 필요하기 때문입니다. 그래서 2000년 동안 버려졌던 자들을 유대 땅 그 자리에 2000년 전 모습으로 회복시켜 놓은 것입니다. 성전 신앙도 회복시키고 짐승으로 드리는 제사도 회복시키신 것입니다.

우리가 이스라엘을 역사의 시간표라고 하는 것도 하나님께서 이스라엘을 가지고 시대를 알려주는 일을 하시기 때문입니다. 2000년 동안 유리방황하면서 짐승 취급 받으면서 살아오다가 잃어버린 나라를 회복하였으면 하나님의 은혜에 감사하고 하나님이 보내신 그 아들을 영접하고 예수를 잘 믿어야 할 것 아닙니까? 그런데도 하나님의 뜻을 깨닫지 못하고 반역의 일을 도모하고 있는 것입니다.

이들이 잘나서 회복시켜준 것이 아니고 마지막 때 하나님이 하시는 일을 보여주기 위하여 회복시켜 놓은 것입니다. 그러니 말을 안 듣는 것입니다. 지정학적으로 이스라엘의 형국을 보면 사면초가입니다. 사방으로 적으로부터 둘러싸여 있습니다. 금방이라도 사라져 버릴 풍전등화와 같은 처지인 것입니다. 그럼에도 망하지 않고 버티는 것은 하나님이 지켜주시기 때문입니다.

이 모습은 마치 이 시대 교회의 모습과 같습니다. 이 시대 교회가 적그리스도 세력으로 포위되어 있는 형국인 것입니다. 지금은 교회가 타락하여서 종교 통합주의로 흘러가고 있습니다. 이방인 교회가 타락의 극치를 달리고 있는 것입니다. 정한 때가 되면 로마서 11장의 예언처럼 하나님께서 돌감람나무 가지를 찍어내고 그 자리에 잘려나간 원 가지들을 접붙이게 될 것입니다. 유대인들 중에서 예수 그리스도를 영접하는 자들이 일어나게 될 것입니다.

이를 스가랴 12장에서는 이스라엘이 온 열국으로부터 포위당하여 망하게 될 지경이 되면 은총과 간구의 영을 부어주어서 그들이 찌른 자를 보고 통곡을 하면서 회개하게 될 것이라고 하였습니다.

지금 이스라엘 속에서 봄에 싹이 트듯이 아주 작은 숫자이기는 하지만 예수 믿는 자들이 일어나고 있는 것입니다. 이는 찍혀 나갔던 원 가지가 회복하고 있다는 반증인 것입니다. 이러한 때가 그동안 묵시 속에 감추어졌던 1이레가 역사 속에 드러나게 될 때입니다. 적그리스도가 이스라엘과 언약을 하게 될 것입니다. 이 때를 세대주의자들은 7년 환란기라고 하는 것입니다.

지금의 종교적 흐름은 종교 통합이 거스를 수가 없는 대세가 되었습니다. 배도의 거대한 물결이 쓰나미처럼 온 세계를 휩쓸고 있는 것입니다. 한국 교회도 배도의 물결이 교회마다 일어나고 있는 것입니다. 자칭 세상 먹물깨나 먹었다고 하는 목사들은 드러내 놓고 종교 통합을 주창하는 WCC를 옹호하고 있습니다.

지금은 지구 온난화를 비롯해서 각종 천지지변으로 인하여 온 세상이 세계 단일정부를 구성할 수밖에 없는 구조로 흘러가고 있습니다. 적그리스도는 지구를 구하는 평화의 사도로 나타날 것입니다.

적그리스도가 일어나면 육적 이스라엘과 평화 조약을 맺게 될 것입니다. 그러면 잠깐 동안 밀월 관계를 유지하게 됩니다. 정한 때가 되면 적그리스도가 유대인들의 성전에 서서 스스로 하나님이라고 하면서 평화 조약을 깨트리게 될 것입니다. 이 때가 후 삼년 반 환란기가 되는 것입니다.

이를 마태복음 24장에서는 멸망의 가증한 것이 거룩한 곳에 선 것을 보거든 너희는 산으로 도망하라고 하신 것입니다. 물론 이 말씀도 이중적 계시의 말씀인 것입니다. 실제로 예수님이 부활 승천하신 후에 AD 70년에 로마의 디도 장군이 예루살렘 성전에 돼지 머리를 올려놓고 제사를 지내는 가증한 일을 행하였습니다. 이 때 이스라엘 백성들이 분개하여 항의하자 로마 군인들이 이스라엘 사람들은 무자비하게 죽여서 그 피가 강물을 이루었다고 합니다.

이러한 일이 종말에 다시 한 번 일어나게 될 것입니다. 유대 땅 그 자리 그 성전에서 말입니다. 2000년 전의 그 핍박이 재현될 것입니다. 2000년 전 초림 때에는 로마 황제가 적그리스도 역할을 하였지만, 2000년 후 재림 때에는 로마 교황이 적그리스도가 되어서 성도들을 죽이는 일들이 일어나게 될 것입니다.

교황을 적그리스도라고 하는 이유는 요한계시록 17-18장에 나타난 땅의 큰 음녀인 큰 성 바벨론이 로마 카톨릭으로 나타나기 때문입니다. 또한 현 시점에서 온 세계로부터 평화의 사도로 칭송을 받고 가는 곳마다 인산인해(人山人海)로 환영을 받는 인물로서는 교황이 독보적인 존재이기 때문입니다. 그리고 적그리스도는 그리스도를 모방하는 인물이기 때문에 반드시 종교적인 인물이어야 합니다. 여기에 가장 적합한 인물이 교황이기 때문에 교황을 적그리스도라고 하는 것입니다. 교황이 외치는 평화는 땅의 것으로 미혹인 것입니다. 평화는 하늘로부터 주어지는 것이지 인간들이 만들어낼 수 있는 것이 아니기 때문입니다.

육적 이스라엘에게 일어나는 일들은 교회에서도 그대로 나타나게 될 것입니다. 교회가 각종 더러운 영들이 모이는 귀신의 처소가 되면 참 믿음을 가진 성도들에게는 엄청난 환란이 되는 것입니다. 온 교회가 WCC를 따르고 적그리스도(교황)를 따르면 참 신앙을 가진 성도들은 죽임을 당하게 될 것입니다. 이러한 때를 세대주의에서는 후 삼년 반 환란이라고 하는 것입니다.

이러한 모습이 이 시대는 각양의 차별금지법이라는 미명하에 종교 탄압을 하는 것으로 나타나고 있는 것입니다. 차별금지법은 목사들이 죄에 대하여 말하지 못하게 하는 것입니다. 동성애를 죄라고 하면 법에 저촉이 되어서 감옥에 갈 수 있는 날이 곧 이를 것입니다. 예수라는 이름으로 전도하면 감옥에 갈 날이 멀지 않았습니다. 곧 도래하게 될 것입니다. 미국에서는 이미 시행되고 있는 것입니다. 우리나라의 영적 흐름은 미국을 그대로 따라가게 되어 있습니다. 어쩌면 지금 그 입구에 서 있는지도 모를 일입니다.

온 세상은 점점 더 예수 믿는 것이 어려운 시대로 흘러가고 있는 것입니다. 세계 단일정부가 출현하면 세계 단일종교도 나타나게 됩니다. 세계 단일정부를 다스리는 자가 적그리스도입니다. 적그리스도는 지구의 평화를 외치면서 온 세계인을 종교로 하나로 묶을 것입니다. 여기에 반하는 세력이 그리스도인들입니다. 그러면 합법적으로 그리스도인들을 핍박할 수가 있게 될 것입니다. 인류 공영에 반대하는 자들이라고 낙인을 찍어서 핍박할 것입니다.

마치 예수님 초림 때 초대 교회가 로마의 황제로부터 극심한 핍박을 받았던 것과 같은 상황이 일어나게 될 것입니다. 그러므로 마태복음 24장에서 예언된 큰 환란이 초림 때도 일어났고 재림 때에도 일어나게 되는 것입니다.

마지막 1이레의 끝이 다가오고 있습니다. 나는 어떤 1이레를 살고 있습니까? **예수 안에서 1이레를 묵시적으로 살고 있는 성도는 안식으로 살지만, 예수 밖에서 1이레를 역사적으로 살고 있는 사람은 수고하고 무거운 짐진 삶을 살아갈 것입니다.**

신앙은 미래 천국을 현재 속에서 누리는 것입니다. 현재 천국을 누리지 못하는 사람은 미래 천국이 주어지지 않습니다. 현재 천국은 미래 천국에 들어갈 자들에게 보증으로 주신 것입니다. 그러므로 미래 천국의 약속을 받은 성도는 반드시 역사 속에서 주어지는 현재 천국을 영적으로 누리게 되어 있습니다.

성도는 이미 구원을 받았고, 현재 구원을 이루고 있으며, 장차 구원을 이룰 것입니다. 부디 묵시 안에서 1이레를 안식에 들어간 자로 사시길 예수 그리스도의 이름으로 축원드립니다.

맺는 말

이 세상은 유한합니다. 정한 기간 동안 존재하다가 용도가 다하면 폐기가 될 것입니다. 하나님은 그 정한 기간을 70이레를 통해서 알려주었습니다. 70이레는 인류의 시간표입니다. 인류는 70이레가 담고 있는 것을 그려내게 되어 있습니다. 하나님이 역사라는 캔버스(도화지)에 70이레를 그려 가십니다.

지금은 마지막 1이레를 살고 있습니다. 70이레의 끝을 향하여 치닫고 있습니다. 인류 역사의 드라마의 끝이 다다르고 있는 때입니다. 우리 역시 그러합니다. 우리의 개인 신앙 역사도 70이레가 있습니다. 시작할 때가 있고 끝날 때가 있습니다.

하나님이 역사를 통해서 펼쳐가는 그림 속에는 시작과 끝이 낮과 밤처럼 있습니다. 하나님은 낮과 밤을 통해서 생명이 자라가게 하셨습니다. 우리의 신앙도 생명처럼 낮과 밤이라는 순경과 역경을 통해서 자라가게 됩니다. 하나님의 은혜를 더 많이, 더 깊이, 더 높이, 더 멀리 알아가고 자라가며 성숙해 가는 것입니다. 하나님은 때로는 순경으로 때로는 역경으로 하나님의 백성을 훈련해 가십니다. 사무엘상 2장을 봅니다.

삼상 2:6-7 “여호와는 죽이기도 하시고 살리기도 하시며 음부에 내리
게도 하시고 올리기도 하시는도다 7. 여호와는 가난하게도 하시고 부하
게도 하시며 낮추기도 하시고 높이기도 하시는도다”

여호와는 죽이기도 하시고 살리기도 하십니다.
여호와는 가난케도 하시고 부하게도 하십니다.
여호와는 낮추기도 하시고 높이기도 하십니다.

좋은 날도 있고 아픈 날도 있습니다.
가나안에 심을 때도 있지만,
가나안에서 빼낼 때도 있습니다.
신앙의 단을 무너지게 하실 때도 있고,
무너진 단을 수축하실 때도 있습니다.

지금은 무너진 단을 수축해야 할 때입니다. 마귀는 자기 때가 얼마 남지 않은 것을 알고 발악하고 있습니다. 그러므로 사단의 궤계를 능히 이기기 위하여 하나님의 전신갑주를 입고 영적 전쟁을 해야 하는 것입니다. 에베소서 6장을 보고 마치도록 합시다.

엡 6:10-20 “종말로 너희가 주 안에서와 그 힘의 능력으로 강건하여지
고 11. 마귀의 궤계를 능히 대적하기 위하여 하나님의 전신갑주를 입으
라 12. 우리의 씨름은 혈과 육에 대한 것이 아니요 정사와 권세와 이 어
두움의 세상 주관자들과 하늘에 있는 악의 영들에게 대함이라 13. 그러
므로 하나님의 전신갑주를 취하라 이는 악한 날에 너희가 능히 대적하
고 모든 일을 행한 후에 서기 위함이라 14. 그런즉 서서 진리로 너희 허
리 띠를 띠고 의의 흉배를 붙이고 15. 평안의 복음의 예비한 것으로 신
을 신고 16. 모든 것 위에 믿음의 방패를 가지고 이로써 능히 악한 자의
모든 화전을 소멸하고 17. 구원의 투구와 성령의 검 곧 하나님의 말씀을
가지라 18. 모든 기도와 간구로 하되 무시로 성령 안에서 기도하고 이를
위하여 깨어 구하기를 항상 힘쓰며 여러 성도를 위하여 구하고 19. 또
나를 위하여 구할 것은 내게 말씀을 주사 나로 입을 벌려 복음의 비밀을
담대히 알리게 하옵소서 할 것이니 20. 이 일을 위하여 내가 쇠사슬에
매인 사신이 된 것은 나로 이 일에 당연히 할 말을 담대히 하게 하려 하
심이니라”

이제 잠시 잠깐 후면 신랑이 신부들을 데리러 오실 것입니다. 그러므로 믿음으로 신부 단장을 하고서 신랑이 몰고 오는 새 하늘과 새 땅에서 어린 양의 신부로서 혼인 잔치에 참예하는 설렘으로 세

상을 이기며 살아가시기를 바랍니다. 하나님이 입혀주신 예수 그리스도의 의라는 빛나고 흰 세마포 옷을 입고 신랑을 맞이할 준비로 살아가시기를 주의 이름으로 축원을 드립니다.

기도합시다.

아버지 하나님, 예수님의 십자가 안에서 다 이루어진 70이레를 살펴보았습니다. 살펴본 사실이 우리 안에서 믿어지게 하여서 70이레가 주는 구원의 축복들을 감사함으로 누리게 하여 주시옵소서. 또한 이미 이긴 자로서 장차 예수님의 재림으로 완성될 그 날을 소망하면서 세상을 담대히 이기며 살게 하옵소서. 예수님의 이름으로 기도하옵나이다. 아멘.

마라나타!
아멘 주 예수여 오시옵소서!

창세전 언약으로 본 **70이레**

1판 1쇄 인쇄 _ 2024년 9월 25일
1판 1쇄 발행 _ 2024년 9월 30일

지은이 _ 정낙원
펴낸이 _ 이형규
펴낸곳 _ 쿰란출판사

주소 _ 서울특별시 종로구 이화장길 6
편집부 _ 745-1007, 745-1301~2, 747-1212, 743-1300
영업부 _ 747-1004, FAX 745-8490
본사평생전화번호 _ 0502-756-1004
홈페이지 _ http://www.qumran.co.kr
E-mail _ qrbooks@daum.net / qrbooks@gmail.com
한글인터넷주소 _ 쿰란, 쿰란출판사
페이스북 _ www.facebook.com/qumranpeople
인스타그램 _ www.instagram.com/qrbooks
등록 _ 제1-670호(1988.2.27)
책임교열 _ 이강임

© **정낙원 2024** ISBN 979-11-6143-988-4 93230

책값은 뒤표지에 있습니다.
이 출판물은 저작권법에 의해 보호를 받는 저작물이므로 무단 복제할 수 없습니다.
파본(破本)은 구입처에서 교환해 드립니다.